THÉATRE COMPLET

DE M.

EUGÈNE SCRIBE.

IMPRIMERIE DE H. FOURNIER ET COMP.
RUE DE SEINE, N. 14.

THÉATRE COMPLET

DE M.

EUGÈNE SCRIBE,

MEMBRE DE L'ACADÉMIE FRANÇAISE.

Seconde Édition,

ORNÉE

D'UNE VIGNETTE POUR CHAQUE PIÈCE.

TOME SEIZIÈME

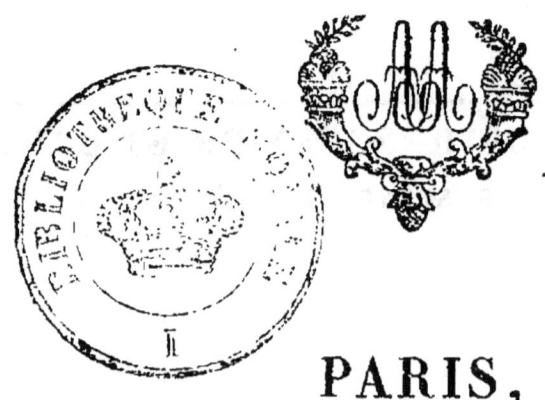

PARIS,

AIMÉ ANDRÉ, LIBRAIRE-ÉDITEUR,

RUE CHRISTINE, N. 1.

M DCCC XXXVI.

DIX ANS

DE

LA VIE D'UNE FEMME,

OU

LES MAUVAIS CONSEILS,

DRAME EN CINQ ACTES ET NEUF TABLEAUX,

Représenté pour la première fois, à Paris, sur le théâtre de la Porte-Saint-Martin, le 17 mars 1832.

EN SOCIÉTÉ AVEC M. TERRIER.

PERSONNAGES.

DARCEY, riche propriétaire.
VALDÉJA, son ami.
RODOLPHE, fashionable.
ÉVRARD, négociant, père de madame Darcey.
DUSSEUIL, magistrat, beau-frère d'Évrard.
Albert MELLEVILLE, neveu d'Évrard.
Hippolyte GONZOLI.
RIALTO, banquier étranger.
LÉOPOLD.
Achille GROSBOIS, jeune docteur fashionable.
MOURAVIEF, Kalmouck au service de Valdéja.
LAURENT, domestique d'Adèle.
Un Homme de justice.
Un Domestique d'hôtel garni.
Adèle ÉVRARD, femme de Darcey.
Clarisse ÉVRARD, sa sœur.
Sophie MARINI,
Amélie DE LAFERRIER, } amies de pension d'Adèle.
CRÉPONNE, jardinière, puis femme de chambre d'Adèle.
Madame DUSSEUIL, sœur d'Évrard.

La scène se passe, au premier acte, à Viroflay, et aux autres à Paris.

DIX ANS
DE
LA VIE D'UNE FEMME.

ACTE PREMIER.

Le théâtre représente un parc.

SCÈNE PREMIÈRE.

CLARISSE, ADÈLE, ASSISES SUR UN BANC.

ADÈLE.
Oui, je suis la plus malheureuse des femmes !

CLARISSE.
Y penses-tu, ma sœur ? toi, mariée depuis deux ans à un homme excellent, jeune encore, immensément riche, et dont le seul désir est de prévenir tous les tiens ! que te manque-t-il donc ?

ADÈLE.
Je ne sais... l'ennui m'obsède ; des idées vagues et indociles s'emparent de mon imagination qu'elles fatiguent, et quoi que je fasse, je ne puis m'y soustraire.

CLARISSE.

Aurais-tu des chagrins?

ADÈLE.

Plût au ciel! cela me distrairait.

CLARISSE, souriant.

Il me semble qu'en fait de distraction tu peux aisément en trouver qui ne te coûtent pas aussi cher. Mais il y a quelques mois encore tu étais si heureuse!... tu n'avais pas de pareilles idées!... Qui donc a pu te les donner?

ADÈLE.

Toutes les jeunes femmes que je vois, qui ont su autrement arranger leur existence et se rendre maîtresses de leur avenir... Amélie de Laferrier, Sophie Marini, mes amies intimes, qui me sont dévouées...

CLARISSE.

Cependant nous autres femmes, combien en ménage nous sommes mieux partagées que les hommes!... les embarras de l'avenir, les soins de la fortune, notre rang et notre considération dans la société, ce n'est pas nous que cela regarde... c'est eux... Ils sont responsables de notre sort, de notre bonheur, et nous n'avons rien à faire qu'à nous laisser être heureuses.

ADÈLE.

Ah! voilà bien ces idées de jeunes filles que jamais tu ne pourras réaliser.

CLARISSE.

Pourquoi donc?... il me semble à moi que cela est possible... et même que déjà cela commence...

ACTE I, SCÈNE I.

ADÈLE.

Serait-il vrai ?

CLARISSE.

Oui... je peux te le dire à toi ma meilleure amie... Tu sais bien quand M. Darcey, ton mari, venait il y a trois ans chez mon père pour te faire la cour, il était souvent accompagné d'un de ses amis.

ADÈLE.

Oui, je me le rappelle, monsieur Valdéja... un Espagnol.

CLARISSE.

Son père était Espagnol... mais lui est né en France.

ADÈLE.

On ne s'en serait pas douté... toujours sombre, rêveur, misanthrope.

CLARISSE.

Il avait eu tant de malheurs... tant de chagrins de toute espèce... Mais à travers l'ironie amère qui dictait tous ses discours, que de nobles et généreux sentimens lui échappaient comme malgré lui et semblaient e trahir !...

ADÈLE.

Eh ! mon Dieu, ma chère amie, quel enthousiasme !

CLARISSE.

Il était si malheureux ! et puis lui qui détestait tout le monde, il semblait m'avoir prise en amitié.

ADÈLE.

Ce qui flattait ton amour-propre.

CLARISSE.

Non... je n'ai jamais pensé à en être fière... mais j'en étais contente.

ADÈLE.

Je comprends, et ce qu'on disait de lui était donc vrai ; il aura tout employé pour te séduire.

CLARISSE.

Lui !... il ne m'a jamais dit qu'il m'aimait... ni moi non plus... Je crois cependant que nous nous sommes compris ; car, il y a plus de deux ans, au moment où il allait partir pour la Russie, il me dit seulement : Attendez-moi, et si dans trois ans je ne reviens pas digne de vous, oubliez un malheureux.

ADÈLE.

Et depuis as-tu reçu de ses nouvelles ?

CLARISSE.

Mais oui... sans en demander, j'en avais de temps en temps par ton mari qui est son meilleur ami, et à qui il écrivait souvent. Je sais qu'il a fait un chemin rapide... une belle fortune... qu'il est secrétaire d'ambassade... et hier est arrivée chez mon père une grande lettre timbrée de Saint-Pétersbourg, dont on ne m'a pas encore parlé ; mais je suis sûre que c'est une demande en mariage.

ADÈLE.

Tu le crois ?

CLARISSE.

Sans doute... voilà bientôt les trois ans écoulés, il ne s'en faut plus que six mois.

ADÈLE.

Et tu accepterais ?... tu deviendrais la femme de monsieur Valdéja ?

CLARISSE.

De grand cœur...

ADÈLE.

Le ciel t'en préserve! et si tu savais comme moi ce que c'est que le mariage... Tais-toi, c'est monsieur Darcey... c'est mon mari... tu vois si on peut être seule et libre un instant dans la journée.

SCÈNE II.

Les précédens, DARCEY.

DARCEY.

Vous voilà, ma chère belle-sœur! que vous êtes aimable de vous être rendue à notre invitation et de venir passer quelques jours avec ma femme!... Bonjour, Adèle... es-tu encore fâchée contre moi?... (A Clarisse.) Nous avons eu une petite discussion ce matin.

CLARISSE.

Je m'en doutais, et j'espère que cela se passera.

ADÈLE.

Jamais.

DARCEY.

Ce serait bien long... Mon seul crime, autant que j'ai pu le comprendre, est de t'avoir amenée à trois lieues de Paris... à la campagne... comme tu le désirais...

ADÈLE.

Je désirais y être, mais non pas seule...

DARCEY.

Et moi... ne suis-je rien pour toi?

ADÈLE, avec dépit.

Oh! beaucoup, sans contredit... Un mari et une femme ne font qu'un; mais, comme je vous l'ai dit, je m'ennuie quand je suis seule.

DARCEY.

Langage de femme conseillée, dont je ne tiendrai nul compte.

ADÈLE.

Exigences de mari auxquelles certainement je ne me soumettrai pas.

DARCEY.

Des rigueurs... Un seul fait, et je me rends!

ADÈLE.

Mille, s'il le fallait!

DARCEY.

Encore?...

ADÈLE.

Vous n'avez jamais été du même avis que moi. Au moindre de mes désirs vous avez toujours eu une objection à faire.

DARCEY.

Tout ceci n'est que vague; tu ne précises rien, et je te demande des faits.

ADÈLE.

Des faits! des faits! (Pleurant.) Dieu! que je suis malheureuse!

DARCEY.

A la bonne heure, voilà du positif; et puisque tu crains de m'accuser, je me charge moi-même de ce soin... Je veux avouer tous mes torts devant ta sœur... Depuis quelque temps tu reçois chez toi une foule de jeunes coquettes dont la vie n'est qu'une déplorable erreur ; tu n'aimes que leur société... tu ne suis que leurs conseils ; et ce n'est jamais par elle-même qu'une femme se perd ; c'est par ses amies intimes ; c'est par celles qui l'entourent. Les mauvais exemples commencent sa ruine en la décourageant, en la dégoûtant de ce qui est bien ; puis viennent les mauvais conseils qui la conduisent à ce qui est mal... Déjà elles ont détruit chez toi le bonheur intérieur... Tu jettes un regard d'envie sur leur folle existence... Tu voudrais les imiter... Tu brûles de briller et de t'afficher comme elles ; et moi qui suis ton ami, moi qui suis chargé de veiller sur ton honneur, qui m'appartient, qui est le mien, je dois d'une main sévère t'arrêter au bord de l'abîme et t'empêcher d'y tomber... Voilà mes torts, n'est-il pas vrai ? ceux que tu n'osais me reprocher devant Clarisse.

CLARISSE.

Mon frère !

DARCEY.

Après cela, qu'elle m'en veuille, qu'elle soit fâchée contre moi... je trouve cela tout naturel... Pour être raisonnable il faut du courage. (A Adèle.) Mais crois-tu qu'il ne m'en faut pas à moi, pour t'affliger... pour te causer du chagrin ?... et cependant j'y suis décidé.

ADÈLE.

Vous, monsieur !

DARCEY, froidement.

Tu sais qu'avec moi une décision prise est toujours exécutée, et voici ce que j'avais à te dire : je vais souvent à Paris pour mes affaires, j'y vais même aujourd'hui, toute la journée, et je voudrais qu'en mon absence ces dames, tu sais de qui je veux parler, ne vinssent ici qu'invitées par moi.

ADÈLE.

Vous ne les inviterez jamais.

DARCEY.

Si, vraiment. Il en est quelques-unes qui ne sont que folles et étourdies, celles-là sont peu dangereuses... mais il en est d'autres que je redoute... madame de Laferrier, par exemple...

ADÈLE.

Mais son mari est un riche banquier en relation d'affaires avec vous.

DARCEY.

Oui, un fort honnête homme, que je verrai le matin dans son cabinet ou dans le mien; mais tu m'obligeras de ne plus voir sa femme... je t'en prie. Quant à madame Marini, ton autre intime, elle a fait, dit-on, la fortune de son mari par son crédit auprès des ministres, et celui-ci par reconnaissance croit devoir fermer les yeux sur la conduite de sa femme; moi qui n'ai pas les mêmes motifs d'indulgence, je te défends de voir madame Marini.

ADÈLE.

Me le défendre !

DARCEY, avec tendresse.

Oui, mon amie, et tu m'en remercieras un jour. Après cela, crois que mon amour te tiendra compte d'un pareil sacrifice.

ADÈLE, sèchement

Je ne demande rien, monsieur.

DARCEY, avec douceur.

Je le vois, et tu m'obéiras sans cela... (avec fermeté) car tu sais que si j'ai de l'indulgence pour des caprices, je suis inexorable pour des fautes. Adieu, je pars. Mais auparavant, ma chère Clarisse, je voudrais vous parler un instant.

CLARISSE.

Très volontiers.

ADÈLE.

Encore quelques complots contre moi?

DARCEY.

Probablement... mais le complice que je choisis doit vous rassurer.

(Il veut lui baiser la main, qu'elle retire avec humeur. Darcey sort avec Clarisse qui fait signe à sa sœur de se modérer.)

SCÈNE III.

ADÈLE, SEULE.

Et je souffrirais une pareille tyrannie!... j'obéirais à mon mari quand toutes les femmes que je vois commandent aux leurs!... Oh, non, cela n'est pas possible!... je ne pourrais jamais vivre ainsi, il faut que cela finisse.

SCÈNE IV.

Les précédens, AMÉLIE DE LAFERRIER, ACHILLE GROSBOIS.

AMÉLIE, à Achille.

Ne l'avais-je pas dit, que nous la trouverions en méditation ?

ADÈLE.

Dieu !... madame de Laferrier !

AMÉLIE.

Bonjour, ermite.

ADÈLE, s'efforçant de rire.

C'est bien aimable à toi de ne pas m'abandonner ; à vous aussi, monsieur Grosbois.

ACHILLE.

Nous causons de vous à chaque instant du jour, madame.

AMÉLIE.

Puisque tu ne viens pas, il faut bien que je fasse la route. J'ai amené le docteur avec moi, ne sachant pas voyager seule. Eh ! mais, qu'as-tu donc ? est-ce que tu aurais pleuré, par hasard ?

ADÈLE.

Ah ! ma bonne Amélie, j'ai bien du chagrin.

AMÉLIE.

Et quelle en est la cause ?

ADÈLE.

Tu me le demandes ?

AMÉLIE.

Ton mari... c'est juste : j'aurais dû le deviner.

ADÈLE.

J'ai besoin que tu diriges le cours de mes idées... Je voudrais... je n'ose... ou plutôt, je ne sais ce que je voudrais, ni à quel parti m'arrêter. Conseille-moi, de grâce !

AMÉLIE.

Adèle, tu connais mes principes là-dessus; je n'empêche personne de me regarder faire; mais pour des conseils, je n'en donne jamais.

ADÈLE.

Cependant...

AMÉLIE.

Ma chère amie, c'est comme cela; et puis, parler raison à un enfant, à quoi bon ?

ADÈLE, piquée.

Comment, à un enfant ?

AMÉLIE.

Oui, à un enfant. Je puis bien le dire devant lui, (montrant Achille) il est discret. Tu es encore ce que tu étais chez madame Destournelles, notre maîtresse de pension.

ADÈLE.

Tu veux rire ?

AMÉLIE.

Non, ma chère, petite fille de la tête aux pieds, à cela près de la gaieté perdue, du nom changé, du professeur aussi, lequel, au lieu de t'apprendre, comme l'autre, de l'histoire et de la grammaire, t'enseigne l'art de périr d'ennui entre quatre murs.

ACHILLE.

Dommage! vraiment dommage!

AMÉLIE.

Tu es sous le joug.

ADÈLE.

Et comment m'y soustraire, puisque pour le rendre plus pesant encore il veut me séparer de celles qui m'aidaient à le supporter! de mes meilleures amies!

AMÉLIE, riant.

C'est une plaisanterie, je pense?

ADÈLE.

Non vraiment... il m'a priée de ne plus te voir, et m'a défendu de recevoir Sophie Marini.

AMÉLIE.

Ah! moi, je suis seulement priée... Comment donc! mais il y a là une nuance très délicate dont je lui sais un gré infini. Tu lui as ri au nez, j'espère?

ADÈLE, timidement et baissant les yeux.

Non vraiment... je n'ai pas osé.

AMÉLIE, riant.

Elle n'a pas osé... c'est délicieux!... alors, à ce compte-là, il faut donc que nous nous en allions.

ADÈLE, avec crainte.

Tu vas m'en vouloir de ma faiblesse?

AMÉLIE, gaiement.

Moi, du tout; je trouve l'aventure charmante... et je la raconterai partout... c'est une bonne fortune.

ADÈLE, effrayée.

Y penses-tu?

AMÉLIE.

Oui, sans doute... car c'est bien plus gai encore que tu ne crois... Imagine-toi que Sophie Marini, sachant par moi que je devais, ce matin, te faire visite à la campagne... doit venir aussi.

ADÈLE.

Ah! mon Dieu!

AMÉLIE.

Avec monsieur Rodolphe.

ACHILLE.

Monsieur Rodolphe!... Il me semble que je connais cela et que je l'ai vu.

AMÉLIE.

Oh! sans doute... à Tortoni.

ACHILLE.

Qu'est-ce qu'il est?

AMÉLIE.

Il va à Tortoni.

ACHILLE.

J'entends bien... mais qu'est-ce qu'il fait?

AMÉLIE.

Il déjeune chez Tortoni le matin... et le soir, nous le trouvons en gants jaunes aux balcons de tous nos théâtres. Du reste, il est garçon, a vingt mille livres de rente... et c'est un adorateur d'Adèle...

ADÈLE.

De moi?

AMÉLIE.

Il te poursuit partout sans pouvoir t'atteindre, et en désespoir de cause nous adore, Sophie et moi, parce que nous sommes tes meilleures amies.

ADÈLE.

Monsieur Rodolphe! mais je ne veux ni ne dois le recevoir... et maintenant surtout que je connais ses sentimens... c'est un parti que je prends de moi-même.

AMÉLIE.

De toi-même? Non pas... c'est un détour indirect pour obéir à ton mari.

ADÈLE.

En aucune façon.

AMÉLIE.

Et moi, j'en suis sûre. Je te connais trop bien... Et voici le moment de développer toutes tes vertus conjugales, à commencer par la soumission; car j'aperçois Sophie et monsieur Rodolphe.

SCÈNE V.

Les précédens, SOPHIE MARINI, RODOLPHE.

SOPHIE.

Charmant! délicieux! Quel séjour admirable! n'est-il pas vrai?

RODOLPHE.

Moi, je n'admire jamais! (apercevant Adèle qu'il salue) et il ne faut pas moins que la vue de madame pour me faire déroger à mes principes.

AMÉLIE, bas à Adèle, qui baisse les yeux avec embarras.

Ne crains rien... tu peux lui faire la révérence... ton mari n'est pas là.

ACTE I, SCÈNE V.

SOPHIE, passant près d'Adèle.

Que dis-tu, chère amie, de notre visite impromptu ? J'adore les parties de campagne.

RODOLPHE.

Et celle-ci a rendu à madame toute sa bonne humeur.

ADÈLE.

Est-ce que tu avais quelque chagrin... quelque contrariété ?

RODOLPHE.

Une très grande ! Quand je suis arrivé chez madame, elle venait de voir dans le journal une place importante donnée à quelqu'un qu'elle ne peut souffrir.

ACHILLE.

Il y a de quoi avoir une migraine !

RODOLPHE.

Un M. Valdéja...

ADÈLE.

M. Valdéja... le secrétaire d'ambassade à Saint-Pétersbourg ?

SOPHIE.

Tu le connais ?

ADÈLE.

Fort peu !... Mais il a pour ma sœur une passion romanesque qui la flatte infiniment. Je vous le dis en confidence et entre amies.

AMÉLIE.

Sois tranquille, ce n'est pas par moi que M. Valdéja en sera instruit, car je ne le connais pas.

RODOLPHE, montrant Sophie.

Madame ne peut pas en dire autant.

SOPHIE.

Rodolphe! c'en est assez...

RODOLPHE.

Et pourquoi donc? Moi je ne cache jamais ni ma haine, (en regardant Adèle) ni mon amour. J'aime à vous croire la même franchise, et vous pouvez bien avouer que M. Valdéja est votre ennemi déclaré.

AMÉLIE.

Vraiment?

RODOLPHE.

Et d'honneur je le plains; car madame n'a jamais pardonné aux gens qu'elle n'aime pas... ou qu'elle n'aime plus. Il n'y a qu'elle pour ces noirceurs délicieuses qui rappellent les roueries de la régence : c'est un genre qui n'était plus de notre siècle et que vous nous avez rendu.

SOPHIE.

Vous voulez me fâcher.

RODOLPHE.

Vous auriez bien tort... c'est le moyen de se distinguer et d'avoir une physionomie dans le monde. Il y a tant de gens qui n'en ont pas! (à Achille) n'est-il pas vrai, docteur?

ACHILLE.

Oui, monsieur. (A part.) Eh bien! par exemple... pourquoi me demande-t-il cela à moi?

ADÈLE.

Silence, voici ma sœur.

SCÈNE VI.

Les précédens, CLARISSE.

CLARISSE.

Ma sœur! ma sœur! viens donc vite! Est-ce que tu n'as pas entendu une voiture qui entrait dans la cour?

ADÈLE, avec effroi.

Quoi! déjà mon mari?

CLARISSE.

Mon Dieu non! pas encore!... (Apercevant Amélie et madame Marini.) O ciel! (Elle leur fait la révérence et dit bas à sa sœur.) Y penses-tu?... quand ce matin encore M. Darcey vient de te défendre...

ADÈLE, l'interrompant.

Il suffit!... Je sais ce que j'ai à faire. Que venais-tu m'annoncer?

CLARISSE.

Une galanterie charmante de ton mari. C'est aujourd'hui ta fête, tu ne le savais pas?

AMÉLIE ET SOPHIE.

Ni nous non plus.

CLARISSE.

Et il avait commandé pour toi un coupé délicieux qui vient d'arriver.

ADÈLE, avec joie.

Est-il possible?

CLARISSE.

Et deux chevaux gris magnifiques! Oh! le bel attelage!

ADÈLE, avec satisfaction.

J'avoue que je ne m'y attendais pas.

SOPHIE, sèchement.

Il me semble cependant que c'était de droit?

AMÉLIE.

Comment! tu n'avais pas encore de coupé? Mais c'était une indignité!... Moi j'en ai un depuis trois ans, et cependant mon mari n'est pas si riche que le tien, il s'en faut beaucoup.

ADÈLE, froidement.

C'est vrai.

SOPHIE.

Et s'il te le donne, c'est pour ne pas rougir.

AMÉLIE.

C'est par respect humain.

CLARISSE.

Non, mesdames; c'est par affection, par amitié pour elle; car tu ne te doutes pas de ce qui vient d'arriver dans ce bel équipage?

ADÈLE.

Eh! qui donc?

CLARISSE.

Mon père, qui attend avec impatience que tu ailles l'embrasser.

ADÈLE.

Je le voudrais... mais ces dames, que je ne puis abandonner...

CLARISSE.

Je me chargerai de leur tenir compagnie et de leur faire les honneurs... Va vite.

ADÈLE.

A la bonne heure... Adieu, mes amies, je reviens dans l'instant.

AMÉLIE.

Et moi je ne te quitte pas; je veux voir tes chevaux, et puis nous avons ensemble une conversation à achever.

(Adèle et Amélie sortent.)

SCÈNE VII.

Les mêmes, excepté ADÈLE et AMÉLIE.

(Achille examine les jardins. Rodolphe s'est étendu sur trois chaises, et bâille en jouant avec sa canne.)

RODOLPHE, regardant Clarisse.

Elle est jolie, la petite sœur! et je l'aimerais autant que l'autre! Moi je ne tiens pas au droit d'aînesse.

SOPHIE, à Clarisse.

Je suis bien heureuse de vous voir, ma chère Clarisse, j'ai à vous remercier de ce que vous m'avez envoyé lors de ma dernière quête.

CLARISSE.

C'était si peu de chose!... mes économies de demoiselle; et l'on doit rendre grâce à celles qui comme vous, madame, veulent bien se dévouer pour remplir un devoir si pieux.

SOPHIE.

Cette fois du moins, et c'est assez rare, l'argent de cette collecte aura été bien placé. Une pauvre jeune fille, une orpheline, que l'inexpérience et la misère avaient livrée à la séduction...

RODOLPHE, toujours étendu sur sa chaise.

Voilà qui est horrible...

SOPHIE.

D'autant plus que son séducteur l'a indignement abandonnée... Je ne vous le nommerai pas; quoique je le connaisse... mais ce serait inutile, il n'est plus en France... il est très loin... à l'étranger... en Russie...

CLARISSE, vivement.

En Russie?

SOPHIE.

Où il occupe une fort belle place; et certainement ce Valdéja aurait bien pu...

CLARISSE.

Valdéja!

SOPHIE.

Est-ce que je l'ai nommé?... Pardon, c'est sous le sceau du secret... parce que cette jeune personne est vraiment d'une fort bonne famille... vous la verrez, vous l'entendrez...

CLARISSE.

Non, madame... c'est inutile.

SOPHIE.

Et puis, qui sait?... il peut revenir en France et l'épouser; c'est peut-être son dessein, et il ne faut désespérer de rien... Eh! mais, qu'avez-vous donc?

ACTE I, SCÈNE VII.

CLARISSE.

Rien, madame, rien... il fait froid dans ce jardin, et je ne me sens pas bien.

(Elle s'appuie sur une chaise à gauche; et pendant ce temps, Rodolphe qui s'est levé, s'approche de Sophie.

RODOLPHE, froidement et à demi-voix.

Je ferais un pari.

SOPHIE.

Et lequel ?

RODOLPHE.

C'est que dans ce que vous venez de lui raconter, il n'y a pas un mot de vrai.

SOPHIE.

Et qui vous le fait croire ?

RODOLPHE, souriant.

D'abord, c'est que vous l'avez dit; mais vrai ou non, c'est bien trouvé, bonne perfidie pour perdre Valdéja dans l'esprit de sa maîtresse. Mais prenez garde, si jamais j'ai à me plaindre de vous, je le justifie.

SOPHIE.

Quelle idée !

RODOLPHE.

Je ferai leur bonheur par vengeance.

SOPHIE.

C'est-à-dire que vous me menacez ?

RODOLPHE.

Du tout; mais avec vous il faut toujours être sur le pied de guerre, on ne peut jamais désarmer. Voici madame Darcey, la belle des belles...

(Il va au-devant d'Adèle qui entre pensive.)

SCÈNE VIII.

Les précédens, ADÈLE.

ADÈLE, entrant et rêvant.

Oui, certainement. Amélie a raison, je montrerai du caractère et nous verrons. (Levant les yeux et apercevant Rodolphe.) Pardon, monsieur ; (A Sophie.) pardon, ma chère Sophie, de vous avoir laissés aussi long-temps... je viens de faire préparer pour vous dans le petit pavillon quelques rafraîchissemens dont vous devez avoir besoin.

ACHILLE.

A la campagne, et par cette chaleur napolitaine, cela ne fait pas de mal.

ADÈLE, à Sophie.

Et puis vous me resterez tous à dîner...

SOPHIE.

Nous y comptions bien.

ACHILLE.

C'était notre intention.

RODOLPHE.

Je n'osais l'espérer.

ADÈLE.

Pourquoi donc, monsieur ?..... Présenté par ces dames...

RODOLPHE, lui présentant la main.

Oserais-je vous offrir la main ?

ADÈLE.

Je reste ici... j'ai des ordres à donner, des détails

de ménage, mais voici ma sœur qui voudra bien continuer à me remplacer. Clarisse, Clarisse, tu ne m'entends pas.

CLARISSE, se levant brusquement.

Si, ma sœur. (A part.) Ah! pourquoi m'a-t-elle rappelée à moi?... j'espérais mourir.

RODOLPHE, lui donnant la main.

Pauvre jeune fille!... elle me fait de la peine, je vais la consoler. (Haut à Achille et entraînant Clarisse.) Monsieur Achille, nous vous montrons le chemin.

(Achille et madame Marini le suivent.)

SCÈNE IX.

ADÈLE, SEULE.

Oui, oui, le sort en est jeté... je suivrai ses conseils, je ferai comme elle, je serai maîtresse chez moi, je recevrai mes amies, et pour commencer je les garde aujourd'hui à dîner; et une fois que le pli en sera pris, mon mari fera comme les autres maris, il obéira, je ne vois pas pourquoi il y aurait exception pour lui. Holà! quelqu'un... Eh! Créponne! la jardinière!

SCÈNE X.

ADÈLE, CRÉPONNE.

ADÈLE.

Viens vite ici, où est ton mari?

CRÉPONNE.

Là-bas, près des melons, où il travaille; je vais l'appeler.

ADÈLE.

C'est inutile, j'ai du monde à dîner.

CRÉPONNE.

Beaucoup?

ADÈLE.

Neuf ou dix personnes.... il me faut un dessert de choix; va cueillir dans le verger ce qu'il y a de mieux... ces pêches du coin à droite.

CRÉPONNE.

Je vais le demander à mon mari.

ADÈLE.

A quoi bon?

CRÉPONNE.

Parce que, excepté lui, il a défendu que personne y touche.

ADÈLE.

Quand c'est moi qui te le dis, ne dois-tu pas m'obéir?

CRÉPONNE.

Oui, madame, car je suis votre sœur de lait et je vous aime bien; mais faut aussi obéir à son mari, et surtout au mien; sans cela il me battrait.

ADÈLE.

C'est ce que nous verrons.

CRÉPONNE.

C'est pas vous qui le verriez, c'est moi.

ADÈLE.

S'il avait cette audace...

CRÉPONNE.
Il l'aura.
ADÈLE.
N'importe, fais ce que je te dis.
CRÉPONNE.
Mais, madame...

SCÈNE XI.

Les précédens ; DARCEY, qui est entré vers la fin de la scène précédente.

DARCEY.
Eh ! oui sans doute, Créponne, fais ce qu'ordonne ta maîtresse.
ADÈLE.
Quoi? monsieur, vous étiez là? Vous voilà de retour?
DARCEY.
Oui, ma chère amie; j'ai bien vite expédié mes affaires, car il me tardait, surtout aujourd'hui, de revenir près de toi. (A Créponne.) Va vite, Créponne.
CRÉPONNE.
Ça ne sera pas long, car il ne s'agit que de cueillir des pêches... mais si monsieur voulait seulement me permettre d'en demander la permission à mon mari.
DARCEY.
Certainement, la permission d'un mari, ça ne peut jamais faire de mal.
CRÉPONNE.
C'est que, voyez-vous, ce sont nos plus belles; et

il paraît qu'il en faudra beaucoup, car madame a dit que vous seriez une dizaine de personnes.

DARCEY, regardant Adèle.

Ah! nous serons dix?

ADÈLE, cherchant à s'enhardir.

Oui, monsieur.

DARCEY.

C'est bien, ma chère amie. (A Créponne.) Je t'ai déjà priée de nous laisser.

CRÉPONNE, s'en allant.

Oui, monsieur...

SCÈNE XII.

ADÈLE, DARCEY.

DARCEY.

Je croyais que nous ne dînerions qu'en famille; mais je vois que de ton côté tu m'as aussi ménagé une surprise, sans doute quelques amis communs que tu as invités pour le jour de ta fête?

ADÈLE, avec émotion.

Oui, monsieur, des amies.

DARCEY.

Et lesquels? à moins que ce ne soit un secret, et alors je n'insiste plus, je ferai même l'étonné, si tu le désires.

ADÈLE, avec crainte.

Peut-être le serez-vous en effet?

ACTE I, SCÈNE XII.

DARCEY.

Et pourquoi donc, ma chère amie?

ADÈLE.

Pourquoi?... (A part.) Allons, et comme Amélie me l'a conseillé, tâchons de vaincre cette sotte timidité.

DARCEY.

Achève!

ADELE, avec embarras.

C'est que... je ne sais comment vous l'avouer; mais franchement je n'ai pu m'en défendre; elles sont venues me demander à dîner.

DARCEY.

Et qui donc?

ADÈLE.

Madame de Laferrier et madame Marini.

DARCEY.

Tu ne parles pas sérieusement?

ADÈLE, avec vivacité.

Si, monsieur; je les ai invitées, et maintenant il n'y a plus à s'en dédire. (A part.) Grâce au ciel! j'ai tout dit, m'en voilà quitte.

DARCEY, avec une colère concentrée.

Adèle!... Adèle! ton intention n'a pas été de me braver? tu avais oublié ma défense, dis-le-moi.

ADÈLE.

Non, monsieur, mais cette défense était injuste et injurieuse pour moi, et ce serait m'humilier à mes propres yeux et aux vôtres que de renvoyer mes meilleures amies.

DARCEY, avec chaleur.

Vos meilleures amies? Rien au monde ne m'est plus

pénible que de vous entendre les appeler ainsi ; mais j'espère que bientôt vous connaîtrez ceux qui vous aiment véritablement.

ADÈLE.

Ce sont ceux qui me plaignent, ceux qui cherchent à calmer mes souffrances ; à mon tour, je dois les défendre quand on les calomnie et les préférer à ceux qui ne veulent que m'affliger et me tyranniser.... Le trouvez-vous surprenant ?

DARCEY, avec douleur.

Surprenant ! non, Adèle ; depuis long-temps il n'y a plus rien qui me surprenne, et l'ingratitude d'une femme ne saurait y faire exception.

ADÈLE, avec fierté.

Monsieur !

DARCEY.

Pardon..... j'ai tort de vous laisser voir ce que je souffre.

ADÈLE.

Des reproches ! ai-je trahi mes devoirs ?

DARCEY, avec douleur.

Je lui parle de tendresse, elle me parle de devoirs.

ADÈLE, froidement.

Et que voulez-vous de plus ? Le reste dépend-il de ma volonté ?

DARCEY, s'éloignant d'elle.

Ah !... qu'il n'en soit plus question ! cette épreuve est la dernière. Désormais je ne vous demanderai plus que des devoirs, madame, nous verrons comment vous saurez les remplir. Le premier de tous était la soumission à mes volontés; et si vous avez pensé que dans un jour comme celui-ci j'oublierais de vous le rappeler, vous avez eu tort... Un jour, une heure de faiblesse compromettrait toutes les heures de ma vie, et je ne transige jamais avec ce que je crois raisonnable et nécessaire; je vais vous le prouver.

ADÈLE.

Dieu! ce sont mes amies!

SCÈNE XIII.

Les précédens; AMÉLIE, SOPHIE, ACHILLE.

AMÉLIE.

Nous voici revenus au point d'où nous étions partis... Il est charmant, ce parc... mais c'est un véritable labyrinthe.

SOPHIE.

Heureusement nous n'y avons pas rencontré le Minotaure.

ACHILLE, riant.

Il est à Paris.

DARCEY, qui jusque-là s'est tenu à l'écart, s'avance près d'Achille.

Non, monsieur.

(Exclamation générale.)

ACHILLE.

Ma foi, monsieur, qui se serait douté que vous étiez là à m'écouter? Rien n'est plus désobligeant que d'être écouté... Vous excuserez la plaisanterie, j'espère.

DARCEY.

Monsieur !...

ACHILLE.

L'air de la campagne pousse singulièrement aux bons mots; et, sans examiner s'ils sont exacts, la langue s'en débarrasse.

DARCEY.

Je comprends cela à merveille, mais...

ACHILLE.

Trop bon, en vérité.

DARCEY.

Mais j'ai un grand travers d'esprit, je n'aime pas les fats...

ACHILLE.

Ah! vous n'aimez pas...

DARCEY.

Non, je ne les aime pas; et quand ils s'introduisent chez moi, (Regardant les deux dames.) dans quelque compagnie qu'ils se trouvent, je les chasse sans balancer.

ACHILLE, sur les épines.

Fort bien, fort bien ; je disais tout à l'heure...

DARCEY, élevant la voix.

Monsieur, vous m'avez compris...

SOPHIE, à Amélie.

Il n'y a pas moyen d'y tenir, sortons, ma chère.

(Elle sort en donnant la main à Achille.)

DARCEY.

Je serais désolé de vous retenir.

AMÉLIE.

Monsieur, un pareil outrage...

ACTE I, SCÈNE XIV.

DARCEY.

Madame de Laferrier me permettra-t-elle de la reconduire jusqu'à sa voiture?

(Il sort en donnant la main à Amélie.)

SCÈNE XIV.

ADÈLE seule, puis RODOLPHE.

ADÈLE.

Quelle horreur! quelle indignité!... pouvais-je jamais m'attendre à un affront aussi sanglant! je m'en vengerai.

RODOLPHE, un bouquet à la main.

Eh! bien! où sont donc ces dames?

ADÈLE.

Dieu! monsieur Rodolphe!... partez... éloignez-vous.

RODOLPHE.

Et pourquoi donc?

ADÈLE.

Mon mari est de retour.

RODOLPHE.

Et que m'importe?

ADÈLE.

Il vient de nous faire une scène affreuse.

RODOLPHE, gaîment.

C'est comme cela que je les aime, les maris!

ADÈLE.

Mais pour moi, monsieur, pour moi, de grâce, partez.

RODOLPHE.

Pour vous, c'est différent, il n'y a rien que je ne fasse ; mais mon respect, ma soumission, me priveront-ils de votre présence ? dois-je renoncer désormais à ce bonheur ?

ADÈLE.

Il le faut, je ne puis plus vous voir.

RODOLPHE.

Chez vous, je le comprends ; mais dans le monde, mais chez vos amies...

ADÈLE, avec crainte.

Monsieur, vous me faites mourir.

RODOLPHE.

Un mot de consentement, un seul mot, et je pars, sinon, je reste.

ADÈLE.

Partez !... partez !... je vous en supplie...

RODOLPHE, lui baisant la main.

Ah ! que je vous remercie.

(Il s'enfuit par le fond du jardin.)

SCÈNE XV.

ADÈLE, puis DARCEY.

ADÈLE.

Mais du tout ; que peut-il supposer ?... que peut-il croire ? (Apercevant Darcey.) Dieu !

ACTE 1, SCÈNE XV.

DARCEY.

Leur voiture est sur la route de Paris. Maintenant voulez-vous que nous passions au salon ?

ADÈLE.

Monsieur, est-ce là le commencement du rôle de mari ?

DARCEY.

Oui, madame.

ADÈLE, sortant.

Alors, malheur à celui qui ose s'en charger !

DARCEY, la suivant des yeux et sortant après elle.

Malheur à toi si tu écoutes d'autres conseils que ceux de la raison !

FIN DU PREMIER ACTE.

ACTE DEUXIÈME.

PREMIÈRE PARTIE.

Le théâtre représente un appartement chez Darcey.

SCÈNE PREMIÈRE.

DARCEY, SEUL D'ABORD, OCCUPÉ A ARRANGER SA BIBLIOTHÈQUE ; PUIS VALDÉJA ET MOURAVIEF.

DARCEY, à Valdéja.

Déja éveillé, mon ami! es-tu un peu remis des fatigues de ton long voyage?

VALDÉJA.

Je commence à croire que les membres me tiennent au corps, et j'en doutais hier soir quand je suis arrivé (A Mouravief.) Tiens, Mouravief, ces papiers au ministère des relations extérieures; on t'en donnera un reçu, et tu reviendras, car j'ai d'autres commissions à te donner. (Mouravief porte la main à son chapeau et sort.) Un joli sujet, n'est-il pas vrai? un pur Kalmouck que j'ai pris à mon service et ramené avec moi.

DARCEY.

Enfin, te voilà de retour de ta maudite Russie. Depuis six mois que tu ne m'écrivais plus, j'ai cru que quelque belle Moscovite avait gelé tes souvenirs.

VALDÉJA.

Ils ne couraient aucun risque... tu étais là pour les réchauffer. Mais, vois-tu, si je ne t'ai pas écrit, c'est que je souffrais trop. Maintenant je ne souffre plus; je suis heureux : mon cœur est endurci, il n'aime plus rien que toi, que toi, mon ami.

DARCEY, lui tenant les mains.

Et moi, j'espère que nous ne nous quitterons plus. D'abord, est-il vrai que tu abandonnes la place brillante que tu avais obtenue il y a six mois, que tu renonces à la diplomatie ?

VALDÉJA.

Oui. Ces honneurs, ces emplois, ce n'est pas pour moi que je les désirais; et maintenant, je n'en ai plus besoin.

DARCEY.

Tu as assez de fortune sans cela; car, ainsi que je te l'ai écrit, grâce à un concours d'heureuses circonstances, ce capital que tu avais laissé entre mes mains s'est accru considérablement.

VALDÉJA, le regardant.

Tu me trompes. C'est aux dépens de ta fortune que tu veux m'enrichir.

DARCEY.

A quoi bon? Ma fortune est la tienne; je n'ai pas besoin de te tromper.

VALDÉJA, froidement.

Tu as raison. Alors peu importe, garde-la, je n'en ai que faire.

DARCEY.

A la bonne heure ; et si tu t'établis, si tu te maries....

VALDÉJA.

Jamais, et maudit soit le moment où une pareille idée s'est offerte à mon esprit ! maudit soit le jour où j'ai voulu faire dépendre d'une femme ma vie, mon bonheur et mon avenir ! Ne les connaissais-je pas déjà ? ne savais-je pas qu'il n'y a en elles que ruses et trahison ? N'est-ce pas une femme qui dénonça mon père et m'a forcé à fuir de la terre natale dans nos temps de discorde ? Et quand, jeune encore, mon cœur s'ouvrait à toutes les impressions de l'amour et de l'amitié, n'est-ce pas une femme qui a armé mon bras contre un ami d'enfance, qui l'a fait rouler sanglant à mes pieds ? Plus tard enfin, n'est-ce pas encore une d'elles qui a manqué de compromettre mon avenir, mon bonheur ?... et si tu n'avais pas été là, toi, mon seul ami ! toi qui, plus âgé que moi, n'as jamais cessé de me protéger !...

DARCEY.

Dis de t'aimer, et voilà tout.

VALDÉJA.

Tu es tout pour moi ; et quant au reste du monde, je lui avais juré, tu le sais, railleries et dédain, lorsque s'offre à mes yeux une jeune fille candide, ingénue, qui, sans me rien promettre, me persuade de son amour. Celle-là, me disais-je, est à part de son sexe; c'est une exception, elle ne saurait tromper; et je croyais en elle... comme en toi.

DARCEY.

Et elle t'a trahi?

VALDÉJA.

Je devais m'y attendre; je l'aimais trop!... et lorsqu'au bout de deux ans et demi d'exil et de travaux je touchais enfin au but de mes espérances, lorsqu'une place honorable me permettait d'aspirer à sa main, j'écris à son père, il y a six mois, je la demande en mariage; et cette réponse que j'attendais avec tant d'impatience... elle arrive enfin, et m'apprend que ce n'est pas lui, que c'est sa fille qui me refuse; qu'elle ne saurait m'aimer; que du reste ils garderont sur ma demande et sur son refus le plus profond silence.

DARCEY.

Écoute, Valdéja, et dussé-je te fâcher, le père a agi en galant homme; et quant à sa fille... tu ne peux lui reprocher que sa franchise; une autre n'eût rien dit... et t'aurait trompé.

VALDÉJA.

Tu me juges mal; et si je lui en veux, ce n'est point de m'avoir dédaigné, c'est au contraire de m'avoir laissé croire à son amour. Et je lui pardonnerais mes illusions détruites, mon existence désenchantée et mon avenir désert!... Non, non; grâce au ciel, cette haine qu'elle m'a rendue pour tout son sexe sera désormais mon seul bonheur, mon occupation, mon existence. Je ne vivrai que pour le poursuivre; le démasquer; et toujours sur ses traces, je lui tiendrai lieu du remords qu'il n'a pas.

DARCEY, avec tendresse.

Mon ami, mon ami!...

VALDÉJA.

Pardon de corrompre par ces idées la joie du retour; ne me parle pas d'elle; ne m'en parle jamais... Ne songeons qu'à l'amitié, qui console de tout et fait tout oublier. Toi, es-tu heureux? réponds.

DARCEY.

Depuis trois ans, tu sais que j'ai pris femme...

VALDÉJA.

J'entends. C'est un *non* positif.

DARCEY.

Tu te trompes, je suis aussi heureux... que je puis l'être.

VALDÉJA le regardant attentivement.

Ce n'est pas vrai.

DARCEY.

Parbleu! voilà qui est fort, quand je te dis...

VALDÉJA.

Je ne m'étais pas assis chez toi, que je savais à quoi m'en tenir; et ta confiance n'est pas verbeuse, elle n'est pas comme la mienne.

DARCEY.

Que veux-tu? la main qui touche à nos blessures nous fait mal... même quand c'est celle d'un ami. Tu as deviné juste; je suis malheureux, car j'ai choisi une femme froidement égoïste, qui n'a que de la vanité dans le cœur.

VALDÉJA.
Une pareille femme à toi!
DARCEY.
Ce sont les plus nombreuses, mon ami.
VALDÉJA.
Et bravement tu as été choisir dans la foule?
DARCEY.
Tu la connaissais; car souvent, avant ton départ, nous allions ensemble dans la maison de son père, monsieur Évrard, négociant.
VALDÉJA, avec émotion.
Monsieur Évrard! oui... c'est vrai.
DARCEY.
Tu m'as souvent fait remarquer sa beauté et celle de sa sœur Clarisse. Tu te la rappelles aussi?
VALDÉJA, avec une émotion qu'il cherche à maîtriser.
Clarisse?... non! je ne me la rappelle pas.
DARCEY.
Adèle était si jolie, si pure, si enivrante! et puis ses quinze ans, sans fortune, comment les abandonner aux prétentions du premier venu? Il y avait dans cette pensée une image accablante pour moi.
VALDÉJA.
Anéantir sa vie pour une fleur sans parfum! (A part.) Voilà comme Clarisse aurait été.
DARCEY.
Long-temps j'ai eu à combattre et à souffrir; mais enfin, et depuis six mois, depuis que j'ai chassé deux ou trois femmes dangereuses qui formaient son conseil, la paix est revenue!

VALDÉJA.

Et le bonheur?

DARCEY.

Il ne faut plus y penser... le charme est détruit. Je vois Adèle aujourd'hui telle qu'elle est, et j'ai cessé de l'aimer.

SCÈNE II.

Les précédens ; CRÉPONNE, en costume de femme de chambre.

CRÉPONNE.

Monsieur, je viens voir si vous êtes visible.

DARCEY.

Oui, Créponne, je suis visible. Pourquoi cette question?

CRÉPONNE.

Parce que madame désire vous dire bonjour, ainsi qu'à monsieur votre ami, avant de sortir; c'est naturel, simple, de bon ton et de bon ménage.

DARCEY.

Puisque vous le jugez tel, Créponne, il ne me reste rien à dire; prévenez madame Darcey que nous l'attendons.

CRÉPONNE.

Ça lui fera grand plaisir, certainement.

SCÈNE III.

DARCEY, VALDÉJA.

VALDÉJA.
Voilà une maîtresse soubrette.

DARCEY.
Y penses-tu? c'est la femme de Fleury, mon jardinier. Adèle, dont elle est la sœur de lait, l'a prise en affection, et l'a retirée de ma campagne pour en faire sa femme de chambre à Paris.

VALDÉJA.
Tant pis! Moi, vois-tu bien, je ne crois pas aux vertus de campagne.

DARCEY.
Tu ne crois à rien!

VALDÉJA.
Seul moyen de ne pas être trompé.

DARCEY.
Voici ma femme!

SCÈNE IV.

DARCEY, VALDÉJA, ADÈLE.

ADÈLE, avec amabilité.
Mon ami, je n'ai pas voulu sortir sans te faire une petite visite.

DARCEY, la baisant au front.

Bonjour, Adèle.

ADÈLE.

Comment monsieur Valdéja se trouve-t-il ce matin?

VALDÉJA.

Je vous rends grâce, madame; dans les meilleures dispositions du monde.

ADÈLE.

Et toujours sans regret d'avoir quitté la Russie?

VALDÉJA.

Oui, madame, sans regret... surtout depuis que je suis ici.

ADÈLE.

Ferdinand, je vais aller chez mon père.

DARCEY.

Quelle nécessité t'y oblige?

ADÈLE.

Le désir de le voir. Depuis huit jours je n'ai pas entendu parler de lui et je suis dans une inquiétude mortelle.

DARCEY.

J'aurais bien désiré que cette inquiétude te prît un autre jour, et que tu nous restasses aujourd'hui.

ADÈLE.

Je pense que monsieur Valdéja sera assez indulgent pour m'excuser en faveur du motif? D'ailleurs je serai rentrée pour le dîner.

DARCEY.

Vraiment? Il est neuf heures, nous dînons à six, et tu seras rentrée!

ADÈLE.

A moins que l'on ne me retienne. Ce pauvre père, il est si bon!

DARCEY.

Il me semble qu'en envoyant Créponne ou Baptiste s'informer de l'état de sa santé...

ADÈLE, avec véhémence.

Oh! ce serait d'une indifférence... Et puis, Clarisse, ma jeune sœur, m'a écrit, elle désire me voir... Sans doute au sujet du mariage dont il est question pour elle... tu sais?

VALDÉJA, vivement.

Ah! mademoiselle votre sœur va se marier?

DARCEY.

Oui, avec un fort honnête homme, un de nos cousins, M. Melville, qui a une place aux finances.

ADÈLE.

Et pour sa parure, pour la corbeille... il faut que je voie ma sœur... il est indispensable que je sorte... Au surplus, si tu l'exiges, je resterai. Je n'ai d'autre volonté que la tienne, tu sais, d'autre désir que de ne pas te contrarier... Dis ce que tu veux que je fasse, mon cher Ferdinand.

DARCEY.

Mais, je te l'ai dit, rester avec nous. Valdéja penserait que tu fuis la maison parce qu'il y est arrivé.

ADÈLE.

Je suis convaincue que monsieur Valdéja lèvera l'obstacle en ce qui le concerne.

VALDÉJA.

Moi, madame, vous m'embarrassez beaucoup; car

si je consens à ce sacrifice, vous allez m'accuser de manquer de galanterie.

DARCEY, avec impatience.

Eh oui, sans doute! Envoie chez ton père, comme je te l'ai dit. En voilà beaucoup trop pour une chose aussi simple!

ADÈLE, ôtant son chapeau.

N'en parlons plus. Je ferai compagnie à monsieur, puisqu'il le faut absolument; mais papa ne recevra pas un semblable message, ce serait inouï!

DARCEY.

En lui en disant le pourquoi.

ADÈLE.

Il se refuserait à croire qu'un ami puisse causer une semblable gêne dans la maison de son ami.

VALDÉJA, vivement.

Ferdinand, tu me desservirais beaucoup si tu contraignais madame à rester davantage.

DARCEY, avec impatience.

Eh bien donc! qu'elle sorte, qu'elle s'en aille, elle est la maîtresse.

ADÈLE, remettant son chapeau.

C'est parce que vous me l'ordonnez, monsieur; sans cela je resterais, j'y étais bien décidée; mais je n'oublierai pas que si vous m'avez cédé, ce n'est pas pour moi, c'est pour monsieur Valdéja, c'est pour lui complaire... et je lui en garderai la reconnaissance que je lui dois. Adieu, Ferdinand. (A Valdéja, en lui faisant la révérence froidement.) Adieu, monsieur.

VALDÉJA, de même.

Adieu, madame.

(Adèle sort.)

SCÈNE V.

DARCEY, VALDÉJA.

VALDÉJA.

Adieu; je sors aussi, j'ai des visites à rendre, des lettres à remettre. Connais-tu ce monde-là?

DARCEY, parcourant les adresses.

Oui, sans doute. On t'indiquera ici où tout cela demeure. (Lisant les adresses.) Madame de Laferrier... tu as une lettre pour madame de Laferrier?

VALDÉJA.

Oui, c'est un prince russe qui se rappelle à son souvenir.

DARCEY.

Il fait bien, car depuis lui bien des nations se sont succédé: c'est une beauté européenne... Eh! mais, qui vient là?

SCÈNE VI.

LES PRÉCÉDENS, CRÉPONNE.

CRÉPONNE.

Monsieur, c'est mademoiselle votre belle-sœur qui vient d'arriver seule avec une femme de chambre, et qui demande à vous parler.

DARCEY.

Comment, Clarisse est là?

VALDÉJA, voulant s'éloigner.

Clarisse !

DARCEY, le retenant.

Eh bien ! où vas-tu donc ? Est-ce qu'une jeune fille te fait peur ?

VALDÉJA, froidement.

Moi ?... non.

DARCEY.

Reste alors, que je te présente à elle ; vous renouerez connaissance. (A Créponne.) Mais j'y pense maintenant, ma femme qui allait chez son père... dis à madame Darcey que Clarisse est ici, et qu'elle vienne.

CRÉPONNE.

Madame est sortie.

DARCEY.

C'est étonnant ; je n'ai pas entendu sa voiture, et il y a trop loin pour qu'elle aille à pied.

CRÉPONNE.

Madame avait envoyé Baptiste à la place voisine pour faire avancer un fiacre.

DARCEY.

Un fiacre ! c'est singulier... elle qui était si pressée... peu importe, j'oublie que cette pauvre Clarisse est là à attendre ; dis-lui vite d'entrer.

CRÉPONNE.

Oui, monsieur. (A part.) Je crois que madame a eu tort d'y aller ce matin ; elle ne veut jamais m'écouter.

(Elle sort.)

SCÈNE VII.

DARCEY, VALDÉJA, puis CLARISSE.

DARCEY.

Je vous demande quelle idée de sortir seule en voiture de place quand elle a dans son écurie six chevaux qui ne font rien! (Apercevant Clarisse.) Ah! vous voilà, ma chère belle-sœur! qui me procure de si bon matin une si jolie visite? N'est-ce pas à ma femme que vous vouliez parler?

CLARISSE.

Non, monsieur; à vous, à vous seul. (Apercevant Valdéja.) Dieu!...

(Valdéja s'incline et la salue froidement.)

DARCEY, riant.

J'étais bien sûr qu'il y aurait une reconnaissance pathétique... un ancien ami de la maison que depuis trois ans vous n'aviez pas vu; mais quel motif vous amène?

CLARISSE.

Ah! monsieur... ah! mon cher beau-frère, nous sommes tous au désespoir.

DARCEY.

Qu'y a-t-il? parlez.

CLARISSE.

C'est à vous seul que je devrais confier un pareil secret; mais je sais que M. Valdéja est un autre vous-même, et que vous n'avez rien de caché pour lui; et à quoi bon du reste faire un mystère de ce qui demain ne sera que trop public?

DARCEY.

Achevez, de grâce.

CLARISSE.

Mon père est perdu, déshonoré; de nombreuses faillites lui ont enlevé toutes ses ressources, et demain il est obligé de déclarer sa honte. Il n'y survivra pas. Son existence, à lui, c'était l'honneur, la considération, et les perdre c'est perdre la vie; je lui disais : Pourquoi ne pas en parler à votre gendre, qui est riche, qui vous estime et vous aime?

DARCEY.

Eh! oui, sans doute.

CLARISSE.

Jamais, m'a-t-il dit; et il m'a défendu, sous peine de toute sa colère, de m'adresser à vous.

VALDÉJA.

Et pourquoi donc?

CLARISSE.

Monsieur Darcey, a-t-il ajouté, a pris ta sœur aînée sans dot aucune, et de plus il m'a déclaré qu'il te donnerait cent mille francs le jour de ton mariage. Cette nouvelle m'a rendu le courage... je suis venue vous trouver pour vous prier de reprendre vos bienfaits, d'en disposer en faveur de mon père. (Vivement.) Oui, monsieur, ne pensez plus à moi, ne pensez qu'à lui, sauvez son honneur, je ne me marierai pas, je resterai dans la maison paternelle, et en voyant le bonheur que vous y aurez ramené, je ne passerai pas un jour sans vous remercier et vous bénir.

DARCEY, la serrant contre son cœur.

Ma chère Clarisse !

VALDÉJA, avec amertume.

Ne pas vous marier ! quelle folie ! est-ce que c'est possible ?

CLARISSE, étonnée.

Et pourquoi, monsieur ?

VALDÉJA, de même.

Quelle somme faut-il à votre père ?

CLARISSE.

Cent mille écus, aujourd'hui même.

VALDÉJA, brusquement.

Vous voyez bien que votre dot ne suffirait pas. (A Darcey.) C'est moi, moi ton meilleur ami, qui complèterai la somme.

CLARISSE, avec angoisse.

O mon Dieu...! recevoir de lui !... jamais ! et cependant mon pauvre père...

DARCEY.

Enfant que vous êtes, est-ce que cela se peut ? Est-ce que je laisserais payer à un étranger les dettes de ma famille ?

VALDÉJA, avec amertume.

A un étranger !...

DARCEY.

Pour elle, du moins.

VALDÉJA, froidement.

Oui, tu as raison... un étranger... pas autre chose.

DARCEY, à Clarisse.

C'est moi que cela regarde! Rassurez-vous, Clarisse; l'amitié qui m'unit à votre père... tout s'arrangera.

CLARISSE, lui sautant au cou et l'embrassant.

Ah! quelle bonté! quelle générosité!

DARCEY.

Il faut, avant tout, consoler monsieur Évrard, lui rendre le calme; et je suis content maintenant que ma femme soit allée le voir.

CLARISSE.

Ah! Adèle est près de lui? tant mieux.

DARCEY.

Vous le savez bien, puisque vous lui avez écrit hier de venir.

CLARISSE.

Non vraiment, je ne lui ai pas écrit, et j'aurais dû le faire.

DARCEY.

Comment! votre père malade et souffrant ne l'attendait pas ce matin?

CLARISSE.

Non, monsieur.

DARCEY, à part.

Et cet empressement à sortir... de si bonne heure... seule... en voiture de place! (Se rapprochant de Valdéja et à demi-voix.) Que dis-tu de cela?

VALDÉJA, de même et froidement.

Rien! pourrais-tu soupçonner...?

DARCEY.

N'importe... je saurai...

CLARISSE, *s'approchant de Darcey.*

Eh! mais, qu'avez-vous donc?

DARCEY.

Rien, rien... Venez, je vais passer chez mon banquier, et vous porterez vous-même à votre père la somme dont il a besoin. C'est à vous, Clarisse, qu'il devra sa joie et son honneur... Venez, venez avec moi.

(*Il sort avec Clarisse.*)

SCÈNE VIII.

VALDÉJA seul, puis MOURAVIEF.

VALDÉJA.

Et c'est dans un pareil moment qu'il les sauve tous de leur ruine... qu'il préserve de la honte cette famille à laquelle peut-être il doit la sienne!... car cette Adèle... cette sortie mystérieuse... ce mensonge... Il y a ici trahison... j'en suis sûr... et je le souffrirais!... non... l'amitié n'est qu'un vain nom, ou je saurai bien l'empêcher... Ah! je sens mes idées de vengeance qui se réveillent. Encore une femme perfide à poursuivre... à démasquer. (*Voyant Mouravief qui entre.*) Ah! te voilà!... madame Darcey est sortie... il y a une heure... en fiacre...?

MOURAVIEF.

Oui, excellence... j'étais là à la porte quand elle y est montée.

VALDÉJA.

Où a-t-elle commandé qu'on la menât?

MOURAVIEF.

Elle a dit tout haut : Chez monsieur Évrard, rue Saint-Louis au Marais.

VALDÉJA, à part.

Oui, c'était là son premier mot... elle aura donné contre-ordre en route. (Haut.) As-tu remarqué le numéro de ce fiacre?

MOURAVIEF.

Non, excellence.

VALDÉJA.

Comment était-il?

MOURAVIEF.

Brun.

VALDÉJA.

Ils le sont tous! et les chevaux?

MOURAVIEF.

Un noir et un blanc.

VALDÉJA.

C'est différent... voilà des indices. Ce fiacre a été pris sur la place voisine... il est probable qu'il y retournera dans la journée. Va donc, jusqu'à ce soir, te mettre en faction.

MOURAVIEF.

Oui, excellence.

VALDÉJA.

Sans en bouger!

MOURAVIEF.

Oui! excellence.

VALDÉJA.

Et, si tu le vois paraître, tu proposeras au cocher de boire avec toi.

MOURAVIEF.

Oui, excellence.

VALDÉJA.

Tant qu'il pourra ; et tâche de savoir de lui la rue et le numéro de la maison où il aura conduit ce matin madame Darcey.

MOURAVIEF.

Oui, excellence.

VALDÉJA.

En avant! marche! retourne à ton poste... et songe que je t'attends.

(Ils sortent chacun d'un côté différent. — Le théâtre change.)

DEUXIÈME PARTIE.

Un boudoir élégant chez madame de Laferrier.

SCÈNE PREMIÈRE.

ADÈLE, RODOLPHE.

ADÈLE, assise, à Rodolphe qui entre.

C'est aimable, arriver si tard!... moi qui risque tout pour vous voir.

RODOLPHE.

Des risques!... chez madame de Laferrier... il n'y en a aucun... et puis, nos entrevues sont si rares, surtout depuis quelque temps.

ADÈLE.

Et c'est pour cela que vous arrivez le dernier?

RODOLPHE.

Pardon, chère Adèle, j'étais au bois de Boulogne, et mes chevaux n'ont pas mis vingt minutes pour me conduire ici... Je crains même qu'Élisabeth ne s'en trouve pas très bien, j'en serais désolé.

ADÈLE.

Qu'est-ce que c'est qu'Élisabeth?

RODOLPHE.

Ma jument anglaise que j'ai achetée hier 4,000 fr. chez Crémieux.

ADÈLE.

Il s'agit bien de cela! il s'agit de moi, monsieur, que vous avez presque fait attendre.

RODOLPHE.

J'ai failli attendre!... c'est parler comme Louis XIV, et je trouve en effet entre vous et le grand roi beaucoup de ressemblance : la même fierté, le même absolutisme, et surtout la même ardeur de conquêtes.

ADÈLE.

Moi, monsieur?...

RODOLPHE.

Hier, encore, aux Italiens... lord Kinsdale et M. d'Alzonne, qui ont passé toute la soirée dans votre loge, et dont les hommages étaient assez évidens... Le plaisant, c'est que vous vouliez que chacun des deux se crût le préféré, et vous aviez un mal à tenir l'équilibre entre les deux puissances!...

ADÈLE.

Ainsi, monsieur me fait l'honneur de m'observer, de m'épier?

RODOLPHE, nonchalamment.

Par hasard... j'étais là dans une baignoire.

ADÈLE, vivement.

Et avec qui?

RODOLPHE.

Eh! mais, seul apparemment...

Les amans malheureux cherchent la solitude.

Et je vous dirai, Adèle, pour parler sérieusement, que je ne suis pas content de vous.

ADÈLE.

Quel est ce ton et de quel droit?

RODOLPHE.

Du droit que vous avez bien voulu me donner.

ADÈLE.

Vous n'en avez aucun.

RODOLPHE.

Si vraiment, et il faut bien nous entendre... Je vois depuis quelque temps à votre froideur, à vos reproches, que cet amour que j'ai cru éternel aura bien de la peine... (Adèle fait un geste.) je ne vous accuse pas... je n'accuse que moi dont la constance est inamovible, ce qui a amené pour vous l'uniformité, l'ennui, la satiété... C'est un malheur, je m'y résigne, et il faut bien s'habituer à l'abandon et au désespoir; mais ce à quoi je ne m'habituerai jamais, c'est au ridicule, et il n'y a rien de ridicule comme un amant délaissé; ça l'est bien plus qu'un mari.

ADÈLE.

Monsieur!...

RODOLPHE.

Oui, madame, un mari c'est son état, il ne peut pas le changer, c'est une fatalité à subir; mais pour l'autre, c'est un affront gratuit auquel il n'était pas obligé par la loi... et si je suis délaissé par vous pour M. d'Alzonne, je lui brûle la cervelle.

ADÈLE.

Quelle horreur!

RODOLPHE.

Par peur du ridicule, voilà tout : parce que, quand le pistolet a porté juste, on ne rit plus au café Tortoni.

ADÈLE.

A merveille, monsieur, et je vois clairement que c'est vous qui désirez cette rupture.

RODOLPHE, vivement.

Non, ma parole d'honneur! jamais, Adèle, vous ne m'avez paru plus jolie, plus séduisante; il n'est question que de vous dans le monde; on vous cite, on vous recherche, on vous adore... Plus que jamais je tiens à vous.

ADÈLE.

Par amour-propre... c'est très flatteur; mais moi, monsieur, je tiens à être aimée autrement... Un mouvement de vanité et de coquetterie m'avait seul portée à recevoir vos hommages; j'avais eu tort... très grand tort...

RODOLPHE, souriant.

Ce tort-là, je vous le pardonne.

ADÈLE, froidement.

Vous êtes bien généreux!... moi, monsieur, je ne me le pardonnerai jamais; mais je puis du moins le réparer, j'en cherchais les moyens et ne les trouvais pas... C'est vous qui avez eu la bonté de me les offrir, et je vous prie d'en recevoir tous mes remerciemens.

RODOLPHE.

Que voulez-vous dire?...

ADÈLE.

Que vous m'avez demandé de la franchise, et que vous devez me comprendre.

RODOLPHE.

O ciel! vous ne m'aimez plus?

ADÈLE.

Je n'ai pas de compte à vous rendre... mais vous m'avez dit, monsieur, que vous désiriez être prévenu, et maintenant vous n'avez plus rien à désirer.

RODOLPHE.

C'est trop fort, et l'on n'a jamais vu...

SCÈNE II.

Les précédens, AMÉLIE.

AMÉLIE.

Eh! mais... quel bruit chez moi?

ADÈLE.

Une scène affreuse que me fait monsieur.

AMÉLIE.

Une querelle? tant mieux, c'est le premier acte d'un raccommodement.

RODOLPHE.

J'aime à le croire... n'est-il pas vrai, chère Adèle?... et s'il ne faut que se reconnaître coupable et te demander pardon...

ADÈLE.

Ce serait inutile, monsieur, tout est fini... et je vous prie de ne plus me tutoyer.

RODOLPHE.

Soit! mais au moins l'on ne se brouille pas sans motif.

ADÈLE.

Il me semble que je n'en manque pas, et que votre fatuité, votre légèreté, vos défauts...

RODOLPHE.

Mes défauts ! ce n'est pas là une raison, je les avais tous quand vous m'avez aimé.

ADÈLE.

Votre oubli de toutes les convenances... Avant-hier, par exemple, quand vous me donniez le bras, oser saluer sur le boulevart mademoiselle Anastase, une figurante de l'Opéra !

RODOLPHE.

Du chapeau seulement, sans mains, sans grâce, comme on salue tout le monde.

ADÈLE.

Je l'avais vue une fois sortir de chez vous.

RODOLPHE.

C'est ma locataire ; j'aime les arts, moi ; de grâce, point de suppositions jalouses, moi, qui vous aime, qui n'aime que vous, et qui depuis six mois suis d'une fidélité...

ADÈLE.

Dont je vous dégage. Je vous prie de me rendre mes lettres et mon portrait.

RODOLPHE, à Amélie.

Vous l'entendez ! vous le voyez !

AMÉLIE.

Je vois que votre cause est perdue, car malheureusement, mon cher Rodolphe, elle n'est pas du tout en colère.

RODOLPHE.

C'est une trahison de sang-froid ; elle s'éloigne de moi par un entraînement réfléchi et combiné. (A Adèle.)

Dès demain, mon valet de chambre Silvestre vous rapportera vos lettres ; et quant à votre portrait, à ce médaillon que j'avais fait faire, et qui ne me quittait jamais, le voici, madame.

ADÈLE, prenant le médaillon.

C'est bien ! le voilà donc revenu dans mes mains. (L'ouvrant pour le regarder.) Dieu ! que vois-je ! et quelle indignité, le portrait de mademoiselle Anastase !

AMÉLIE.

La figurante de l'Opéra ?

RODOLPHE, riant.

Est-il possible ! c'est délicieux ! je me serai trompé en le prenant ce matin.

ADÈLE.

Comment ! monsieur, cette fidélité dont vous vous vantiez...

RODOLPHE.

Avait deviné la vôtre. Vous voyez qu'entre nous il y avait décidément sympathie, même en nous trahissant nous nous entendions encore. Il ne vous servirait à rien... (Adèle le jette à terre, il le ramasse.) Je le reprends ; demain, je vous le promets, vous aurez le véritable, et je le regarderai avant, de peur de méprise. Adieu, cruelle. (A Amélie.) Adieu, madame. (Lui baisant la main.) Je n'oublierai jamais vos bontés.

(Il sort.)

SCÈNE III.

AMÉLIE, ADÈLE.

AMÉLIE.

Ce pauvre Rodolphe, un charmant cavalier. Es-tu folle de rompre avec lui?

ADÈLE.

J'ai mes raisons.

AMÉLIE.

Je ne cherche pas à les pénétrer; mais je les devine peut-être.

ADÈLE.

Depuis quelque temps il s'était arrogé des airs de domination exclusive, il devenait mari, et cela pouvait finir par me compromettre, dans ce moment surtout, où il me faut redoubler de prudence et de précaution.

AMÉLIE.

Et pourquoi cela?

ADÈLE.

Cet ami de mon mari.... ce Valdéja, est arrivé hier.

AMÉLIE.

Valdéja? l'ennemi mortel de Sophie Marini!

ADÈLE.

Lui-même.

AMÉLIE.

Elle m'en a dit tant de mal, que j'aurais bien envie de le voir! Comment est-il?

ADÈLE.

Effrayant!

AMÉLIE.

Marini le disait joli garçon.

ADÈLE.

Elle peut avoir raison, il est fort bien; mais c'est égal, il est effrayant. Il y a en lui quelque chose.... Sais-tu ce que Sophie Marini a contre lui?

AMÉLIE.

Elle ne me l'a jamais confié. Mais on prétend qu'autrefois elle l'a aimé. Puis il a découvert qu'il avait des rivaux, et il s'en est vengé d'une manière indigne.

ADÈLE.

Comment cela?

AMÉLIE.

En la faisant trouver à un dîner où il avait invité tous ceux qu'elle avait préférés. On ne dit pas combien il y avait de couverts.

ADÈLE.

Voilà qui est affreux! Dieu! c'est Créponne! qui peut l'amener?

SCÈNE IV.

Les précédens; CRÉPONNE.

CRÉPONNE.

Ah! madame... madame! voilà six heures que je vous cherche... J'ai été chez monsieur Rodolphe, chez madame Marini...

ADÈLE.
Et pourquoi donc? qu'est-il arrivé?

CRÉPONNE.
Mademoiselle Clarisse, votre sœur, est venue à la maison dix minutes après votre départ.

ADÈLE.
Ah! mon Dieu!

CRÉPONNE.
Je ne sais pas ce qu'elle a dit à votre mari, mais tous les deux sont partis en voiture, et Guillaume, le cocher, les a conduits chez monsieur votre père où ils comptent vous trouver.

AMÉLIE.
Je n'y comprends rien.

CRÉPONNE.
Et madame qui a dit qu'elle passerait la journée chez son père, qu'elle y dînerait peut-être. C'est sous ce prétexte-là qu'elle est sortie.

ADÈLE.
Eh! mon Dieu, oui!

CRÉPONNE.
Sans moi vous étiez prise, vous auriez dit, en rentrant, que vous en veniez.

ADÈLE.
Je m'en garderai bien... Amélie, que faut-il faire?

AMÉLIE.
Rentrer au plus vite.

ADÈLE.
Mais où aurai-je été ce matin, toute la journée?

AMÉLIE.
Cela t'embarrasse?

ADÈLE.

Certainement.

AMÉLIE.

Y a-t-il long-temps que vous n'êtes allés, toi et ton mari, chez madame Longpré, dont tu me parles souvent?

ADÈLE.

Quinze jours environ.

AMÉLIE.

Assieds-toi là et écris-lui.

ADÈLE.

Que veux-tu que je lui écrive?

AMÉLIE.

Assieds-toi toujours.

ADÈLE, en s'asseyant.

Voyons.

AMÉLIE, dictant.

« Si avant de m'avoir vue, le hasard vous mettait « en rapport avec mon père et mon mari, n'oubliez « pas que je suis arrivée chez vous aujourd'hui dans « un état affreux, que j'y suis restée très long-temps, « et que j'en suis repartie en fiacre. » (Parlant.) A la ligne. « (Dictant) « Je vous envoie mon chapeau et mon mou- « choir, vous me les renverrez demain par votre femme « de chambre. N'y manquez pas. » (Parlant.) Date et signe... commences-tu à comprendre?

ADÈLE.

Oui, mon bon ange.

AMÉLIE.

En arrivant chez toi, tu te trouveras mal, et je réponds du reste.

ADÈLE.

Dieu! que c'est simple et bien!

CRÉPONNE.

Oh! oui, c'est joliment bien! une femme de chambre elle-même n'aurait pas mieux trouvé... Allons, madame, partons; une voiture est en bas qui nous attend.

AMÉLIE.

Non, non... il ne faut pas qu'on vous voie rentrer ensemble.

CRÉPONNE.

C'est juste! je l'oubliais... Madame pense à tout.

(Elle sort par le fond.)

SCÈNE V.

AMÉLIE, ADELE, UN DOMESTIQUE, ENTRANT PAR LA PORTE A GAUCHE.

LE DOMESTIQUE, à Amélie.

Madame, un monsieur demande à vous parler.

AMÉLIE.

Il prend bien son temps, qu'il s'en aille.

LE DOMESTIQUE.

Il prétend qu'il n'est que pour un jour à Paris, et qu'il apporte à madame des lettres et des nouvelles du prince Krimikoff.

AMÉLIE.

Ce pauvre prince! il pense encore à moi. Dis à ce monsieur d'attendre, là, dans la pièce qui touche à ce boudoir... Dans un instant je suis à lui.... je le recevrai.

LE DOMESTIQUE.

Oui, madame.

(Il sort par la porte à gauche.)

SCÈNE VI.

AMÉLIE, ADÈLE.

ADÈLE.

Une seule chose m'inquiète maintenant... Ce sont ces lettres.... ce portrait que Rodolphe a entre les mains.

AMÉLIE.

C'est ta faute Je t'ai dit vingt fois de ne pas écrire. Tu en veux toujours faire à ta tête.

ADÈLE.

Il n'en a que trois, et il m'a bien promis devant toi de me les renvoyer demain par son valet de chambre....

AMÉLIE.

Espérons-le... Allons, va-t'en vite...

ADÈLE, montrant la porte à gauche.

De ce côté ?...

AMÉLIE.

Eh! non... Tu serais vue par cet étranger...

ADÈLE.

Eh! mais, j'y pense maintenant. Nous sommes là à parler tout haut, et l'on entend de ton petit salon tout ce qui se dit ici.

AMÉLIE.

Qu'importe !... Cet étranger ne sait peut-être pas le français... (Lui montrant la porte opposée.) Passe ici à droite, par cet escalier dérobé.

ADÈLE.

Adieu encore... (Elle l'embrasse.) N'oublie pas d'envoyer mon chapeau, mon mouchoir et ma lettre à madame Longpré...

AMÉLIE.

Sois tranquille. Attends donc, je descends avec toi... La porte du bas de l'escalier est fermée, j'en ai la clef... (Elle prend la clef dans le tiroir de la toilette et sonne ; le domestique paraît sortant de la porte à gauche.) Dites à ce monsieur d'entrer et d'attendre ici, je remonte à l'intant.

(Elle sort par la porte à droite)

SCÈNE VII.

LE DOMESTIQUE, puis VALDÉJA.

LE DOMESTIQUE, parlant près de la porte à gauche.

Monsieur, madame dit que vous seriez mieux ici.

VALDÉJA.

Je te remercie. (Le domestique sort.) Mais je n'étais pas dejà si mal où j'étais ! et dès qu'à travers cette légère cloison j'ai eu reconnu la voix de madame Darcey, j'aurais mérité de ne plus rien entendre de ma vie, si j'avais perdu un mot de leur conversation. Mouravief m'avait bien guidé ; ce n'est pas chez son père, c'est ici que l'attelage blanc et noir l'avait conduite. Mais ce Rodolphe dont elles parlaient, quel est-il ?...

je le saurai. Et ce chapeau... ce mouchoir... cette lettre à madame Longpré... Rien de clair encore, sinon qu'il y a ici mensonge... trahison... adultère... Mais en ce moment ce sont des preuves qu'il me faut... et en voici qui m'arrivent.

SCÈNE VIII.

VALDEJA, AMÉLIE, RENTRANT PAR LA PORTE A DROITE, ET TENANT LE CHAPEAU ET LE MOUCHOIR D'ADÈLE.

AMÉLIE.

Elle est partie, mettons de côté son chapeau. Ah! sa lettre, j'allais l'oublier. (Elle la tire de sa ceinture.) Là, dans le coin de ce mouchoir pour qu'elle ne s'égare pas.

VALDÉJA, à part.

Cette lettre passera par mes mains.

(Il salue Amélie qui lui rend une révérence.)

AMÉLIE.

Mille pardons, monsieur, de vous avoir fait attendre...

VALDÉJA.

C'est moi qui suis indiscret, sans doute, mais j'arrive de Saint-Pétersbourg, et chargé par le prince Krimikoff d'une lettre...

AMÉLIE.

Pour moi?

VALDÉJA.

Non, pour monsieur de Laferrier, votre mari.

AMÉLIE.

C'est donc une lettre d'affaires?

VALDÉJA.

Je le présume.

AMÉLIE.

Mon mari est absent en ce moment; mais voici l'heure du dîner, et il ne peut tarder à rentrer.

VALDÉJA, à part.

Ah! diable; alors dépêchons-nous. (Après avoir réfléchi.) Ah! bien.

AMÉLIE.

Veuillez prendre la peine de vous asseoir.

VALDÉJA.

Je vous suis obligé.

(Ils s'asseyent. Valdéja cherche la lettre dans son portefeuille.)

AMÉLIE, à part, le regardant.

Celui-là, par exemple, a bien l'air moscovite..... (Voyant les lettres qu'il tire de son portefeuille.) Ah! mon Dieu! que de lettres!

VALDÉJA.

Je suis chargé de les remettre ici, à Paris, commission d'autant plus difficile, que j'ai quelques noms sans adresse. M. Laffitte, banquier, tout uniment.

AMÉLIE.

Tout le monde vous l'enseignera.

VALDÉJA, prenant une autre lettre.

M. Lavarenne, pas d'autre renseignement.

AMÉLIE.

Je ne le connais pas.

VALDÉJA, montrant une troisième lettre.

M. Rodolphe...

AMÉLIE.

M. Rodolphe!.... j'en connais un.... rue de Provence, n. 71.

VALDÉJA, à part.

Je le tiens! (Haut et négligemment.) Un peintre en voitures?

AMÉLIE, riant.

Non, vraiment, un propriétaire, un jeune homme qui est fort bien.

VALDÉJA.

Alors ce n'est pas cela; mais n'importe, madame, je vous remercie de votre bonté, que je ne sais comment reconnaître...

AMÉLIE.

En me donnant des nouvelles de M. Krimikoff. Dans quel état l'avez-vous laissé?

VALDÉJA.

Fort triste et fort maussade.

AMÉLIE.

Changé à ce point! Je l'ai vu ici il y a six ans... il était charmant.

VALDÉJA.

Je sais cela; il m'a dit que vous l'aviez trouvé charmant.

AMÉLIE.

Il vous a dit...

VALDÉJA.

Chut! (A demi-voix.) Parce que je sais vos heures

intimes avec lui, ce n'est pas une raison pour aller les publier.

AMÉLIE.

Monsieur, M. Krimikoff est un fat; je nie positivement...

VALDÉJA.

A quoi bon! Parce qu'on arrive du fond de la Russie, nous croyez-vous en dehors de la civilisation? là-bas comme ici, la vie bien entendue n'est qu'un joyeux festin; et de quel droit M. Krimikoff se réserverait-il le privilége d'une ivresse exclusive?

AMÉLIE, souriant.

Eh! mais, monsieur, permettez-moi de vous le dire, voilà d'affreux principes.

VALDÉJA.

Affreux à avouer, doux à mettre en pratique.

AMÉLIE.

Monsieur...

VALDÉJA.

Ne le niez pas, je sais tout... car cette lettre que j'ai là... cette lettre n'est point pour votre mari, comme je vous l'ai dit; elle est pour vous, madame.

AMÉLIE.

Vraiment?

VALDÉJA.

Mais à votre seul aspect, je me suis repenti de m'en être chargé. Il me semblait cruel de vous apporter de la part d'un autre... des hommages que j'étais tenté de vous rendre, et de vous voir lire devant moi tout ce que je n'osais vous dire.

AMÉLIE.

Y pensez-vous?

VALDÉJA.

Voici cette lettre, madame, la voici; mais par grâce, par pitié, attendez pour l'ouvrir que je me sois éloigné, et que mon absence vous ait livrée tout entière à mon heureux rival.

AMÉLIE, jetant la lettre sur la table.

Un rival! Permettez. Je ne vous cacherai pas que les brillantes qualités de M. Krimikoff m'avaient frappée. Cependant, et sans le piége qu'il m'a tendu, je serais, je l'atteste, restée toujours irréprochable.

VALDÉJA, avec chaleur.

Irréprochable, dites-vous! Eh bon Dieu! de quel mot vous servez-vous là? qu'est-ce que c'est que vertueuse? et par opposition, qu'est-ce que c'est que coupable? (Riant.) Ah! ah! sur mon ame, voilà d'étroites idées, d'anciennes façons bien pauvres, et je croyais la France moins arriérée! Vous arrêter un instant à de pareilles distinctions! Ah! madame! j'avais d'abord conçu une meilleure idée de vous.

AMÉLIE, rayonnante.

Mais, monsieur...

VALDÉJA.

Quand on adopte un régime, il faut tâcher qu'il soit bon, et je ne connais qu'un enseignement respectable, c'est celui de nos passions; la nature y est pour tout, la société pour rien... Plaisir, ivresse, délire, voilà des mots auxquels nos cœurs répondent. Vous le savez, vous qui ne pouvez, même en ce moment, contenir vos pensées qui s'allument, (Il lui prend la main.) vous dont le pouls s'active, dont l'œil est humide, et qui riez là en silence de tous ces aphorismes de vertu...

AMÉLIE.

Monsieur... monsieur...

VALDÉJA, serrant son débit.

A quoi bon ces vains scrupules ? je vous comprends, je vous suis, je vous devance peut-être.

AMÉLIE.

Parlons d'autre chose, je vous prie.

VALDÉJA.

Voyez ! votre mémoire vous domine, vos souvenirs sont dans votre sang, vous vous rappelez tout ce que vaut dans la vie un instant d'illusion...

AMÉLIE.

Laissez-moi !

VALDÉJA.

Ce que peut un bras qui serre...

AMÉLIE.

Laissez-moi !

VALDÉJA.

Un souffle qui renverse...

AMÉLIE.

Oh ! grâce, grâce !

VALDÉJA, la prenant par la taille.

Venez !

AMÉLIE, se dégageant de ses bras.

Écoutez !... c'est mon mari, voilà sa voiture qui rentre !

VALDÉJA.

Et vous quitter ainsi, sans un gage, sans un souvenir!... (Apercevant le mouchoir qui est resté sur la table.) Ah! ce mouchoir qui est le vôtre...

AMÉLIE, voulant le reprendre.

Monsieur...

VALDÉJA, pressant le mouchoir sur son cœur.

Là, là, sur mon cœur. Il y restera comme votre image.

AMÉLIE.

Monsieur, rendez-moi mon mouchoir.

VALDÉJA.

Jamais! Adieu, adieu, madame!

(Il sort.)

AMÉLIE, le poursuivant.

Monsieur, mon mouchoir!

ACTE TROISIÈME.

PREMIÈRE PARTIE.

Chez Valdéja, dans un hôtel garni.

SCÈNE PREMIÈRE.

VALDÉJA, SEUL, ASSIS A UNE TABLE, TENANT A LA MAIN LE MOUCHOIR QU'IL A PRIS CHEZ MADAME DE LAFERRIER.

Déjà ces preuves!... Mouravief ne tardera pas à m'en apporter d'autres. Malheureux Ferdinand! que faire? quel parti prendre?

SCÈNE II.

VALDÉJA, MOURAVIEF.

MOURAVIEF, entrant.

Excellence...

VALDÉJA.

Eh bien! quelle nouvelle?

MOURAVIEF.

J'ai réussi.

VALDÉJA.

Le portrait et les lettres?

MOURAVIEF.

Les voici...

VALDÉJA.

C'est bien. Voilà dix louis... Tu t'y es donc pris avec adresse?

MOURAVIEF.

Oui, excellence. Ce matin, à sept heures, j'étais rue de Provence, n° 71. J'ai demandé monsieur Rodolphe. C'était là.

VALDÉJA, à part.

Madame de Laferrier avait dit vrai; pour la première fois peut-être. (Haut.) A qui as-tu parlé?

MOURAVIEF.

A monsieur Silvestre, son valet de chambre, qui était chez le portier à lire les journaux avant les locataires. Il m'a dit que son maître n'était pas encore levé. J'ai dit : Je repasserai; et, sûr de connaître et sa demeure et son valet de chambre, je me suis établi dans la rue, en face de la porte cochère; j'ai attendu deux heures.

VALDÉJA.

C'est bien.

MOURAVIEF.

Oui, excellence, il gelait très fort.

VALDÉJA.

Tu t'es cru à Saint-Pétersbourg; ça t'a fait plaisir.

MOURAVIEF.

Non, excellence, ça m'a fait froid. Enfin est sorti

monsieur Silvestre, un mouchoir sur le nez et un paquet à la main; je l'ai suivi.

VALDÉJA.

A merveille!

MOURAVIEF.

Il s'est dirigé vers la rue du Faubourg-Saint-Honoré, je le suivais toujours.

VALDÉJA.

Après?

MOURAVIEF.

Il approchait de la maison de monsieur Darcey lorsque j'ai passé près de lui en le heurtant. Nous nous sommes reconnus, je lui ai dit : Où allez-vous? Ici près, m'a-t-il répondu, porter ce petit paquet; alors j'ai glissé doucement ma jambe entre les siennes, puis la retirant avec force, je l'ai fait tomber tout de son long sur la glace; dans la chute le paquet lui est échappé, je l'ai ramassé et me suis sauvé.

VALDÉJA.

Belle invention! je te dis d'employer un moyen adroit, et tu emploies un moyen cosaque... on t'a reconnu?

MOURAVIEF.

Oui, excellence, mais ça m'est égal.

VALDÉJA.

Et à moi aussi... laisse-moi.

(Mouravief sort.)

SCÈNE III.

VALDÉJA, seul, puis MOURAVIEF.

VALDÉJA.

Parcourons maintenant toutes ces lettres. (Il brise le cachet de l'enveloppe contenant les lettres d'Adèle.) Le billet de rupture sans doute. (Il lit.) « Je vous renvoie vos lettres; « mais je garderai le silence. Adieu. Rodolphe. » (Parlant.) C'est court et d'un homme qui en a assez. Aux épîtres de madame maintenant. (Lisant.) « Mon « ami, sans doute rien n'est plus doux... » (Parlant.) Les fadaises obligées du premier moment. Passons. (Prenant une seconde lettre.) « On m'a empêchée de sortir, « nous ne pourrons nous voir... » (Parlant.) Déclin de la passion. (Prenant la troisième lettre.) (Lisant.) « En cédant à « tous vos désirs j'aurais dû prévoir que je serais « malheureuse, et que pour prix de toutes mes fai- « blesses un jour vous me paieriez d'indifférence. » (Parlant.) Dénouement obligé; des lieux communs, rien de plus. Cette femme est bien pauvre; elle n'a pas même un style à elle, une manière en propre d'être vicieuse. Et voilà celle à qui Darcey est lié pour jamais; et quand je sais que mon meilleur ami est lâchement trahi... je ne peux ni ne dois l'avertir de la trahison! (Réfléchissant.) Oui, il faut malheureusement qu'il ignore à jamais et l'affront et la vengeance... n'importe, vengeons-le toujours, nous verrons après. Allons trouver ce Rodolphe. (S'arrêtant.) Mais si je succombe... si je suis tué... Darcey continuera donc à être la dupe d'une perfidie que sa loyauté même l'empêche de soupçonner ! Son nom et son honneur seront le jouet du monde ! Non, non ! Moi, mourant, je peux tout dire, je peux lui léguer la vérité; c'est le dernier devoir d'un ami. (Il se met à la table et fait un paquet des lettres et du portrait.) Holà ! Mouravief ! (Mouravief entre.) Approche, et écoute bien : si dans deux heures je n'étais pas de retour, tu porterais ce paquet ici à côté chez monsieur Darcey... dans deux heures, tu entends bien ? Pas avant.

MOURAVIEF.

Oui, excellence.

VALDÉJA.

Laisse-moi. (Mouravief sort.) Me voilà plus tranquille. Maintenant occupons-nous de monsieur Rodolphe. (Il ouvre une malle et en tire deux épées et une boîte à pistolets.) C'est n° 71, a dit madame de Laferrier; il ne s'attend pas à ma visite, ce cher monsieur.

SCÈNE IV.

VALDÉJA, LE DOMESTIQUE DE L'HÔTEL, RODOLPHE.

LE DOMESTIQUE, annonçant.

Monsieur Rodolphe !

VALDÉJA, à part.

Rodolphe ! pour le coup, c'est d'une force d'impromptu...

(Rodolphe entre, équipé de la même manière que Valdéja; deux épées sous le bras gauche, son chapeau sur la tête, une boîte à pistolets à la main droite; Valdéja et lui se trouvent face à face près de la porte et s'examinent long-temps.)

VALDÉJA.

Monsieur, j'allais chez vous.

RODOLPHE.

Vous êtes bien honnête; si je l'avais su, je vous y aurais attendu.

VALDÉJA.

Le motif de votre visite, monsieur?

RODOLPHE.

Le motif de la vôtre?

VALDÉJA, lui montrant toutes ses armes.

Ces préparatifs-là l'annoncent suffisamment.

RODOLPHE, de même.

Et ceux-là donc, qu'en dites-vous?

VALDÉJA.

Je dis que je les vois sans les comprendre.

RODOLPHE.

Alors je vais vous conter cela. (Il dépose ses armes sur la table.) Allons, faites comme moi, débarrassez-vous du fardeau. (Valdéja l'imite.) Vous dites donc que vous ne comprenez pas?

VALDÉJA.

C'est à ce point que je doute si vous êtes vraiment le Rodolphe que j'allais chercher.

RODOLPHE.

Eh bien! moi, je suis plus avancé que vous; je suis convaincu que vous êtes le Valdéja auquel je veux avoir affaire.

VALDÉJA, étonné.

Ah!

RODOLPHE.

Il n'y a rien de surprenant là-dedans. Mon domestique, qui a vu entrer le vôtre dans cet hôtel, s'est informé à qui appartenait ce brutal de Moscovite; on vous a nommé, et je viens demander au maître raison de l'outrage de son valet. Oui, monsieur, il s'agit d'abord de me rendre, à l'instant même, le portrait et les lettres enlevés par violence, et de m'accompagner ensuite sur un terrain de votre choix.

VALDÉJA.

Les lettres n'existent plus, je ne saurais vous les rendre; pour le portrait, je le garde; et quant à vous accompagner sur un terrain, vous avez pu juger que c'était mon seul désir.

RODOLPHE.

A votre tour, m'en direz-vous le pourquoi?

VALDÉJA.

C'est chose juste et facile. Je suis amoureux de madame Darcey, vous avez été son amant, il faut que je vous tue.

RODOLPHE.

Comment dites-vous cela?

VALDÉJA.

Je dis qu'il faut que je vous tue, parce que vous avez été son amant; êtes-vous sourd?

RODOLPHE.

Non, pardieu! je vous écoute; vous pouvez vous flatter d'être un peu étonnant, mon cher monsieur.

VALDÉJA.

Vous trouvez?

RODOLPHE.

Ah! vous voulez me tuer parce que... ah! çà, bien; mais et les autres?

VALDÉJA.

Quels autres?

RODOLPHE.

Les autres, les tuerez-vous aussi?

VALDÉJA.

Sans nul doute... si je puis les connaître.

RODOLPHE.

Ah! ça devient une Saint-Barthélemy! Mais comme il ne me conviendrait en aucune façon qu'on me tournât en ridicule ou qu'on se moquât de moi au café Tortoni, nous allons dresser au préalable un petit protocole énonçant clairement les causes de notre conflit; car je ne me bats pas pour les femmes, moi.

VALDÉJA.

Il me semble cependant...

RODOLPHE.

Je vous demande bien pardon; mettez à la place du portrait et des lettres que vous m'avez subtilisés tout autre objet à moi appartenant, vous me verriez exactement dans les mêmes dispositions, parce que, quel qu'en fût le motif, l'insulte aurait été la même. Règle générale, voyez-vous : c'est toujours pour moi que je me bats.

VALDÉJA.

Très bien! Tenez, il faut que je vous le dise, je

regrette de ne pas vous avoir connu dans d'autres circonstances.

RODOLPHE.

Ah !

VALDÉJA.

Nous nous serions entendus.

RODOLPHE.

Peut-être bien... car, quoique ce soit la première fois que je vous vois, monsieur Valdéja, je vous connaissais de réputation; madame Darcey n'est pas la seule personne de la famille que vous ayez adorée... et sa sœur Clarisse...

VALDÉJA, avec colère.

Monsieur !

RODOLPHE.

Il paraît que vous les aimez toutes, moi je n'en aime aucune, ce qui revient exactement au même, et c'est en ce point-là que nous nous ressemblons. Je pourrais donc, au sujet de Clarisse, vous confier un secret...

VALDÉJA, impérieusement.

Et moi, je vous conseille de ne pas prononcer ce nom devant moi, et de vous taire.

RODOLPHE.

Ce serait une raison pour me faire parler ; mais comme en parlant je vous rendrais service, je m'en garderai bien, du moins en ce moment. Vous voudriez peut-être, par reconnaissance, différer le combat, et c'est ce que je n'entends pas.

VALDÉJA.

Ni moi non plus... partons.

RODOLPHE, se mettant à la table.

Un instant; il faut auparavant que je rédige le petit protocole.

VALDÉJA, avec impatience.

Eh ! monsieur...

RODOLPHE.

Je ne me bats pas sans cela. (Écrivant.) « Afin d'éviter « toute interprétation fâcheuse, il est bien entendu « de la part... » (Parlant.) Voulez-vous en être, oui ou non, avant que je passe outre ?

VALDÉJA.

J'ai mes causes de combat; elles ne sauraient changer, surtout maintenant.

RODOLPHE.

Comme il vous plaira. (Écrivant.) « De la part du « sieur Rodolphe, que les motifs qui l'ont porté à « provoquer en duel le sieur Valdéja ne sont autres « qu'une belle et bonne injure personnelle reçue de « ce dernier directement ; qu'en conséquence les « femmes n'y sont pour rien. » (Parlant.) Signez-moi cela et approuvez l'écriture.

VALDÉJA, avec ironie.

Du moins, monsieur, et pour qu'on vous croie, mettez en tête que ce n'est pas une plaisanterie.

RODOLPHE.

La rédaction l'indique suffisamment; mon caractère bien connu fera le reste.

VALDÉJA, riant.

Ah ! ah !... (Il signe.) Tenez...

RODOLPHE.

Maintenant, marchons.

VALDÉJA.

Marchons...

RODOLPHE, en montrant les épées.

Emportons-nous toute cette ferraille ?

VALDÉJA.

Comment nous-battrons-nous ?

RODOLPHE, avec insouciance.

Comme il vous plaira.

VALDÉJA.

A la rigueur, j'aurais le choix des armes, je vous le laisse.

RODOLPHE.

J'ai un faible pour le pistolet... Je suis plus fort à l'épée, cependant ; mais au pistolet la besogne est moins fatigante.

VALDÉJA.

Le pistolet, soit.

RODOLPHE.

Chacun les nôtres ?

VALDÉJA.

J'y consens.

RODOLPHE.

(Lui et Valdéja ont pris chacun leur boîte.)

Dites-moi donc, nous avons l'air de bijoutiers courant la pratique.

VALDÉJA.

Pourquoi non ? La mort est un chaland tout comme un autre, et nos ames, dit-on, sont des joyaux divins.

RODOLPHE.

Vieilles idées sans base et sans soutien.

VALDÉJA.

Pour l'un des deux, Rodolphe, le doute aura cessé d'exister aujourd'hui !

RODOLPHE.

Va comme il est dit !

(Ils sortent.)

DEUXIÈME PARTIE.

Un salon dans la maison d'Évrard.

SCÈNE PREMIÈRE.

ÉVRARD, CLARISSE, ALBERT MELVILLE.

CLARISSE, à Évrard.

Eh bien ! mon père, vous voyez qu'il n'y a plus d'inquiétude à avoir. Voilà votre crédit plus solide que jamais, et l'estime publique n'a pas cessé un instant de vous environner.

ÉVRARD.

A qui le dois-je ? au meilleur des hommes ; à mon gendre, à mon fils... car un fils n'aurait pas fait davantage. Vous saurez (et cela vous regarde, mon cher Melville), qu'il n'a voulu rien diminuer de la dot de Clarisse. Elle aura toujours cent mille francs en mariage.

ALBERT.

Je vous prie de croire, mon cher oncle, que ma cousine, n'eût-elle rien, je la préférerais encore à toute autre femme ; car je ne l'ai pas quittée depuis son enfance. Je sais quel trésor de sagesse et de vertu je trouverai en elle. Et alors peu importe sa dot ; ma place et mon travail suffiront toujours à nous faire vivre honorablement. Mais c'est dans un mois à peu près que ce mariage doit avoir lieu ; et, avant d'en fixer le jour, il est une chose dont je voudrais vous parler.

ÉVRARD.

Qu'est-ce donc ?

ALBERT.

Je n'ose pas, tant que Clarisse est là.

CLARISSE.

Moi, mon cousin ?

ALBERT.

Et cependant, je le sens, c'est devant elle que je dois vous avouer ce qui cause mes craintes et trouble mon bonheur.

CLARISSE.

Eh! mon Dieu, Albert, qu'y a-t-il ?

ALBERT.

Je le dirai franchement : je vous aime, ma cousine, je vous aime d'amour, je n'ai jamais aimé que vous ; et il me semble que cette tendresse, si vive et si brûlante, n'est pas partagée.

ÉVRARD.

Y penses-tu ?

ALBERT, vivement à Évrard.

Je connais sa bonté, sa douceur, son amitié... Elle est parfaite avec moi comme avec tout le monde ; cela ne peut pas être autrement... Mais enfin, elle ne m'aime pas comme je l'aime ; je le crains, du moins

ÉVRARD.

Et c'est là ce qui t'inquiète?

ALBERT.

Oui, mon oncle.

ÉVRARD.

Eh bien! tu te trompes, et tu n'as pas le sens commun.

ALBERT.

Qu'elle le dise, et je la croirai. Oui, Clarisse, je m'en rapporte à vous maintenant comme toujours; j'en appelle à votre cœur, à votre franchise... m'aimez-vous?

CLARISSE.

Mais oui... mon cousin.

ALBERT.

M'aimez-vous d'amour?

CLARISSE.

Non, mon cousin.

ALBERT, à Évrard.

Quand je vous le disais!

ÉVRARD.

Et comment veux-tu qu'une jeune fille te réponde autrement?

CLARISSE.

Vous m'avez demandé de la franchise, Albert, et au risque de vous faire de la peine, je ne devais pas vous tromper. Je vous aime comme mon ami, comme mon frère, comme l'homme que j'estime le plus au monde, et à qui je confierai sans crainte mon avenir et mon bonheur... Ce que vous me demandez viendra sans doute, je le désire, je l'espère ; je n'en veux pour garans que vos bonnes qualités et votre amour... Mais, quoi qu'il arrive, vous aurez en moi une amie sincère, une épouse dévouée... et une honnête femme. Cela peut-il vous suffire ? voilà ma main. Je vous la donne devant mon père et devant Dieu, qui entend mes sermens.

ALBERT, lui prenant la main.

Ah ! je suis trop heureux encore ! j'étais un fou, un insensé...

ÉVRARD.

Non, tu étais amoureux, ce qui revient exactetement au même. Ne parlons plus de cela, et ne songeons qu'à notre réunion d'aujourd'hui, dont je me fais une fête... une petite soirée de famille. Il y a si long-temps que nous ne nous étions trouvés tous ensemble. M. et madame Dusseuil viendront.

CLARISSE.

Nous aurons mon oncle et ma tante ? Tant mieux !

ÉVRARD.

Et puis ma fille Adèle que je ne vois presque jamais. Elle me néglige...

CLARISSE.

Non, mon père, car la voilà.

SCÈNE II.

Les précédens, ADÈLE, puis monsieur et madame DUSSEUIL.

ADÈLE.

Bonjour, mon père.

ÉVRARD, l'embrassant.

Bonjour, mon enfant... Et ton mari, où est-il donc ?

ADÈLE.

M. Darcey ? je n'en sais rien, mais il viendra probablement.

ÉVRARD.

Est-ce qu'il ne te l'a pas promis ?

ADÈLE.

Il ne m'a rien promis... Je ne l'ai pas vu depuis ce matin. (A madame Dusseuil, qui entre avec son mari.) Bonjour, ma tante... Vous avez un chapeau qui vous va à merveille... Vous n'avez que vingt ans... Ce que c'est que d'avoir pris ma marchande de modes.

MADAME DUSSEUIL.

Je t'en remercie tous les jours, ma chère enfant.

ADÈLE.

N'est-il pas vrai ! Je vous donnerai aussi ma lingère, madame Payan, rue Montmartre. Tout ce qu'elle fait est délicieux ; c'est aérien. On a du génie maintenant.

M. DUSSEUIL.

Oui, mais le génie coûte cher.

ADÈLE.

Pour vous, mon oncle, un grave magistrat... Mais qu'est-ce qui coûte bon marché maintenant? rien! pas même la justice, quoique vous la donniez gratis.

ÉVRARD.

Tu seras donc toujours futile et légère?

MADAME DUSSEUIL.

Elle a raison, c'est de son âge.

ADÈLE.

C'est ce qui vous trompe; je deviens la raison même. On se forme en trois ans de ménage; et dès que ma sœur sera mariée, je me charge de lui donner des conseils... dont elle se trouvera bien, et son mari aussi. Vous verrez, mon cher cousin.

ALBERT.

Je tâcherai, ma cousine, qu'elle ait un aussi bon mari que le vôtre, si toutefois cela est possible.

ÉVRARD.

Non, sans doute! car après ce qu'il a fait pour nous...

ADÈLE.

Et quoi donc?

ÉVRARD.

Comment! tu l'ignores?

ADÈLE.

A moins de deviner...

ÉVRARD.

Il nous a sauvés tous de la ruine et du déshonneur.

ADÈLE, froidement.

Vraiment? c'est très bien à lui.

ÉVRARD.

Et tu reçois ainsi une pareille nouvelle?

CLARISSE.

Tu ne le bénis pas?

ALBERT.

Vous n'êtes pas fière de lui et de porter son nom?

ADÈLE.

Eh! mon Dieu, quel feu! quel enthousiasme! Croyez-vous donc que je ne sois pas de votre avis? J'ai commencé par vous dire que c'était très bien... que je l'approuvais; mais, après tout, c'est tout naturel. Darcey n'est-il pas votre gendre? A qui donc appartient-il de secourir un beau-père, si ce n'est à un gendre?

ÉVRARD.

A un gendre heureux, rien de mieux; mais...

ADÈLE.

C'est aussi ce que je pense; et ce qu'il a fait pour vous prouve qu'il s'estime heureux dans son ménage, et c'est ce bonheur-là dont il vous remercie.

ÉVRARD.

Lui, du bonheur!... avec toi?

ADÈLE.

Mon Dieu! j'entends chaque jour des hommages et des regrets qui l'attestent hautement; et si j'étais comme ma sœur, si j'étais demoiselle, vous recevriez vingt demandes pour une. Je m'en rapporte à mon mari lui-même; s'il était ici, il me défendrait contre les injustices de ma famille.

CLARISSE.

Tiens, le voici...

MADAME DUSSEUIL.

Tu n'as qu'à désirer, tout t'arrive à souhait.

SCÈNE III.

LES PRÉCÉDENS, DARCEY, PALE ET CONTRAINT.

(Clarisse et Albert ont été au-devant de lui.)

ALBERT, l'amenant par la main.

Venez, monsieur, venez, vous êtes pour moi plus qu'un homme.

DUSSEUIL.

Mon ami, votre conduite est un bel exemple. Je suis fier d'avoir un neveu comme vous.

MADAME DUSSEUIL.

Vous êtes un ange, monsieur Darcey, vous êtes un ange !

CLARISSE.

Mon bon frère !

ÉVRARD.

A son bienfaiteur, une famille reconnaissante.

ADÈLE.

C'est moi qui suis la plus endettée de tous, mon cher Ferdinand ; des paroles peindraient mal ce que j'éprouve.

DARCEY.

Tu me réserves des faits ?

ADÈLE.

Ils prouvent mieux.

DARCEY.

Bonne Adèle !

CLARISSE.

Le thé est servi.

ÉVRARD.

Veuillez vous approcher de la table.

ADÈLE.

Mais qu'es-tu devenu toute la journée, mon ami ? je t'ai à peine entrevu. Sais-tu que c'est fort mal.

DARCEY.

Une affaire importante qui m'occupe...

ADÈLE, s'asseyant.

Oublie-la dans ce moment, je te le conseille.

(Ils sont tous assis.)

ÉVRARD.

Nous voilà donc réunis ! et quel plaisir j'éprouve à vous voir tous autour de moi ! (A Darcey.) Et votre ami Valdéja, vous m'aviez promis de nous l'amener.

DARCEY.

Je suis passé chez lui pour le prendre : il n'y était pas... mais il m'a écrit.

ADÈLE.

C'est très heureux ; grâce à son absence, tu auras du moins un jour de congé ; car il ne te quitte pas plus que tes pensées, et lorsqu'il n'est pas là, il te domine encore ; il est facile de s'en apercevoir à ton air rêveur.

ALBERT.

Serait-il vrai ?

DARCEY.

Du tout, c'est un autre ami que lui qui m'occupe en ce moment.

ADÈLE.

C'est là cette affaire si importante dont tu nous parlais ?

DARCEY.

Oui, je médite sur la position de cet ami, afin de lui donner un conseil.

MADAME DUSSEUIL.

Quelle est donc sa position ?

DARCEY.

Celle d'un mari trompé.

TOUS, excepté Adèle et Darcey.

Ah !

DARCEY.

Et puisque nous voilà tous réunis, je vais consulter à ce sujet les membres de la famille ; leur avis sera le mien. Je ne saurais mieux faire.

ADÈLE.

C'est insupportable ! et devant ma sœur...

MADAME DUSSEUIL.

Nous écoutons, Ferdinand.

DARCEY.

Il y aura du scandale, peut-être !

MADAME DUSSEUIL.

Ah ! ah !

DUSSEUIL.

Du scandale ?

DARCEY.

Mais avec le scandale on fait justice du vice.

ADÈLE.

Moi, j'ai presque envie de m'en aller.

DARCEY.

Te voilà devenue bien susceptible.

ADÈLE.

Je ne comprends pas qu'on s'occupe...

DARCEY.

Laisse-moi continuer, tu comprendras après. Cet ami avait épousé sa femme de passion; elle était loin d'y répondre, il le sentait : ce fut une cruelle déception pour lui, et bien lui prit d'avoir reçu de la nature une ame forte, car il aurait succombé.

ADÈLE.

C'est monsieur de Nelles, je parie.

DARCEY.

Quoi qu'il en soit, il ne se découragea pas. Elle était jeune; il espérait que le temps et ses soins modifieraient un semblable état de choses. Il ne se trompa point; il se fit effectivement de grands changemens dans les manières de sa femme : jusque-là elle avait été sage et querelleuse, de ce jour elle devint aimable et criminelle.

TOUS.

Ah !

DARCEY.

Un si constant amour n'a produit que d'infames trahisons.

ADÈLE.

Je sais qui; c'est madame de Servières.

DARCEY.

Il en eut les preuves.

ALBERT, avec feu.

Alors que fit-il?

DARCEY.

Rien; il ne devint pas fou.

MADAME DUSSEUIL.

Mais les noms? Vous ne nous avez pas dit les noms.

DUSSEUIL.

Cela me paraît parfaitement inutile, madame Dusseuil, à moins que le mari n'ait l'intention d'intenter à sa femme une action judiciaire.

ADÈLE.

Ce récit est vraiment pénible.

DARCEY.

Ce qui l'arrête, c'est l'inflexibilité de son caractère. Lorsqu'il aura pris une détermination, elle sera éternelle; et il craint d'en finir, car mille idées fougueuses se disputent sa tête, car il est indigné.

ÉVRARD.

On le serait à moins.

DARCEY.

Je crois donc qu'on ne saurait trop peser les choses. Je vais recueillir les avis. Les plus jeunes d'abord et les sages ensuite. Voyons, Clarisse, si vous étiez à sa place, que feriez-vous?

CLARISSE.

Je pardonnerais, mon frère, dans l'espoir d'obtenir, par le repentir, ce qu'un autre sentiment n'aurait pas eu assez de force pour faire naître.

DARCEY.

Et vous, Albert ?

ALBERT.

Moi ? je la tuerais.

MONSIEUR ET MADAME DUSSEUIL.

Ah !

ADÈLE.

C'est affreux !

DUSSEUIL.

Doucement, mon ami, la loi te punirait.

DARCEY.

Et vous, mon père ?

CLARISSE, l'interrompant.

Mais, mon frère, c'est au tour de ma sœur.

ADÈLE.

Pour rien au monde je ne voudrais me mêler d'une aussi sotte affaire.

DARCEY, à Évrard.

Vous dites ?...

ÉVRARD.

Aïe ! aïe ! ma foi, à sa place je la mènerais à ses parens ; je les ferais juges entre elle et moi ; je leur dirais : La voilà. Le mauvais germe a étouffé le bon ; il a porté ses fruits : ils sont mûrs, récoltez. Et je la leur laisserais.

DARCEY, se levant.

Eh bien ! c'est vous qui l'avez jugée !

(Tous se lèvent.)

ADÈLE, avec anxiété.

Mais qui donc ?

DARCEY, avec chaleur.

Je ne la tuerai pas, je ne la traînerai pas sur les bancs d'un tribunal ; mais je vous la rendrai, mon père, car cet homme, c'est moi ; cette femme, c'est votre fille.

ADÈLE.

Ah !

ÉVRARD.

Adèle !

ALBERT.

Ma sœur !

ADÈLE.

Ce n'est pas vrai.

ÉVRARD.

Adèle vous a trahi ?

ADÈLE.

Je ne suis pas coupable.

MADAME DUSSEUIL, à Darcey.

Mon cher ami, êtes-vous certain de ce que vous avancez là ?

DARCEY.

Oui, ma tante.

ADÈLE.

Il ne m'aime plus ; c'est un prétexte...

DARCEY.

Et Rodolphe, l'avez-vous oublié depuis hier ?

ADÈLE.

Qui, Rodolphe ?

DARCEY.

Rodolphe, votre amant?

ADÈLE.

Je... ne connais pas de Rodolphe?

DARCEY.

Vous ne connaissez pas de Rodolphe.

ADÈLE.

Non.

DARCEY, lui mettant ses lettres sous le nez.

Lisez donc, lisez. (A Évrard.) Voilà les pièces au procès ; ces lettres, ce sont les siennes !

(Adèle pousse un cri et tombe sur un fauteuil.)

CLARISSE.

Mon frère, vous avez eu tant pitié de nous, serez-vous inexorable pour elle seule ?

DARCEY.

Clarisse, vous avez seize ans ! Adieu ! justice est faite... Maintenant je vais me venger, car il y a sur terre un homme de trop dans le monde, et il faut que lui ou moi...

SCÈNE IV.

Les précédens, VALDÉJA.

VALDÉJA, arrêtant Darcey.

Où vas-tu ?

DARCEY.

Trouver Rodolphe.

VALDÉJA.

Auparavant, un mot... un seul mot... (A Clarisse.) Mademoiselle Clarisse connaissait-elle ce Rodolphe ?

CLARISSE, vivement et étonnée.

Moi, monsieur ?

ALBERT, avec chaleur.

Une telle question...

VALDÉJA.

C'est que tout à l'heure il m'a dit en me serrant la main : Apprenez un danger... une trahison... dont Clarisse serait victime...

ALBERT.

Achevez...

VALDÉJA.

Il n'a pu en dire davantage.

ALBERT.

Et pourquoi ?

VALDÉJA, d'un air sombre.

Il était mort !

TOUS.

Ah !

DARCEY.

Mort !... qui l'a frappé ?

VALDÉJA.

Moi.

DARCEY.

Ton zèle t'emporte loin quelquefois, Valdéja.

VALDÉJA.

Zèle, destin ou devoir, n'importe... Maintenant partons.

DARCEY.

Oui, je te suis.

TOUS, cherchant à le retenir.

Mon ami,
Mon neveu, } grâce, grâce pour elle !
Mon frère,

DARCEY, avec force et dignité.

Jamais !... A compter de ce jour, je ne la connais plus !!!

ACTE QUATRIÈME.

PREMIÈRE PARTIE.

Chez Adèle : intérieur modeste.

SCÈNE PREMIÈRE.

ADÈLE, SEULE, ESSAYANT DE FAIRE UNE LETTRE.

Écrire à mon mari ! Affreuse nécessité ! Ah ! qui me paiera toutes ces humiliations ! moi en être réduite à implorer... Oh ! non... non... cela ne se peut pas. (Elle jette sa plume, et puis regardant son ameublement.) Après ceci cependant ce sera la misère !... la misère !... allons, allons, écrivons.

SCÈNE II.

ADÈLE, AMÉLIE et SOPHIE.

ADÈLE, les voyant entrer.

Sophie !... Amélie !...

AMÉLIE.

Eh ! oui... tu vois que tout le monde ne t'abandonne pas.

SOPHIE.

Et que nous te sommes fidèles dans le malheur... il y a si long-temps que je veux venir te voir... mais j'ai eu trois bals cette semaine.

AMÉLIE.

Et moi donc? du monde tous les jours.

ADÈLE.

Vous recevez... vous allez au bal... vous êtes bien heureuses.

SOPHIE.

Mais toi, pourquoi cet air plus soucieux encore qu'à l'ordinaire ?

ADÈLE.

On le serait à moins : ma sœur me quitte à l'instant, elle veut que j'écrive à mon mari.

AMÉLIE.

A ton mari ?

SOPHIE.

Tu deviens absurde !

ADÈLE.

Pourquoi donc ?

SOPHIE.

Comment, pourquoi? mais ne vois-tu pas que Clarisse n'est venue ici que de sa part; c'est ton mari lui-même qui l'envoie : il est plus impatient que toi de te revoir, car il t'aime et tu ne l'aimes pas.

AMÉLIE.

Il est désolé de l'éclat qu'il a fait.

SOPHIE.

Et ne demande qu'un prétexte pour se raccommoder.

ADÈLE.

Oui ! oui !... c'est possible... Si cependant vous alliez vous tromper, que deviendrais-je ? car enfin vous en parlez bien à votre aise, toutes deux ; vos maris sont riches et ne voient rien que vos mémoires qu'ils ont la bonté d'acquitter ; mais moi, à qui il ne reste rien de mes splendeurs passées... rien que ce goût de dépenses... ces habitudes de luxe auxquelles on ne peut renoncer, et qui sont devenues pour moi comme une seconde nature... que ferais-je ?

AMÉLIE.

Es-tu bonne de t'inquiéter ainsi, et de penser à l'avenir !... Tu n'as que de beaux jours à espérer, que des plaisirs, du bonheur en perspective...

ADÈLE.

Et comment cela ?

SCÈNE III.

Les précédens, CRÉPONNE.

CRÉPONNE.

Madame ! c'est le domestique de ce banquier, qui apporte une lettre.

ADÈLE.

M. Rialto ?... mais c'est une persécution !

AMÉLIE.

M. Rialto ! ce capitaliste étranger ?

SOPHIE.

Dont les écus ont une réputation d'esprit européenne ?

ADÈLE, riant.

Lui-même.

AMÉLIE.

Et tu lui fais faire antichambre?

ADÈLE.

Il est affreux!... et il m'ennuie à périr.

AMÉLIE.

Tu fais bien alors de ne pas le recevoir.

SOPHIE.

Mais du moins tu peux le lire... cela nous amusera.

ADÈLE.

Je ne demande pas mieux... et sous ce rapport-là son épître arrive à point. (Lisant.) « Ma belle dame... « je ne dirai pas que je vous aime; ce serait répéter « ce que tout le monde dit, et j'aurais l'air d'un « écho... » (Parlant.) C'est joli!

AMELIE.

Très joli.

SOPHIE.

Mais oui, pas mal, pour un madrigal à la financière.

ADÈLE, lisant.

« J'aurais l'air d'un écho, et ce n'est pas avec des « phrases que je voudrais payer le mien. » (S'arrêtant.) Payer le sien?

AMÉLIE, riant.

Son écot.

SOPHIE, riant.

Celui-là est admirable!... continue, de grâce.

ADÈLE, lisant.

« Ce n'est pas avec des phrases que je voudrais

« payer le mien... c'est par des attentions et des ser-
« vices réels. J'apprends à l'instant que M. Albert
« Melville, votre cousin, qui était sur le point d'é-
« pouser votre sœur, vient de perdre sa place au mi-
« nistère des finances, ce qui va, dit-on, faire man-
« quer son mariage... »

SOPHIE, vivement.

Manquer son mariage! y pense-t-il? Que deviendrait notre vengeance? que deviendrait Valdéja? Il
faut que ce mariage s'achève pour qu'il sache... oui...
alors seulement je lui dirai tout.

AMÉLIE ET ADÈLE.

Explique-toi...

SOPHIE.

Plus tard... Achève ce billet.

ADÈLE, continuant.

« Vous saurez qu'au ministère des finances on
« n'aura rien à me refuser tant qu'il y aura des em-
« prunts à faire, et que j'aurai de l'argent à donner.
« Eh bien! ma belle dame, dans une demi-heure
« votre cousin sera réintégré dans sa place, et dans
« une heure son mariage aura lieu. Pour cela je ne
« vous demande qu'un mot, un seul mot, qui me
« permette d'espérer et me donne le droit de mettre
« à vos pieds mes hommages et ma fortune. Pour mon
« cœur, vous savez qu'il y est et depuis long-temps.

« *Signé* RIALTO. »

(Parlant.) Quelle extravagance!

AMÉLIE.

Une extravagance?

ADÈLE.

Eh! oui, sans doute, à laquelle il n'y a pas même de réponse à faire.

SOPHIE.

Tu aurais donc un bien mauvais cœur? quand il y va du bonheur de ta sœur, de son mariage?

AMÉLIE.

De la fortune et de l'avenir d'Albert, ton cousin.

SOPHIE.

Et mieux encore, de la réussite de nos projets, de la certitude de notre vengeance contre ce Valdéja.

AMÉLIE.

Et tu pourrais hésiter?

ADÈLE.

Permettez donc, vous n'avez pas lu.

AMÉLIE.

Qu'il t'offre ses hommages? où est le mal? tu n'es pas la première à qui il les ait adressés!

SOPHIE.

Bien d'autres grandes dames te les envieraient et te les disputeraient.

AMÉLIE.

Et cependant ne seraient pas dans la même position que toi, car c'est à la fois une bonne affaire.

SOPHIE.

Une vengeance...

AMÉLIE.

Et une bonne action.

SOPHIE.

Donne, donne.

ADÈLE.

Que veux-tu faire?

SOPHIE.

Deux mots seulement.

(Elle va écrire.)

ADÈLE.

Je m'y oppose.

SOPHIE.

Aussi, ce n'est pas toi qui écris, c'est moi. Tiens, Créponne, porte cette lettre au domestique; qu'elle soit remise à l'instant, il n'y a pas de temps à perdre.

ADÈLE.

Mais, encore une fois, je veux savoir... Dieu! que vois-je!

SCÈNE IV.

Les précédens, VALDÉJA, paraissant a la porte du fond.

(Les trois femmes s'arrêtent étonnées.)

TOUTES TROIS.

Valdéja!

VALDÉJA s'incline et salue, puis les regarde attentivement.

D'où vient donc, mesdames, le trouble où vous jette ma présence? Aurais-je, par hasard, dérangé quelques combinaisons nouvelles?

SOPHIE.

Non, monsieur, rassurez-vous.

VALDÉJA.

En effet, à votre joie mal déguisée, à votre physionomie radieuse, je vois que je n'ai rien empêché.

SOPHIE, ironiquement.

Pourquoi ne supposez-vous pas que cette joie nous vient de votre présence, monsieur?

AMÉLIE, avec ironie.

Et du plaisir que nous avons à vous voir?

VALDÉJA, froidement.

J'en doute, on n'aime guère l'aspect d'un ennemi et d'un ennemi vainqueur.

ADÈLE, avec fierté.

Est-ce pour me braver, monsieur, que vous êtes venu chez moi?

VALDÉJA.

Non, madame, un tout autre motif m'y amène, et c'est au nom de M. Darcey que je viens vous parler.

ADÈLE.

Au nom de mon mari!

AMÉLIE, bas et avec joie.

Quand je le disais!

ADÈLE.

Que me veut-il?

VALDÉJA.

C'est à vous seule que je puis le dire.

AMÉLIE.

Nous renvoyer de chez toi; le souffriras-tu?

VALDÉJA.

Je viens pour éloigner le mal.

SOPHIE.

Et vous restez avec elle?

AMÉLIE, riant.

Ah! monsieur croit se venger en nous privant de l'entendre; mais cette vengeance-là ressemble à une grâce.

SOPHIE.

Moi... je serai moins généreuse et bientôt, je l'espère, il nous entendra; je l'y forcerai bien.

VALDÉJA.

Quand donc?

SOPHIE.

Le jour, et il n'est pas éloigné, où je vous apporterai des paroles qui vous frapperont à mort.

VALDÉJA, lui tendant la main.

Soit. Touchez là, et maintenant que c'est une affaire convenue et que nous sommes gens à nous tenir parole...

SOPHIE.

Sans adieu! sans adieu!

(Elle sort avec Amélie.)

SCÈNE V.

VALDÉJA, ADÈLE.

ADÈLE.

Qu'avez-vous à me dire, monsieur, et quelles sont les propositions de M. Darcey?

VALDÉJA.

Ces propositions, si vous voulez bien leur donner ce nom, sont tout ce qu'il y a de plus simple au monde.

ADÈLE.

Mon mari se repent donc enfin du traitement affreux qu'il m'a fait endurer?

VALDÉJA.

Pas précisément, madame, (Adèle le regarde) pas précisément.

ADÈLE.

Monsieur, j'ai des droits que la volonté de M. Darcey ne suffit pas seule pour détruire.

VALDÉJA.

Des droits! vous n'en avez aucun. Il vous a épousée sans dot; votre contrat de mariage ne vous assurait rien qu'après sa mort. Et grâce au ciel, quels que soient vos désirs à cet égard, vous n'avez rien encore à réclamer. Cependant, au milieu de l'oubli où il est pour vous, une femme, c'était votre sœur, est venue tout à l'heure prononcer votre nom. Elle a prié, elle a supplié, elle a peint avec les traits de son ame les angoisses de votre abandon. Une démarche de vous, et peut-être... vous ne l'avez pas faite. Néanmoins Ferdinand s'est ému, son cœur a parlé.

ADÈLE, vivement.

Son cœur a parlé?

VALDÉJA.

Son cœur ouvert à toutes les infortunes, même aux infortunes méritées, n'a pu résister aux instances de celle qui plaidait pour vous. Il vous a fait une pension, en voici le contrat.

ADÈLE, avec dédain.

Une pension?

VALDÉJA.

Tout autre que moi aurait été chargé de vous en remettre le titre, mais il était essentiel que vous ne vous méprissiez pas sur les motifs de la générosité de Ferdinand. Sachez-le bien, ce n'est pas à Adèle Évrard, ce n'est pas à madame Darcey, c'est à un être souffrant, inconnu, qu'il tend la main.

ADÈLE.

Inconnu!

VALDÉJA.

Prenez-vous le contrat?

ADÈLE, avec angoisse.

Mais, monsieur, la manière dont il m'est offert...

(Valdéja dépose le contrat sur la table.)

SCÈNE VI.

Les précédens, SOPHIE.

SOPHIE, à demi-voix, en entrant.

Il y a de bonnes nouvelles qui nous arrivent pour le mariage de ta sœur; ne termine rien avant de les connaître.

ADÈLE.

Pardon, monsieur, daignerez-vous attendre un instant ma réponse?

VALDÉJA.

Je n'en vois pas la nécessité; j'attendrai néanmoins.

SOPHIE.

Et pour payer monsieur de sa complaisance, c'est

moi qui me chargerai de lui tenir compagnie. (Bas à Adèle.) Va vite et reviens.

SCÈNE VII.

VALDÉJA, SOPHIE.

SOPHIE.

Eh bien! monsieur, vous ne me remerciez pas du tête-à-tête que je vous ai ménagé.

VALDÉJA.

C'est un bonheur que personne ne révoquera en doute, car trop de gens ont été à même de l'apprécier.

SOPHIE.

J'ai vu un temps où vous eussiez été fier de l'obtenir. (Riant.) Il est vrai qu'alors je connaissais le chemin de votre cœur.

VALDÉJA.

Vous l'avez bien perdu.

SOPHIE.

Oh! si je voulais, je saurais bien le retrouver.

VALDÉJA.

Vraiment!

SOPHIE.

Je n'aurais pour cela qu'un mot à prononcer.

VALDÉJA, souriant.

Ce serait donc un mot bien terrible!

SOPHIE.

Mais non, ce serait tout uniment le nom d'une jeune fille, douce, naïve, charmante; et si je vous disais, Clarisse. (Valdéja fait un geste.) Ah! vous le voyez, déjà il me semble que ce nom vous ait fait mal.

VALDÉJA.

Oui, dans votre bouche, car du reste, ce nom-là ou tout autre ne saurait m'émouvoir.

SOPHIE, froidement.

C'est ce que nous verrons, et pour cela je continue. Vous l'avez aimée, et beaucoup; et malgré l'éloignement et l'absence, vous n'avez rêvé pendant trois ans qu'au bonheur de l'épouser. Oh! je sais tout, mes renseignemens sont de la dernière exactitude. On s'informe avec tant d'intérêt de tout ce qui concerne un ami!

VALDÉJA.

Si c'est à cela que se borne votre science.

SOPHIE.

Attendez donc! Ce que personne ne sait, et ce que vous voudriez peut-être ignorer vous-même, c'est que vous l'aimez toujours.

VALDÉJA.

Moi!

SOPHIE.

Oui, vous ne pouvez la voir sans émotion, vous craignez sa présence; on ne vous rencontre jamais chez son père; et cependant, quoique vous pensiez avoir à vous plaindre d'elle, c'est la seule femme que votre critique sanglante veuille bien épargner. Souvent même, et sans le savoir, vous la défendez, vous dites partout...

VALDÉJA.

Qu'elle ne vous ressemble pas, c'est vrai! Si vous appelez cela un éloge...

SOPHIE.

Ce matin, quand vous avez appris que son mariage n'aurait pas lieu aujourd'hui, vous n'avez pu retenir votre joie. Dans ce moment encore, elle perce dans tous vos traits et vous rend indifférent à toutes mes attaques; mais patience, j'ai déjà trouvé un endroit sans défense, et j'en trouverai bientôt un autre plus vulnérable encore; car cette femme que vous aimez malgré vous est celle qui a refusé votre main, qui vous a dédaigné, et n'a pas voulu de vous pour mari! Et savez-vous pourquoi?

VALDÉJA.

Que m'importe! parce qu'elle ne m'a pas jugé digne d'elle! sans doute, parce qu'elle ne m'aimait pas.

SOPHIE.

C'est ce qui vous trompe, elle vous aimait; elle vous aime peut-être même encore.

VALDÉJA, avec chaleur.

Pourquoi donc, alors?

SOPHIE.

Pourquoi? il n'y avait que deux personnes au monde qui aurait pu vous l'apprendre : l'une était Rodolphe, et vous l'avez tué; l'autre personne, c'est moi.

VALDÉJA.

Vous! au nom du ciel, parlez!

SOPHIE.

Ah! je savais bien que je vous forcerais à m'entendre. Écoutez ; entendez-vous le bruit de ces cloches ?

VALDÉJA.

Quelque cérémonie funèbre, peut-être.

SOPHIE.

Oui, vous dites vrai ; ils viennent de l'église qui est ici en face. Ces sons religieux m'ont calmée, m'ont adoucie ; il me semble dans ce moment que je vous hais moins, que mon ame est satisfaite, et quels que soient mes sujets de ressentiment contre vous, je veux bien parler et tout vous dire.

VALDÉJA, avec joie.

Est-il possible ? parlez ; mais parlez donc.

SOPHIE.

Clarisse vous aimait, et pendant votre absence ne rêvait qu'à vous, ne désirait que votre retour ; en un mot, ne voulait que vous pour époux. Vous auriez été trop heureux ; ce n'était pas mon compte, et j'ai entrepris de vous brouiller. Je lui ai dit du mal de vous, j'en ai imaginé, et c'est en cela que j'ai eu tort, car il n'y avait pas besoin d'en inventer.

VALDÉJA.

Et elle a pu croire vos calomnies !

SOPHIE.

Je m'étais arrangée pour cela : dans notre quartier une jeune fille, coupable, égarée, avait été recommandée à ma pitié ; une fille du peuple qui ne savait rien, pas même le nom de son séducteur, dont elle se souciait fort peu ; je l'assurai de ma protection, à la seule condition de débiter la leçon que je lui avais faite ; et lorsque Clarisse, à qui j'en avais parlé, vint lui porter des secours et l'interroger en secret, elle lui raconta que celui qui l'avait trompée et abandonnée était parti pour la Russie, à la suite de l'ambassade, que c'était un nommé Valdéja..

VALDÉJA, avec fureur.

Misérable !

SOPHIE.

Vous le connaissez, et vous devinez maintenant comment dans le cœur de Clarisse le mépris a succédé à l'estime, comment elle a refusé sa main, et comment en l'aimant toujours elle en épouse un autre.

VALDÉJA.

C'est ce que nous verrons, et dès aujourd'hui même, détrompée par moi...

SOPHIE.

Rassurez-vous, il n'est plus temps : sans cela croyez-vous que je vous eusse dit la vérité ? on ne la dit qu'à ses amis, vous le savez bien. (Les cloches recommencent à sonner.) Et tenez, entendez-vous dans la rue ce bruit, ces équipages ?

VALDÉJA.

Qu'est-ce que cela veut dire ?

SCÈNE VIII.

Les précédens, AMÉLIE et ADÈLE.

ADÈLE et AMÉLIE, courant à la fenêtre du fond.

Ils sont mariés.

VALDÉJA.

Et qui donc ?

ADÈLE.

Albert Melville et ma sœur qui dans ce moment sortent de l'église.

VALDÉJA.

Ah! priez le ciel d'avoir menti.

SOPHIE.

Albert avait perdu sa place; elle lui a été rendue par le crédit de M. Rialto, et le mariage a eu lieu aujourd'hui.

VALDÉJA, à part, la tête dans ses mains.

Clarisse!... Clarisse appartient à un autre! et quand je pense par quelle trahison!...

ADÈLE, prenant le contrat sur la table.

(A Valdéja.) Vous pouvez dire à M. Darcey, votre ami, que je repousse ses offres, (déchirant le papier) et que voilà le cas que j'en fais. Monsieur Valdéja, vous m'avez enlevé mon mari, moi je vous enlève votre maîtresse; je suis vengée, nous sommes quittes.

VALDÉJA.

Non pas, nous ne le serons jamais. Adieu, Adèle, ne vous démentez pas, bientôt vous parviendrez au terme; ce seront alors vos vices eux-mêmes qui me vengeront. (A madame Marini.) Et vous, Sophie, (à Amélie) vous, madame, Dieu vous pardonnera peut-être, mais moi jamais; et entre nous désormais, entre nous ce sera sans merci!!!

ADÈLE, SOPHIE et AMÉLIE, étendant les mains en prêtant serment.

Accepté!!!

DEUXIÈME PARTIE.

Le théâtre représente un joli jardin ; à gauche un pavillon.

SCÈNE PREMIÈRE.

ADÈLE, SEULE, ASSISE ET LISANT, PUIS CRÉPONNE.

ADÈLE.

Quel insipide roman !

CRÉPONNE, entrant en courant.

Madame, madame ! bonne nouvelle ! M. Samson, notre propriétaire, a refusé à M. Rialto de lui renouveler le bail de votre appartement, parce qu'il est en marché pour vendre sa maison.

ADÈLE.

Vraiment ? Es-tu bien certaine de ce que tu me dis là ?

CRÉPONNE.

Très certaine, je le tiens de la portière. Madame, il faudrait tâcher de décider M. Rialto à vous acheter cette maison, parce que s'il venait à mourir ou à changer de manière de voir, elle vous resterait toujours.

ADÈLE.

Il y a trois ans qu'il me promet qu'il en sera ainsi.

CRÉPONNE.

Il promet beaucoup, M. Rialto : c'est comme ce nouvel équipage...

ADÈLE.

Ne m'en parle pas ; tous les gens qui ont amassé leur argent à la Bourse sont faits ainsi, ma chère.

CRÉPONNE.

Vieux jaloux !

ADÈLE.

Ah ! pour jaloux, il l'est à en mourir sur la place. Doit-il venir aujourd'hui ?

CRÉPONNE.

Il m'a dit qu'il viendrait dîner, et s'il découvrait les assiduités de monsieur Hippolyte. Accueillir ainsi chez vous un tout jeune homme, sans raison, sans expérience... (Hippolyte entre) Ah ! le voici ; comme il a l'air rêveur.

SCÈNE II.

Les précédens, HIPPOLYTE.

HIPPOLYTE, tenant un bouquet.

Bonjour, ma chère Adèle.

ADÈLE.

Ah ! arrivez donc, monsieur, je m'entretenais de vous.

HIPPOLYTE, en lui remettant le bouquet.

Et moi je pensais à vous ; vous le voyez, ma chère Adèle, des fleurs, votre image.

ADÈLE.

Mon Dieu! que vous avez l'air grave! on voit bien que d'aujourd'hui vous êtes majeur.

HIPPOLYTE.

Créponne, laissez-nous.

CRÉPONNE.

Madame, je vais aller jusque chez ma couturière.

ADÈLE.

Ne sois pas long-temps dehors.

CRÉPONNE.

Il est midi, je serai rentrée dans une heure.

ADÈLE, avec signes.

Dis à Laurent de se tenir sous le vestibule.

CRÉPONNE.

Oui, madame.

(Elle sort.)

SCÈNE III.

ADÈLE, HIPPOLYTE.

ADÈLE.

Voyons, qu'est-ce qui pèse si fort sur ta gaieté aujourd'hui?

HIPPOLYTE.

J'ai quelque chose de si important à te dire.

ADÈLE.

Quoi donc?

HIPPOLYTE.

Ma chère Adèle, depuis trois mois je suis aimé de

toi. Depuis six semaines j'ai formé le projet de devenir ton mari; et je viens te l'annoncer.

ADÈLE, éclatant de rire.

Ah! ah! ah! ah!

HIPPOLYTE.

Et qu'y a-t-il donc là de si risible?

ADÈLE.

Je ris, parce que... ah! ah! ah! ah! mais c'est une plaisanterie!

HIPPOLYTE.

Une plaisanterie! rien n'est plus sérieux.

ADELE, à part.

A cet âge-là on épouse toujours. (Haut.) Ne te fâche pas.

HIPPOLYTE.

Je veux t'épouser, vois-tu, parce que je ne vis pas quand je suis loin de toi, et que je ne conçois pas qu'on restreigne volontairement son bonheur à quelques heures craintives et dérobées, alors qu'on peut être réunis et pour toujours!

ADÈLE.

Les heures craintives, dis-tu! c'est ce qui fait le charme de notre position.

HIPPOLYTE.

Au diable le charme qui fait battre le cœur à coups redoublés! Qu'est-ce que c'est que de te voir une heure en secret, de me faire un masque qui cache à tous les yeux ce que je voudrais que tous les yeux vissent clairement; et puis, ces tourmens de l'absence, ces craintes qu'elle fait naître!... Je suis jaloux, Adèle, et sans t'offenser je puis bien supposer que d'autres ainsi que moi brûlent du désir de résigner leur liberté entre tes mains ; du moins, quand je serai ton mari, ils seront avertis que le cœur auquel ils s'adressent n'est pas libre, et s'ils venaient à élever la voix, je serais là pour les faire taire.

ADÈLE.

Mon ami, c'est impossible.

HIPPOLYTE.

Impossible! quoi donc, impossible?

ADÈLE.

Que nous nous mariions.

HIPPOLYTE.

Et pourquoi donc? n'es-tu pas veuve? qui peut nous en empêcher?

ADÈLE.

Mille considérations. Tu es trop jeune, tu n'as pas vu le monde.

HIPPOLYTE.

Le monde? j'en ai vu ce que j'en voulais voir puisque je t'y ai rencontrée. Et cet âge dont tu fais tant de bruit, je voudrais pouvoir en retrancher une partie afin d'avoir à t'aimer plus long-temps.

ADÈLE.

D'accord; mais mon père ne veut pas que je me remarie; irai-je lutter contre sa volonté? et puis d'autres considérations, ta famille à toi... Qu'est-ce que c'est donc que cette rage de mariage?

HIPPOLYTE.

D'aujourd'hui je suis majeur; jusqu'ici je dépendais d'un tuteur, d'un brave et honnête homme qui m'a servi de père, et à qui j'étais obligé d'obéir.

ADÈLE, impatientée.

Ce que vous pouvez faire de mieux, c'est de suivre ses avis.

HIPPOLYTE.

Aussi je lui ai confié ce matin mes idées de mariage; grande colère de sa part. Mon ami, lui ai-je dit, vous ne connaissez pas celle que j'aime, voyez-la, consentez à voir madame Demouy, et si après cela vous avez une seule objection à faire, je renonce à mon projet. Il a accepté.

ADÈLE.

Est-il possible !

HIPPOLYTE.

Et je vous le présenterai aujourd'hui; c'est M. Valdéja.

ADÈLE, avec saisissement.

Valdéja !

HIPPOLYTE.

J'étais bien sûr que vous en aviez entendu parler; c'est un homme du plus grand mérite; avec ses talens il serait arrivé à tout; mais depuis trois ans il est si triste, si malheureux! je ne sais quelle douleur secrète le tourmente, et c'est grand dommage; car pour ceux qui le connaissent, c'est un bien excellent homme; n'est-il pas vrai ?

ADÈLE, qui a fait tous ses efforts pour se contenir.

Certainement; mais je ne veux ni ne peux le recevoir, et vous allez à l'instant même vous rendre chez lui pour l'empêcher de venir.

HIPPOLYTE.

C'est impossible.

ADÈLE.

Je le veux.

HIPPOLYTE.

Mais, ma chère amie, pense donc...

SCÈNE IV.

Les précédens, LAURENT.

LAURENT.

Madame, madame, M. Rialto descend de voiture en ce moment.

ADÈLE, avec effroi.

M. Rialto! vous dites, M. Rialto?

LAURENT.

Oui, madame.

ADÈLE.

C'est bien, Laurent.

(Il sort.)

HIPPOLYTE.

C'est votre père!

ADÈLE, hors d'elle-même.

Oui, mon ami. (A part.) Mon Dieu, mon Dieu, qui l'aurait attendu ce matin. (Haut.) Il faut partir à l'instant; par ici, par la porte de ce pavillon.

HIPPOLYTE, froidement.

Pourquoi donc?

ADÈLE.

Il ne faut pas qu'il vous voie, ou tout serait perdu; éloignez-vous, de grâce.

HIPPOLYTE, s'asseyant.

Du tout; je veux voir monsieur votre père, moi, j'ai à lui parler.

ADÈLE.

Et que lui dire, malheureux?

HIPPOLYTE, toujours assis.

Cela me regarde; je sais ce que j'ai à faire et je l'attends.

ADÈLE.

C'est fait de moi! le voici!

HIPPOLYTE.

Je vous prie alors de me présenter, et de lui dire qui je suis.

SCÈNE V.

LES PRÉCÉDENS, RIALTO.

RIALTO.

Ah! bonjour, bonjour, petite! Je viens te chercher, ma belle; il fait beau temps, il n'y a pas de Bourse aujourd'hui, nous allons faire un tour au bois... (Apercevant Hippolyte.) Qu'est-ce que c'est que celui-là?

ADÈLE, à demi-voix.

Je vais vous le dire. C'est un jeune homme que j'ai vu chez madame de Laferrier, qui vous a rencontré quelquefois avec moi, et pour ma réputation, je lui ai dit, comme nous en sommes convenus, que vous étiez mon père.

RIALTO, de même.

C'est bien, c'est bien! cela donne une couleur, une nuance... Mais qu'est-ce qu'il vient faire ici?

ADÈLE, avec embarras.

Je l'ignore, c'est à vous qu'il désire parler.

RIALTO.

C'est différent, alors il aurait pu passer à la caisse; je ne m'occupe pas ici de commerce. (Haut à Hippolyte.) Qu'y a-t-il pour votre service, mon cher monsieur?

HIPPOLYTE.

Monsieur, je viens pour un motif qui vous paraîtra fort extraordinaire et qui est pourtant bien simple; j'ai vu plusieurs fois chez madame de Laferrier madame Demouy, votre fille.

RIALTO, à part.

Nous y voilà!

HIPPOLYTE.

Et je viens vous la demander en mariage.

RIALTO, avec colère.

Eh bien! par exemple...

ADÈLE, bas à Rialto.

Modérez-vous, de grâce, je vous jure que je l'ignorais, et sa démarche même en est la preuve.

RIALTO.

Elle a raison, et le plus court est de s'en amuser; cela m'arrive si rarement! (Bas à Adèle.) Et nous allons rire. Quelle est, monsieur, votre profession?

HIPPOLYTE.

Je n'en ai pas.

RIALTO, riant aux éclats.

Et vous voulez vous marier afin d'en avoir une, n'est-il pas vrai ?

HIPPOLYTE.

Oui, monsieur. (A part.) Quelle sotte gaîté ! et quelle antipathie j'éprouve pour cet homme ! Heureusement, ce n'est pas lui que j'épouse.

RIALTO.

Eh bien ! mon cher, je vous dirai, comme dans je ne sais quelle comédie des Variétés : touchez là, ma fille n'est pas pour vous.

HIPPOLYTE.

Et pour quelle raison, monsieur ?

RIALTO.

Pour quelle raison ? celle-là est jolie ! il faudrait que de moi-même, et de mon consentement...

ADÈLE.

Ménagez-le, au nom du ciel ! (A part.) Je suis sur les épines.

HIPPOLYTE.

A qui puis-je le demander, si ce n'est à vous ? c'est vous que cela regarde puisque vous êtes le père.

RIALTO.

Si je vous accordais ce que vous me demandez, je ne serais plus son père.

HIPPOLYTE.

Si c'est la crainte de vous séparer de votre fille, je ne prétends pas vous en priver.

RIALTO.

Vous êtes bien bon.

HIPPOLYTE.

Nous demeurerons près de vous, nous habiterons tous ensemble; et si, comme je le crains, des considérations de fortune pouvaient vous arrêter, je vous déclare, monsieur, que je ne demande rien, que je ne veux rien que sa main et son cœur; j'ai, grâce au ciel, une fortune indépendante. Six mille livres de rente, c'est bien peu sans doute; mais j'en suis maître, je puis en disposer, vous en parlerez avec mon tuteur qui va arriver.

ADÈLE.

Grand Dieu !

RIALTO.

Il ne manquait plus que cela.

HIPPOLYTE.

Il vous dira que je suis Hippolyte Gonzoli, d'une famille honorable et estimée; mon père était militaire, il est mort au champ d'honneur, me recommandant aux soins de M. Valdéja, son ami.

RIALTO.

Est-il bavard !

HIPPOLYTE.

Et maintenant que vous savez tout, mon bonheur est dans vos mains, et ne me refusez pas, car vous ne savez pas de quoi je suis capable si vous me réduisez au désespoir.

RIALTO.

Permettez, cela devient trop fort...

ADÈLE, effrayée.

Au nom du ciel !

HIPPOLYTE.

Prononcez, monsieur, prononcez!

RIALTO.

Écoutez-moi, jeune homme : la Bourse ne me laisse mes après-midi de libres que le dimanche ordinairement; vous me permettrez donc de ne pas perdre un temps précieux à écouter vos déclarations. Adèle, va chercher ton chapeau.

HIPPOLYTE.

Monsieur, c'est beaucoup plus grave que vous ne pensez.

RIALTO.

C'est possible; mais si vous êtes malade du cerveau, je ne suis pas médecin.

ADÈLE.

Mon Dieu! laissons là cet entretien.

HIPPOLYTE.

Non, madame, et je forcerai bien monsieur votre père à ne plus me refuser.

RIALTO.

C'est ce que nous verrons.

HIPPOLYTE.

Un mot suffira ; et puisqu'il n'y a pas d'autre moyen, daignez me répondre. Connaissez-vous l'honneur?

RIALTO.

Eh bien! oui, je le connais, qu'est-ce que vous en voulez dire?

HIPPOLYTE.

Tenez-vous au vôtre, à celui de votre famille?

RIALTO.

Sans doute que j'y tiens.

ADÈLE, à part.

Est-ce qu'il dirait...?

HIPPOLYTE, emporté.

Arrangez-vous donc alors pour qu'il ne souffre pas des atteintes que je lui ai portées, et tâchez de réparer avec le mari le dommage que l'amant lui a fait.

ADÈLE.

Ah!

RIALTO.

L'amant?

ADÈLE.

Ne l'écoutez pas.

HIPPOLYTE.

L'amant. Depuis trois mois madame Demouy m'appartient!

RIALTO.

Ah! ah! qu'est-ce que vous me dites là?

HIPPOLYTE.

Ce qui est!

ADÈLE.

C'est une horreur.

HIPPOLYTE.

La terreur t'égare, ma chère Adèle; tu es à moi, à moi pour la vie.

ADÈLE.

Ce n'est pas vrai!

RIALTO, avec fureur.

Adèle!

HIPPOLYTE.

Et si vous avez un cœur de père...

RIALTO.

Eh! monsieur, je ne suis pas son père.

HIPPOLYTE.

Vous n'êtes pas son père?

RIALTO.

Ni son père, ni son frère, ni son oncle, ni son mari; comprenez-vous maintenant?

HIPPOLYTE, stupéfié.

Ah! ce n'est pas possible!

RIALTO.

Aïe! aïe! belle dame, vous m'en faisiez donc en cachette, et mes billets de mille francs comptaient pour deux, à ce qu'il paraît.

ADÈLE.

Il n'en est rien, je vous jure.

RIALTO.

Ah! ah! Et vous, mon brave, vous voulez épouser des femmes qui vivent séparées de leurs maris et que des protecteurs consolent?

HIPPOLYTE.

Oh! mes rêves!

RIALTO.

Sortez d'ici tous les deux!

HIPPOLYTE, avec fierté et d'un air menaçant.

Est-ce à moi que vous parlez?

RIALTO, se ravisant.

Non, monsieur, non; vous êtes excusable, vous; c'est à madame. (A Adèle.) Sortez de chez moi, vous dis-je!

HIPPOLYTE, avec frénésie.

Mais tu n'étais donc qu'une infame! (Apercevant Valdéja, qui entre.) Ah! mon ami, venez à mon secours.

SCÈNE VI.

Les précédens, VALDÉJA.

ADÈLE, se cachant la tête dans ses mains.

Valdéja!

VALDÉJA, à Hippolyte.

Qu'y a-t-il donc?

HIPPOLYTE.

Une trahison, une perfidie.

VALDÉJA, froidement.

Cela t'étonne?

RIALTO, à Adèle, avec menace.

Sortez, sortez! Je ne me connais plus!

VALDÉJA, lui saisissant le bras.

Arrêtez!... (Dans ce moment ses yeux rencontrent ceux d'Adèle, il la reconnaît.) Dieu! Adèle!... Je vous l'avais bien dit, que vos vices me vengeraient. (A Hippolyte.) Viens, mon ami, viens, cela vaut vingt ans d'expérience.

RIALTO.

Sortez, madame, sortez.

ADÈLE, sortant et jetant un dernier regard de rage sur Valdéja.

Chassée! et devant lui encore!

FIN DU QUATRIÈME ACTE.

ACTE CINQUIÈME.

PREMIÈRE PARTIE.

Une salle basse et de triste apparence; porte au fond, deux latérales.

SCÈNE PREMIÈRE.

SOPHIE, PUIS ADÈLE.

SOPHIE, à la cantonade.

Puisqu'elle ne peut pas tarder à rentrer, je l'attendrai.... mais ce n'est pas trop beau chez elle. (Regardant l'appartement.) Cela ne vaut ni son riche appartement de la rue Saint-Honoré, ni la petite maison de M. Rialto.

ADÈLE, entrant et parlant à la cantonade.

Il y a quelqu'un qui m'attend, dites-vous? Dieu! si c'était... (Elle s'avance vers Sophie qu'elle reconnait, et dit froidement.) Ah! c'est toi, Sophie!

SOPHIE.

Tu me reconnais, toi, c'est heureux; pour moi, je l'avoue, j'aurais eu quelque peine...

ADÈLE.

Je suis donc bien changée !

SOPHIE.

Tu as l'air souffrant.

ADÈLE.

Et toi, depuis trois ans que tu as quitté Paris?...

SOPHIE.

J'étais allée en Belgique avec mon mari lorsqu'il est parti pour ce pays-là sans le dire à ses créanciers ; car les fournisseurs en sont tous là... se ruiner en entreprises, en spéculations, quand il y a tant d'autres moyens...

ADÈLE.

Et il ne lui est rien resté ?

SOPHIE.

Rien que des dettes ; mais moi j'avais encore des espérances : un oncle paralytique, M. de Saint-Brice, qui, veuf et sans enfans, avait une immense fortune ; et je suis revenue en France, à Paris, où j'avais appris que, grâce au ciel, il venait de mourir ; mais vois l'horreur, j'étais déshéritée.

ADÈLE.

Et comment cela ?

SOPHIE.

Tu ne le devines pas? M. de Saint-Brice, long-temps attaché aux relations étrangères, était lié avec ce Valdéja...

ADÈLE.

Je comprends.

SOPHIE.

Qui lui a débité sur mon compte je ne sais quelles

calomnies, quelles horreurs, et qui a si bien fait qu'il a déterminé M. de Saint-Brice à laisser toute sa fortune à un parent éloigné de sa femme, à M. Albert Melville.

ADÈLE.

Mon beau-frère !... son rival ! (Avec ironie.) quelle générosité !

SOPHIE.

Dis plutôt quelle rage de nuire ; car enfin je ne lui avais enlevé que sa maîtresse... on en retrouve toujours ! tandis qu'une fortune comme celle-là... Et maintenant, ne sachant que devenir, je sollicite un bureau de timbre. Ne pourrais-tu pas m'y aider ?

ADÈLE.

Je n'ai moi-même nulle protection ; mais vois Amélie, madame de Laferrier.

SOPHIE.

Elle n'a pas voulu me recevoir.

ADÈLE.

Quelle indignité ! c'est aussi là que j'en suis ; nous ne nous voyons plus depuis ma rupture avec M. Rialto.

SOPHIE.

Une rupture ! et comment cela ?

ADÈLE.

Une imprudence à moi ! je te raconterai cela. J'ai été bien malheureuse depuis ce temps-là ; enfin, parmi ceux qui me faisaient la cour, j'avais daigné remarquer M. Léopold, le fils d'un riche commerçant en vins, qui venait de recueillir la succession de son père.

SOPHIE.

Une succession? il est bien heureux, celui-là.

ADÈLE.

Elle ne lui a pas duré long-temps; toujours entouré de mauvais sujets tels que lui, il l'a dissipée en moins d'un an, et depuis ce temps, je ne peux te dire à quels projets, à quelle conduite, à quels excès il ne s'est pas livré, lui et ses dignes compagnons.

SOPHIE.

Et tu ne l'as pas abandonné?

ADÈLE.

Je le voudrais... je n'ose pas... il est si violent! il me tuerait. Et puis, sans le vouloir et sans qu'il s'en doute, j'ai découvert des secrets qui me font trembler, et que je n'oserais dire!

SOPHIE.

Tu fais bien; mais à moi, ta meilleure amie...

ADÈLE, baissant la voix.

Dans cette maison où il donne à jouer, des jeunes gens imprudens et sans expérience ont été attirés; ils ont été trompés, dépouillés... Oh! j'en suis certaine. Léopold est capable de tout, et si quelque ami bienfaisant ne vient pas à mon aide, c'est fait de moi; je n'ai plus que ma sœur, je lui ai écrit; mais me répondra-t-elle?...

SCÈNE II.

Les précédens; CRÉPONNE.

CRÉPONNE.

Madame, madame, une lettre pour vous.

ADÈLE.

Est-il possible?

CRÉPONNE.

Et, par bonheur, M. Léopold n'était pas là quand on me l'a remise.

ADÈLE.

C'est son écriture! c'est de Clarisse. Oh! ma bonne sœur! j'ai toujours dit qu'il n'y avait que toi...

CRÉPONNE.

Nous envoie-t-elle de l'argent?

ADÈLE, qui a décacheté la lettre.

Non... mais c'est égal. Va voir si l'on ne vient pas nous surprendre. (Créponne sort.) (A Sophie.) Tiens, lis-moi, ma main tremble et je n'y vois pas, tant je suis émue.

SOPHIE, lisant.

« Ma chère sœur, en recevant ta lettre, j'aurais
« voulu sur-le-champ courir auprès de toi; mais je
« ne suis pas maîtresse, je ne suis pas libre d'écouter
« tous les mouvemens de mon cœur... j'ai un mari...

ADÈLE.

Pauvre femme!

SOPHIE.

Encore une de malheureuse ; mais si elle veut nous écouter et suivre nos conseils...

ADÈLE.

Achève donc.

SOPHIE, lisant.

« J'ai un mari que j'aime, que j'estime, auquel je « dois obéissance... et, je te l'avoue avec la plus « grande peine, il m'a formellement défendu de te « voir, toi et madame de Laferrier, et surtout ma- « dame Marini, et toutes ces horribles femmes qui « t'ont perdue!... » (Parlant.) Quelle indignité !...

ADÈLE, voulant reprendre la lettre.

Sophie, de grâce !...

SOPHIE.

Non, non, il faut voir jusqu'au bout. (Lisant.) « Cependant, et quels que soient ses ordres, quand « ma sœur est malheureuse, quand elle souffre... je « n'ai ni le courage, ni la force d'obéir... » (Parlant.) Allons donc !... (Lisant.) « J'ai tort peut-être, mais que « la faute en retombe sur moi. Aujourd'hui, à deux « heures, enveloppée de mon manteau et sans être « vue, je sortirai de chez moi et j'irai te voir... « Arrange-toi pour être seule. »

ADÈLE.

Elle va venir !... quel bonheur !...

SOPHIE.

Tu feras comme tu voudras ; mais si j'étais toi, je ne la recevrais pas.

ADÈLE.

Y penses-tu... quand c'est mon seul espoir...

SOPHIE.

A la bonne heure, si tu préfères ta sœur à tes amies. (A part.) Mais pour moi, je ne l'en tiens pas quitte, et j'apprendrai à cette petite prude-là les égards qu'on se doit entre femmes. (Haut.) Adieu, Adèle, si j'ai quelque chose de nouveau, je viendrai te revoir.

ADÈLE.

Je crains que Léopold ne se fâche, et que cela ne lui déplaise.

SOPHIE.

Eh bien ! par exemple...

ADÈLE.

Pour plus de sûreté, quand tu auras à me parler, ne monte pas par le grand escalier, où l'on pourrait te voir, mais (montrant la porte à droite.) par celui-ci, dont voici la clé. Il donne sur une allée obscure, et de là dans une petite rue détournée où il ne passe presque personne.

SOPHIE, prenant la clé.

C'est bien... je m'en vais... car nous disons que ta sœur viendra aujourd'hui... ici... seule et déguisée... à deux heures ?

ADÈLE.

Nous avons le temps.

(Elle va serrer la lettre de Clarisse dans son secrétaire.)

SOPHIE, à part.

Non ! non... il n'y en a pas à perdre... et Clarisse, et son mari, et ce Valdéja !... je me vengerai d'eux tous... d'un seul coup, et de l'un par l'autre. (A Adèle.) Un mot encore... tu n'aurais pas quelque argent à me prêter ?

ADÈLE.

J'en ai si peu !

SOPHIE.

Et moi, je n'en ai pas du tout. Je te rendrai cela dès que j'aurai obtenu ce que je sollicite.

ADÈLE.

Bien sûr ?

SOPHIE.

Je te le promets.

ADÈLE.

A la bonne heure ; car, sans cela... (lui remettant quelques pièces de monnaie.) Tiens !...

SCÈNE III.

Les précédens, LÉOPOLD.

(Il entre par la porte du fond, passe entre les deux femmes et saisit l'argent qu'Adèle présente à Sophie.)

LÉOPOLD.

Je vous y prends donc!

ADÈLE.

O ciel !

SOPHIE.

Mais, monsieur...

LÉOPOLD, mettant l'argent dans sa poche.

Confisqué par mesure de police, et maintenant,

madame, de quoi s'agit-il et qu'y a-t-il pour votre service ?

SOPHIE.

Je suis une ancienne amie d'Adèle.

LÉOPOLD.

Je n'aime pas les anciennes amies, et encore moins les nouvelles.

ADÈLE.

Mais madame Marini, dont je vous ai parlé quelquefois, était une femme du monde, du grand monde.

LÉOPOLD.

Raison de plus; elle vient ici vous faire des phrases, vous parler de morale, de vertu, enfin, vous donner de mauvais conseils.

ADÈLE.

Vous vous trompez, monsieur.

LÉOPOLD.

Je n'aime pas cela.

ADÈLE.

Mais encore !...

LÉOPOLD.

Assez; elle me fera plaisir de rester chez elle, et vous ici, c'est plus facile pour la sûreté des communications. Maintenant, je ne vous renvoie pas, mais j'ai à lui parler.

SOPHIE.

Il suffit, monsieur, je me retire. Adieu, chère amie, je te reverrai dans un autre moment. (A part.) Dieu ! quelle horreur d'homme !

LÉOPOLD.

Je vous prie d'agréer mes respectueux hommages.

(*Au moment où elle est près de la porte du fond.*) Mes excuses, si je ne vous reconduis pas.
(Sophie sort.)

SCÈNE IV.

ADÈLE, LÉOPOLD.

LÉOPOLD.

A nous deux, maintenant, puisque vous avez de l'argent de trop, il faut m'en donner.

ADÈLE.

Y pensez-vous?

LÉOPOLD.

Tant que j'en ai eu, je ne vous l'ai pas épargné. La succession de mon père y a passé. Pauvre brave homme! le plus riche marchand de vin de la Rapée.

ADÈLE.

Vous n'avez pas voulu m'écouter.

LÉOPOLD.

Courte et bonne! c'est ma devise; j'avais, je n'ai plus. Maintenant c'est à ceux qui ont à me donner; et s'ils font des façons, je les forcerai bien à me rendre ma part; car j'ai mes idées là-dessus.

ADÈLE.

Et quel est votre dessein?

LÉOPOLD.

De quitter cette maison, qui commence à être mal notée, les abonnés se dispersent, le jeu languit, rien ne va plus. Nous voulons voyager dans les départements; ou à l'étranger, si faire se peut. Mais pour cela il faut de l'argent.

ADÈLE.

Je n'ai rien, vous le savez.

LÉOPOLD.

Vous avez conservé des relations dans le monde, de belles connaissances, de hautes protections ; il faut les employer, faire un appel à leurs sentimens, à leur délicatesse, et leur demander de l'argent pour moi, ou pour vous, cela revient au même.

ADÈLE.

Je ne connais plus personne.

LÉOPOLD.

Vous avez une famille, un père, une tante.

ADÈLE.

Vous savez bien qu'ils sont morts de chagrin !

LÉOPOLD.

Oui, à ce qu'ils disent ; mais votre sœur, votre beau-frère, on peut les mettre à contribution.

ADÈLE.

Ils ne veulent plus me voir.

LÉOPOLD.

Et M. Rialto ?

ADÈLE.

Jamais.

LÉOPOLD.

D'autres enfin ; M. Hippolyte, d'après ce que vous m'avez dit, c'est un jeune homme à grands sentimens, qui depuis trois ans a, dit-on, réussi dans le monde, et qui ne refusera pas à une ancienne passion un souvenir utile. Moi à sa place je n'hésiterais pas, parce que nous autres jeunes gens du monde nous sommes tous comme ça.

ADÈLE.

Plutôt mourir que d'avoir recours à lui !

LÉOPOLD, haussant la voix.

Il le faut cependant, car je le veux, et vous ne me connaissez pas quand on me résiste !

ADÈLE.

Léopold ! Léopold ! vous m'effrayez ! (A part.) O mon Dieu ! qui m'arrachera de ses mains ?

LÉOPOLD.

Là, à ce secrétaire, voilà ce qu'il faut pour écrire.

(Pendant qu'il dispose le papier, la plume et l'encre, etc., entre Créponne.)

SCÈNE V.

LES PRÉCÉDENS, CRÉPONNE.

CRÉPONNE, bas à Adèle.

Une dame enveloppée d'un manteau est là dans votre chambre.

ADÈLE, de même.

C'est ma sœur, c'est Clarisse.

(Elle se dispose à passer dans la pièce à gauche.)

LÉOPOLD, l'arrêtant par le bras.

Où vas tu ? tu ne sortiras pas d'ici que tu n'aies écrit.

ADÈLE.

O mon Dieu !

LÉOPOLD, la faisant asseoir au secrétaire.

Allons ! une lettre à la Sévigné, et pour cela je vais dicter. « Cher Hippolyte...

ADÈLE.

Je ne mettrai jamais cela.

LÉOPOLD.

Hippolyte tout court.

ADÈLE, écrivant.

« Monsieur.

LÉOPOLD.

A la bonne heure, je n'y tiens pas. (Dictant.) « Mon-
« sieur, une ancienne amie, bien malheureuse...

CRÉPONNE.

C'est bien vrai.

LÉOPOLD.

Je ne mens jamais. (Dictant.) « Est menacée d'un af-
« freux danger dont vous seul pouvez la sauver...

ADÈLE.

Mais c'est le tromper.

LÉOPOLD.

Qu'en savez-vous ? Je ne mens jamais. (Dictant.) « Si
« tout souvenir, si toute humanité n'est pas éteinte
« dans votre cœur, venez à son secours, elle vous at-
« tendra aujourd'hui, rue... » Mets notre nom et notre
adresse. « Prenez avec vous de l'or, beaucoup d'or,
« vous saurez pourquoi...

ADÈLE, indignée.

Je n'écrirai jamais cela !

LÉOPOLD, dictant d'un ton impératif.

« Vous saurez pourquoi, et j'ose croire que vous
« m'en remercierez. » (Lui prenant la main.) Allons, écris !
je le veux !

ADÈLE.

Mais que voulez-vous donc faire? le forcer à jouer,
le dépouiller ?

LÉOPOLD.

Cela me regarde, signe, et maintenant je ne vous demande plus rien que le silence. (Prenant la lettre.) Je me charge d'envoyer la lettre, et, pour le départ de demain, si je suis content de vous, j'aurai des égards; je ne vous emmènerai pas. Adieu.

(Il sort.)

ADÈLE, à Créponne.

Cours vite chez Hippolyte, et dis-lui que s'il reçoit une lettre de moi il n'en tienne nul compte, qu'il ne sorte pas de chez lui. Il y va de sa sûreté, de ses jours, peut-être. Ils sont capables de tout!

CRÉPONNE.

Oui, madame, oui, je mets mon châle et j'y vais.

ADÈLE, pleurant.

Et ma sœur? ma sœur qui m'attend; ah! c'est mon seul espoir de salut!

(Elle entre par la porte à gauche.)

CRÉPONNE, seule, mettant son châle.

Ah! quelle horrible maison! quand donc en serons-nous dehors? Où est le temps où j'étais femme de chambre honnête d'une honnête femme! Ah! tout calculé, la vertu donne plus d'agrément, sans compter le profit; mais ma pauvre maîtresse, comment l'abandonner, quand elle n'a plus que moi au monde, que moi, dans cet infernal logis habité par des démons! (Apercevant la porte à droite qui s'ouvre lentement.) Encore un qui arrive, il en sort donc ici de tous les côtés!

(Elle sort, en courant, par le fond.)

SCÈNE VI.

ALBERT, seul, enveloppé dans un manteau et sortant de la porte a droite.

Je n'ai pu y résister, c'était plus fort que moi. Cette lettre maudite, qui me l'a envoyée ! Ah, relisons-la pour affermir mon courage ! (Lisant.) « Votre femme « vous trahit, croyez-en un ami fidèle, et, si vous en « doutez, n'en croyez que vos yeux ; aujourd'hui, un « peu avant deux heures, seule et enveloppée d'un « manteau, elle se rendra en voiture de place dans « une maison suspecte, pour y attendre M. Valdéja, « qu'elle aimait et dont elle était aimée avant son ma- « riage. La clef jointe à cette lettre vous donnera les « moyens d'entrer en secret dans la maison ; et dès « que vos yeux vous auront convaincu de la vérité, « vous pourrez fuir par cette allée obscure sans être « vu de personne. » (Parlant.) J'ai repoussé d'abord cet avis infame ; sûr de l'amour et de la vertu de Clarisse, j'aurais regardé comme un crime l'apparence même d'un soupçon ; et prêt à détruire, à brûler cette œuvre, non de l'amitié, mais de la haine, je ne sais quelle voix secrète me disait d'y ajouter foi. Pouvoir infernal d'un écrit anonyme ! je n'y croyais pas, je le méprisais, et pourtant je suis sorti, j'ai épié ; non, je ne peux le croire encore ; et cependant c'était elle ! c'était Clarisse ; je l'ai vue sortir du logis, d'un pied furtif, et jetant autour d'elle un regard de crainte. Ah ! le cœur me battait, quand j'ai vu sa voiture s'arrêter à la porte de ce séjour; ah! Clarisse! Clarisse! (Résolu.) Et maintenant, dussé-je l'immoler et son complice, et moi-même avec elle, j'irai jusqu'au bout, je saurai tout. On vient, rentrons. (Apercevant Valdéja dans la coulisse.) Dieu! c'est lui, c'est Valdéja! notre arrêt à tous est prononcé, qu'il s'accomplisse!

(Il referme la porte du cabinet et disparaît.)

SCÈNE VII.

VALDÉJA, QUI PENDANT CES DERNIERS MOTS EST ENTRÉ PAR LE FOND.

Je ne puis, je n'ose croire à un pareil message; Clarisse a besoin de moi, de mon amitié; il y va, dit-elle, du repos, du bonheur de sa vie; c'est dans ce lieu qu'elle m'attend pour me confier un secret; aurait-elle enfin découvert la trahison qui nous a désunis, ou quelque nouveau danger pourrait-il la menacer? N'importe, il n'y a pas à examiner, à réfléchir: Clarisse a besoin de moi, cela suffit; je n'ai vu que ce mot, et me voilà; mais où suis-je? (Apercevant Clarisse qui sort par la porte de gauche accompagnée d'Adèle.) Dieu! c'est elle!

SCÈNE VIII.

VALDÉJA, CLARISSE, ADÈLE.

CLARISSE, mystérieusement.

Conduis-moi, il faut que je te quitte; mais maintenant que je sais tout, sois tranquille, calme-toi.

ADÈLE.

Me calmer, ma sœur, quand le désespoir et la crainte m'assiégent, quand il y a un génie infernal, un pouvoir vengeur qui me poursuit sans cesse, et que je rencontre partout!...

(Elle aperçoit Valdéja droit et immobile devant elle; elle pousse un cri et s'enfuit.)

CLARISSE.

C'est vous qui causez sa terreur; vous, monsieur Valdéja, dans ces lieux!

VALDÉJA.

Comment cela pourrait-il vous étonner, madame? prompt à me rendre à vos ordres, je viens...

CLARISSE.

A mes ordres?

VALDÉJA.

Sans doute; ne m'attendiez-vous pas?

CLARISSE.

Non, monsieur...

VALDÉJA.

Vous ne m'attendiez pas? et ce mot de vous que j'ai reçu...

CLARISSE.

Je n'ai point écrit.

VALDÉJA.

Est-il possible? tremblez alors, tremblez; quelque sort perfide que je ne puis deviner nous menace tous deux; votre sœur est ici, et ses amies, ses dignes conseils, ne doivent pas être loin ; c'en est assez pour justifier mes alarmes; de grâce, venez, sortons, permettez-moi de veiller sur vous.

CLARISSE.

Je vous remercie, je suis venue seule, je désire sortir de même.

VALDÉJA.

Ah ! ce coup est le plus cruel de tous ceux que j'ai reçus ; vous vous défiez de moi, Clarisse ? de moi qui depuis six ans ai fait pour vous le plus grand et le plus cruel des sacrifices : j'ai renoncé à votre présence, à votre amitié, et, plus que tout encore, à votre estime ; j'ai consenti à être méprisé de vous, quand d'un mot je pouvais vous détromper, et j'y ai consenti pour ne pas troubler votre repos.

CLARISSE.

Que voulez-vous dire ?

VALDÉJA.

Que je n'ai point mérité les affreuses calomnies dont on m'a noirci à vos yeux ; que toujours digne de vous... laissez-moi achever, Clarisse ; ce moment est peut-être le seul de ma vie où je pourrai vous dire la vérité ; oui, je vous aimais, j'étais aimé.

CLARISSE.

Monsieur...

VALDÉJA.

Ah ! vous ne m'interdirez pas ce souvenir, c'est le seul bien qui me reste. Une trame infernale nous a séparés. Cette jeune fille, cette séduction, calomnie, infâme calomnie ! comme tout ce qui sortait du cœur de la femme qui avait juré ma perte ; les preuves aujourd'hui me seraient faciles à vous donner, mais d'autres nœuds vous enchaînent ; et c'est le jour même de votre mariage, que j'ai appris, pour mon éternel tourment, la perfidie qui vous jetait dans les bras d'un autre : je voulais courir, réclamer mon bien, vous avouer la vérité, me justifier du moins; il n'était plus temps, vous sortiez de l'église et portiez pour jamais le nom de mon heureux rival. Clarisse, alors j'ai gardé le silence, je me suis interdit votre vue, mais non le droit de veiller sur vous, sur votre avenir, sur votre fortune; j'y ai réussi, madame; et maintenant si un mot de vous m'apprend que j'ai recouvré votre estime, quel que soit mon sort, je n'aurai plus la force de me plaindre, et je croirai encore au bonheur.

CLARISSE.

Que m'avez-vous dit! et qu'ai-je appris! Écoutez, Valdéja, ce n'est pas avec vous que je veux feindre; et vos souffrances, les miennes peut-être, me donnent le droit de parler sans que personne s'en offense; oui, je vous ai aimé; oui, j'ai été malheureuse de vous retirer mon estime; et malgré moi et lorsqu'un autre hymen allait m'enchaîner, le mépris même que je croyais vous devoir n'avait peut-être pas encore éteint toute ma tendresse; je me le reprochais; et cette faute involontaire, je jurais de l'expier! Grâce au ciel, j'y ai réussi. Oui, j'ai pour mari un honnête homme qui mérite tout mon amour, toute ma confiance; je l'aime, je n'aime que lui, et, je vous le dis à vous, j'aimerais mieux mourir que d'oublier un instant ou mes devoirs ou ce que je dois à son honneur; après un tel aveu, et pour qu'il n'y ait pas dans mon cœur une seule pensée qu'il ne puisse connaître, je demanderai sans crainte à votre amitié un dernier service; vous voyez que vous ne vous étiez pas trompé et que vous aviez deviné que j'aurais besoin de vous. Eh bien ! mon ami, et ce nom vous le méritez, continuez votre noble et généreuse conduite; évitez de me voir, évitez les lieux où vous pourriez me rencontrer, je vous en saurai gré, et un jour viendra où mon cœur vous tiendra compte de tout, même de votre absence.

VALDÉJA.

J'obéirai, Clarisse, trop heureux d'avoir à vous obéir; ce soir, dans une heure, j'aurai quitté Paris.

CLARISSE, se reculant.

Adieu donc.

VALDÉJA.

Adieu !

(Il fait un mouvement pour lui baiser la main.)

CLARISSE.

Pas un mot de plus ; adieu !

VALDÉJA, lui prenant la main et la lui serrant affectueusement.

Adieu !

(Il se dispose à sortir.)

SCÈNE IX.

Les précédens, SOPHIE.

SOPHIE, à Clarisse.

Ah ! madame, c'est de la part d'Adèle, de votre sœur, que je viens vous prévenir ; vous êtes épiée, poursuivie ; votre mari est sur vos traces.

CLARISSE.

Mon mari ?

SOPHIE.

Et s'il vous trouvait en ces lieux, seule avec monsieur... (A Valdéja.) Fuyez, emmenez-la.

CLARISSE.

Fuir? jamais! qu'il vienne, je lui dirai tout : c'est pour ma sœur, c'est pour la voir et la secourir, que je lui ai désobéi; c'est ma première faute, je n'en commettrai pas une seconde en lui cachant la vérité, en prenant un autre guide, un autre conseil que lui.

SOPHIE.

Y pensez-vous?

VALDÉJA, à Clarisse.

Bien! bien! votre raison vous a dit vrai. Dès qu'elle donne un conseil, il ne peut y avoir que malheur et trahison. Partez sans moi, partez, courez près d'Albert.

SOPHIE.

Qu'elle le rejoigne donc si elle veut, il est trop tard maintenant; elle ne sortira point de cette maison sans être vue, car il y a ici du monde, des gens qui la connaissent, qui publieront partout qu'elle était ici avec vous en tête-à-tête.

CLARISSE.

O mon Dieu! elle dit vrai! je suis perdue, déshonorée! Qui pourrait me secourir, me protéger?

SCÈNE X.

Les précédens, ALBERT, sortant du cabinet a droite.

ALBERT.

Moi! Clarisse.

SOPHIE ET VALDÉJA.

Que vois-je!

ALBERT.

Son mari! qui était ici avec elle; qui ne l'a pas quittée! (A Valdéja.) J'ai tout entendu, monsieur; je vous reconnais pour un homme d'honneur, pour un galant homme, que j'estime et que je plains; car je sais mieux que personne le prix du trésor que vous avez perdu.

VALDÉJA.

Je le laisse, du moins, en des mains dignes de l'apprécier. Adieu, madame; dans une heure, je vous l'ai dit, j'aurai quitté Paris; adieu, éloignez-vous au plus tôt de cette maison, qui n'aurait jamais dû vous recevoir. Pour moi, je vais en sortir par le grand salon, par la grande porte, avec madame. Nous ne craignons rien, n'est-il pas vrai?

SOPHIE.

Sans doute, votre réputation est au-dessus d'une telle atteinte.

VALDÉJA.

Et la vôtre au-dessous. Venez.

(Il lui prend la main et sort par le fond avec elle. La nuit se fait.)

SCÈNE XI.

ALBERT, CLARISSE.

CLARISSE.

O mon ami ! me pardonneras-tu ?

ALBERT.

N'en parlons plus, la nuit est venue, prends ce manteau, et descendons par cet escalier dérobé, dont j'ai la clef.

CLARISSE.

Et comment cela ?

ALBERT.

Tu le sauras.

CLARISSE.

Et ma sœur ?

ALBERT, tirant une bourse de sa poche.

Il ne lui faut que de l'or, en voilà.

(Pendant ce temps Léopold, qui est entré par la porte du fond, aperçoit Albert.)

LÉOPOLD.

C'est le bel Hippolyte. Allons l'attendre.

(Il sort par la porte à droite et disparaît.)

ALBERT.

Allons, dépêche-toi. (Apercevant Adèle qui entre.) Tenez, Adèle, (en lui remettant la bourse.) tenez...

ADÈLE.

Albert !

ACTE V, Ire PARTIE, SCÈNE XII.

ALBERT.

J'avais accompagné ma femme, et vous apportais ce qu'elle vous a promis sans doute. Prenez, et dorénavant ne vous adressez plus à elle, mais à moi.

CLARISSE, lui donnant sa chaîne et l'embrassant.

Adieu, ma sœur!

ALBERT, à Clarisse.

Viens, l'air qu'on respire ici me fait mal.

(Albert entraîne Clarisse et tous deux sortent par la porte à droite.)

SCÈNE XII.

ADÈLE, SEULE.

(Elle jette la bourse sur le secrétaire et couvre de baisers la chaîne que sa sœur vient de lui donner.)

O ma sœur! ma sœur!...

(On entend du bruit en dehors, puis un coup de pistolet et des cris de : Au secours! au meurtre!)

ADÈLE, poussant un cri.

Ah! qu'est-ce que cela signifie?

(Elle s'élance vers l'escalier à droite et la toile tombe.)

DEUXIÈME PARTIE.

Chez Adèle. Le grabat.

SCÈNE PREMIÈRE.

ADÈLE, SEULE, ASSISE DANS UN VIEUX FAUTEUIL ; SA RESPIRATION EST OPPRESSÉE.

O mon Dieu, que je souffre ! (Elle tousse.) Quel état ! Je me sens mourir. A vingt-neuf ans, mourir ! Seule, sans avoir une main qui vous soutienne. N'avoir pour toute consolation que l'espoir de ne plus souffrir ; demain peut-être. O mon Dieu !...

(Elle tousse.)

SCÈNE II.

ADÈLE, CRÉPONNE.

ADÈLE.
Te voilà, Créponne ?

CRÉPONNE.
Oui, bonne maîtresse. Ai-je été long-temps ?

ADÈLE.
Non. Qu'a dit le docteur ?

CRÉPONNE.

Qu'il fallait vous ménager, ne pas vous exposer au grand air. Cela vous tuera.

ADÈLE, d'un air morne.

Que veux-tu ? il faut vivre. Dis-moi, as-tu entendu parler de quelque chose. Fait-on toujours des recherches ?

CRÉPONNE.

Depuis huit mois les poursuites se sont ralenties.

ADÈLE.

Je tremble toujours de voir arriver les gens de justice. Et cependant, tu le sais, je ne suis pas coupable; j'ignore encore comment mon beau-frère a été attiré dans cette horrible maison. Et quand il a été frappé, je courais à ses cris et à son aide, je te le jure.

CRÉPONNE.

Je le sais bien !

ADÈLE.

Et quoique dangereusement blessé, il en reviendra, n'est-il pas vrai ? il n'en mourra pas ? Mais moi, la honte, la misère. O mon Dieu ! mon Dieu ! quel chemin depuis dix ans ! Quand je pense à ce que j'étais, et à ce que je suis maintenant. C'est un rêve, un rêve affreux, que je tremble de voir finir, car je crains le réveil !... (Elle tousse.) Puisque tu es sortie, as-tu vu les numéros ? notre terne l'avons-nous gagné ?

CRÉPONNE, éludant.

Madame...

ADÈLE, avec insistance.

Avons-nous gagné ?

CRÉPONNE.

Mais...

ADÈLE.

Réponds-moi donc! avons-nous gagné? (Créponne baisse la tête.) Non! je le vois.

(Elle se met à pleurer)

CRÉPONNE.

Faut pas vous chagriner, madame; ça augmenterait votre mal.

ADÈLE.

Au surplus je le savais, je l'avais vu dans les cartes. Mais Sophie Marini prétend que les numéros sortiront ce mois-ci.

CRÉPONNE.

Oui, croyez celle-là et ses conseils!

ADÈLE.

Elle doit s'y connaître, elle y met si souvent! Et mes derniers bijoux, cette chaîne que ma sœur m'a donnée le dernier jour où je l'ai vue.

CRÉPONNE.

Eh bien! cette chaîne?

ADÈLE.

Elle m'a conseillé de la vendre pour suivre nos numéros, et je l'ai priée de s'en charger.

CRÉPONNE.

Il est donc dit qu'avec ses conseils elle vous perdra jusqu'au bout.

ADÈLE.

Le moyen de faire autrement! quand on n'a plus

rien, ni amis, ni famille; car le monde entier doit ignorer maintenant ce qu'est madame Laurencin.

(Elle se cache la tête dans les mains.)

CRÉPONNE.

J'ai cependant adressé votre demande à la mairie, et on doit la transmettre à toutes les dames de charité.

ADÈLE, avec ironie.

Et monsieur le maire, qu'on dit si bienfaisant!..

CRÉPONNE.

J'y ai été ce matin. Ce n'est pas loin, car notre maison touche à la mairie.

ADÈLE.

L'as-tu vu?

CRÉPONNE.

On m'a répondu qu'il était avec un de ses amis qui arrivait à l'instant même de voyage, et qu'il ne recevait personne.

ADÈLE.

Toi seule m'es restée fidèle, ma brave Créponne, toi seule!

CRÉPONNE.

Et je ne vous abandonnerai jamais.

ADÈLE.

Dans peu de temps tu seras libre de tout souci! Mais je ne veux pas que, jusque-là, le désespoir m'approche; je ne le veux pas! je ne le veux pas! Allons, ne pleure pas. Voyons! tu sais bien que ça me fait mal.

CRÉPONNE, essuyant ses larmes.

Ah! mon Dieu! qui vient là?

SCÈNE III.

Les précédens, SOPHIE.

SOPHIE.

N'ayez pas peur, c'est moi !

ADÈLE.

Et toi aussi tu ne m'a pas abandonnée !

CRÉPONNE, à part.

Malheureusement !...

SOPHIE.

Ma chère, cela va mal. Tu sais, cette chaîne que tu tenais de ta sœur ?

ADÈLE.

Eh bien !

SOPHIE.

J'ai été la vendre chez le joaillier notre voisin; un vieux, qui l'a regardée bien attentivement, puis il m'a dit : De qui tenez-vous cette chaîne ? — D'une dame de mes amies. — Qui est-elle ? — Que vous importe ? — C'est que, a-t-il ajouté en feuilletant un registre, cette chaîne, à ce qu'il me semble, est au nombre des objets qui, lors de l'affaire Léopold, nous ont été signalés par la police.

ADÈLE.

Ah ! mon Dieu !

SOPHIE.

Alors, que te dirais-je ? J'ai perdu la tête; et craignant les explications, je me suis enfuie de sa boutique en lui laissant la chaîne.

ADÈLE.

Quelle imprudence !

SOPHIE.

Je le sais bien ! car il a appelé ses garçons ; et si l'on m'a suivie de loin et vue entrer ici...

ADÈLE.

On ne sait pas qui tu es ?

SOPHIE.

Peut-être ! Car j'ai rencontré en montant ta propriétaire.

CRÉPONNE.

Que nous ne connaissons pas.

ADÈLE.

Il y a à peine quelques jours que son mari a acheté cette maison.

SOPHIE.

Et sais-tu quelle est cette femme ? C'est notre ancienne amie.

ADÈLE.

Amélie de Laferrier ?

SOPHIE.

Elle-même, dont le mari a continué à faire fortune.

CRÉPONNE.

Et qui est toujours restée au pinacle !...

SOPHIE.

Tandis que nous...

(On frappe en dehors. Mouvement d'effroi.)

CRÉPONNE, après un long silence.

On a frappé.

ADÈLE, avec terreur.

N'ouvre pas !

SOPHIE.

Seraient-ce déjà les gens de justice qui seraient sur tes traces?

ADÈLE.

Je n'ai pas une goutte de sang dans les veines.

CRÉPONNE, à part.

Et le médecin qui a dit que la moindre émotion la tuerait! (Haut.) Qui va là?

UNE VOIX D'HOMME, en dehors.

Est-ce ici madame Laurencin?

CRÉPONNE.

Oui.

LA MÊME VOIX.

Ouvrez!

CRÉPONNE.

Pourquoi?

LA MÊME VOIX.

C'est une dame de charité qui voudrait la voir.

ADÈLE.

Ah! quel bonheur!

(Créponne ouvre la porte.)

SCÈNE IV.

Les précédens, CLARISSE, en costume de veuve et suivie de deux domestiques en livrée.

CLARISSE.

Où est madame Laurencin?

CRÉPONNE, d'un air confus, lui montrant Adèle.

Là, madame.

ADÈLE, poussant un cri.

Dieu! Clarisse!

(Elle s'évanouit.)

CLARISSE, la reconnaissant et se jetant dans ses bras.

Adèle! ma sœur! c'est elle que je retrouve ainsi! O Dieu vengeur! vous l'avez trop punie. (Courant à l'un des domestiques et prenant un flacon.) Donnez, donnez. (Se mettant à genoux près d'Adèle.) Ma sœur, ma sœur! reviens à toi; c'est moi qui suis près de toi, c'est moi qui t'appelle!

ADÈLE, revenant à elle.

Où suis-je?

CLARISSE.

Dans les bras de ta sœur.

ADÈLE, pleurant.

Clarisse! Dieu a donc pitié de moi; je ne suis donc pas tout-à-fait une maudite, une réprouvée, puisqu'il m'envoie un de ses anges! (Regardant Clarisse en noir.) Eh mon Dieu! cette robe, Albert!...

CLARISSE.

Il n'est plus.

ADÈLE, se levant avec effort.

Je ne suis pas coupable, je te le jure; que son sang retombe sur moi si jamais j'ai eu la pensée...

(Elle retombe sur son siège.)

CLARISSE.

Je te crois, je te crois; Albert lui-même t'a pardonné.

ADÈLE.

Et toi, ma sœur, depuis ce temps qu'as-tu fait?

CLARISSE.

J'ai prié pour toi.

ADÈLE.

Ah! je n'en suis pas digne; si je n'avais écouté que ta voix, si j'avais repoussé loin de moi les indignes conseils qui m'ont perdue... (Bruit au dehors.) Ah! qui vient là? l'on monte l'escalier.

SOPHIE, qui a remonté la scène, la redescend en ce moment.

(A part.) Dieu! Amélie!

SCÈNE V.

Les précédens, AMÉLIE, plusieurs gens de justice.

AMÉLIE.

Entrez, entrez, messieurs, je ne m'oppose point au cours de la justice, et comme propriétaire de cette maison...

ADÈLE, serrant Clarisse dans ses bras.

Les voilà! Ma sœur, sauve-moi, protége-moi.

AMÉLIE.

Je ne connais point madame Laurencin; mais si c'est elle que vous cherchez... (Reconnaissant Adèle.) Dieu! Adèle!

(Elle se retourne, se trouve en face de Sophie et jette un cri.)

SOPHIE, lui saisissant la main.

Oui, il ne te manquait plus que de la livrer.

CLARISSE, aux gens de justice.

C'est ma sœur, messieurs, c'est ma sœur; elle n'est point coupable; et de quel droit ose-t-on violer son domicile?

UN DES AGENS.

Pardon, madame, il est une personne dont nous devons nous assurer; nous ignorons encore si c'est madame; mais afin de procéder légalement, nous avons requis la présence du premier magistrat de cet arrondissement, et c'est devant lui...

CRÉPONNE.

Qu'il vienne! qu'il vienne nous protéger!

CLARISSE, avec effroi.

Oh! non, non! qu'il n'entre pas!

SCÈNE VI.

LES PRÉCÉDENS, DARCEY ET VALDÉJA.

AMÉLIE ET SOPHIE, à part.

Monsieur Darcey!

DARCEY.

Qu'y a-t-il, messieurs? quelle est cette femme que l'on parle d'arrêter?

CRÉPONNE, d'un ton suppliant et à demi-voix.

C'est la vôtre, monsieur, votre pauvre femme qui se meurt.

DARCEY, avec indignation et repoussant ce mot.

Ma femme!

ADÈLE.

Qui parle donc?

CLARISSE.

C'est ton mari.

ADÈLE, épouvantée.

Mon mari! sauvez-moi, sauvez-moi!

DARCEY.

Cette femme est Adèle?

ADÈLE, dans le délire.

Non, non, ce n'est pas elle, ne le croyez pas.

CLARISSE, à Darcey.

Mon frère! mon frère! ne l'accablez pas.

DARCEY, avec calme et dignité.

N'ayez nulle crainte, elle est oubliée depuis longtemps.

CLARISSE.

Oh! vous lui pardonnerez...

ADÈLE.

Darcey, ne me dis rien, je vais mourir.

CLARISSE.

Un mot, un mot qui la console...

ADÈLE se lève soutenue par Créponne et se dirige vers Darcey.

Darcey, j'ai été bien coupable; mais aussi j'ai bien souffert. Pardonne, pardonne-moi! Au nom de mon pauvre père, ne me maudis pas, Darcey, grâce! grâce!

DARCEY.

Jamais!

(Adèle jette un cri et tombe sur son fauteuil.

CLARISSE.

Mais moi, je te pardonne, je t'aime; ma sœur, que ces derniers mots frappent ton oreille, que la main d'une amie ferme tes yeux. (A Darcey.) Mon frère, quelle rigueur! Oh! venez, venez!...

ACTE V, II.ᵉ PARTIE, SCÈNE IV.

DARCEY, se laissant entraîner, dit à Valdéja qui le pousse vers Adèle.

Tu le veux? eh bien!... (En ce moment Adèle rend le dernier soupir.) Dieu! il n'est plus temps.

VALDÉJA.

Elle expire! (A Amélie et à Sophie.) Eh bien! femmes, prenez ce cadavre; prenez-le donc, il est à vous. Vos œuvres méritaient un salaire, le voilà! Honte à vous et à toutes vos semblables! (A Darcey.) A toi, la liberté!

DARCEY, lui montrant Clarisse.

Et à toi, je l'espère, bientôt le bonheur!

FIN DE DIX ANS DE LA VIE D'UNE FEMME.

L'AUBERGE,

ou

LES BRIGANDS SANS LE SAVOIR,

COMÉDIE-VAUDEVILLE EN UN ACTE,

Représentée pour la première fois, à Paris, sur le théâtre du Vaudeville, le 19 mai 1812.

EN SOCIÉTÉ AVEC M. DELESTRE-POIRSON.

PERSONNAGES.

M. SCUDÉRI.
Mademoiselle SCUDÉRI, sa sœur.
FLORVAL, leur neveu.
BERTRAND, aubergiste.
BABET, sa fille.
Son Prétendu.

La scène se passe dans une auberge au milieu des Pyrénées.

SCUDÉRI.

MONSEIGNEUR, D'OÙ PROVIENT UNE PAREILLE RIGUEUR?

L'AUBERGE.

Le théâtre représente une salle, une porte au fond, et deux croisées latérales, par lesquelles on découvre, dans le lointain, le sommet des Pyrénées et un petit village sur la côte. Sur le premier plan, à la gauche du spectateur, un cabinet en saillie, avec une croisée qui laisse voir tout ce qui se passe dans le cabinet. A droite, une cheminée, une croisée donnant sur la cour. Sur le devant, deux tables ; sur l'une, du papier, des plumes, de l'encre, etc. Ameublement gothique.

SCÈNE PREMIÈRE.

BERTRAND, BABET, BASTIEN.

BERTRAND.
Oui, ma fille, oui, Bastien, je l'ai vu.
BABET.
Vous avez vu le diable en personne?
BERTRAND.
C'est tout comme, puisqu'il prend la forme qu'il veut.
BASTIEN.
Air du vaudeville de l'Avare.

Allons donc! c'était un prestige ;
Un rien excite votre effroi.

BERTRAND.

De mes yeux je l'ai vu, te dis-je;
Je l'ai vu comme je te voi. (*bis*).
C'était le soir ; il faisait sombre;
De loin j'ai cru l'apercevoir
Sous la forme d'un baudet noir...

BABET.

Vous avez eu peur de votre ombre.

BASTIEN.

C'est inconcevable, comme il est poltron, le beau-père ; à son âge, croire aux revenans !

BERTRAND.

Croire. Je n'y crois point, mais j'en ai peur.

Air : Tenez, moi, je suis un bonhomme.

Je pense que tout homme sage
Doit redouter les revenans ;
Car les morts ont trop d'avantage
Quand ils combattent les vivans.
Leur résister serait folie ;
Aussi je m'en garderais bien :
Un vivant y risque sa vie,
Tandis qu'un mort ne risque rien.

BASTIEN.

Comme je le disais, cela prouve seulement que vous êtes peureux.

BERTRAND.

Peureux ! je ne suis point peureux, mais je suis prudent, et dans cette auberge, au milieu des Pyrénées, avec toi, Babet, qui n'es pas brave, et Bastien, mon gendre futur, qui s'effraie d'un rien. On ne sait pas ce qui peut arriver.

SCÈNE I.

BABET.

Arriver! Vous voyez bien qu'il n'arrive jamais rien, pas même des voyageurs.

BERTRAND.

C'est votre faute! On est si mal servi! Depuis huit jours n'avoir qu'un locataire!

BABET.

Cet officier français! Mais ce jeune homme est fort bien; et ce sera une bonne pratique, car il a l'air de quelqu'un très comme il faut.

BERTRAND.

Il a l'air de quelqu'un très suspect, car il ne paie pas; et, avec ça, il a quelque chose dans la physionomie...

BABET.

N'avez-vous pas peur aussi de celui-là?

BERTRAND.

Sans doute. On ne sait d'où il vient : il paraît se cacher; et quand on lui fait des questions, il vous rit au nez. C'est malhonnête!

Air : Le jour de son mariage.

Je n'ai jamais pu connaître
Ce qu'il fait, ni ce qu'il est ;
Mais, à coup sûr, ce doit être
Un fourbe, un mauvais sujet.
Il a commis quelque faute,
Ou fait quelque mauvais coup...

BABET.

Ah, mon père!

Et qui doit à son hôte,
Est capable de tout.

BERTRAND.

Cependant il faut lui porter à déjeuner, car il ferait un tapage!...

BABET.

J'irai, mon père.

BASTIEN.

Pas du tout, mademoiselle; ce sera moi.

BABET.

Fi, le jaloux!

 BASTIEN.

Fi, la coquette!

BERTRAND.

Paix! j'irai moi-même. Mais au lieu de vous disputer, cherchons plutôt à corriger la fortune par quelques moyens honnêtes.

Air: La loterie est la chance.

Sans une honnête industrie
Un traiteur ne ferait rien;
Et tous les jours de la vie,
Un peu d'aide fait grand bien.
Toi, Bastien, toi, qui surveilles
L'ordonnance du festin,
Mets dans toutes les bouteilles
Un peu plus d'eau que de vin.

TOUS.

Sans une honnête industrie, etc.

BERTRAND.

Allez, et que chacun soit à son poste.

SCÈNE II.

BERTRAND, seul.

Mon commerce de traiteur prend une mauvaise tournure, et si je n'y mets ordre, je mourrai de faim au milieu de mes provisions. Heureusement j'ai déjà fait une spéculation qui double mes profits.

Air : Si Pauline est dans l'indigence.

Je sais d'une façon commode
Rançonner chaque voyageur,
Et je puis, grâce à ma méthode,
Voler en tout bien, tout honneur.

Crie-t-on : Garçon ? potage pour un ! j'envoie demi-part.

Les prenant ainsi par famine,
Mes succès ne sont pas douteux ;
Et chez Bertrand quand seul on dîne
Il faut tout demander pour deux.

Mais ce bel officier mange comme quatre, et ne paie pas même pour un. Ma foi, à tout risque, demandons-lui de l'argent. Le difficile est de lui parler, car il chante toujours. Mais je l'entends : le voilà qui crie comme quelqu'un qui paie.

FLORVAL, en dehors.

Holà! hé! quelqu'un! le maître, les garçons, tout le monde.

SCÈNE III.

FLORVAL, BERTRAND.

FLORVAL.

Hé! bonjour, papa Bertrand. Va-t-on m'apporter à déjeuner?

BERTRAND.

Que voulez-vous, mon capitaine? la tasse de café, une limonade?

FLORVAL.

Comment, morbleu! à un militaire! Le pâté froid, la tranche de jambon, deux bouteilles de vin : je ne regarde pas à la dépense.

BERTRAND, à part.

Je le crois bien, c'est moi qui paie. (Haut.) Mais... c'est que... je voulais vous dire... Monsieur compte sans doute faire un long séjour...

FLORVAL.

Moi? non : j'aime le changement.

Air : A boire je passe ma vie.

A voyager passant ma vie,
Jamais je ne suis arrêté :
J'ai pris pour guide la Folie,
Et pour compagne la Gaîté.
En tous lieux bravant les orages,
Pour moi, changer c'est être heureux.
Puisque les plaisirs sont volages,
Il faut bien courir après eux.

BERTRAND.

C'est que tous les huit jours, nous avons l'usage de régler nos comptes avec les voyageurs.

SCÈNE III.

FLORVAL.

Comment! c'est de l'argent que tu me demandes? que ne parlais-tu plus tôt?

BERTRAND, à part.

Il est plus solvable que je ne croyais. (Haut.) Pardon...

FLORVAL.

Point du tout. J'aime qu'on me parle franchement; et pour te le prouver, je vais te faire une confidence; c'est que pour le moment je n'ai pas de fonds.

BERTRAND.

Qu'est-ce que vous dites donc? et vous faites ici une dépense...

FLORVAL.

Est-ce que cela te tourmente?

BERTRAND.

Certainement, et beaucoup.

FLORVAL.

Bah! cela ne m'inquiète pas du tout, moi.

BERTRAND.

Ah! je vous ferai bientôt changer de ton. D'abord, je vous préviens que vous ne sortirez pas d'ici que vous ne m'ayez payé.

FLORVAL.

Hé bien, j'y resterai long-temps. D'ailleurs, ne peux-tu me faire crédit sur ma bonne mine?

BERTRAND.

Voilà une jolie caution!

FLORVAL.

Tu es bien difficile. Tiens, je suis sûr que madame Bertrand s'en serait contentée.

AIR :

Je m'offre moi-même en paiment ;
Que ma parole te rassure :
Nos militaires, bien souvent,
N'ont pas de caution plus sûre.
Oui, dans tous temps, chaque soldat,
Cher à Vénus, cher à Bellone,
Ne paya sa dette à l'État,
Qu'en payant de sa personne.

Mais rassure-toi; j'ai des espérances

BERTRAND.

Belle monnaie !

FLORVAL.

C'est la plus commode.

AIR: Fidèle ami de mon enfance.

Quand l'espoir charme l'existence,
Chaque instant promet un plaisir ;
On possède la jouissance
Qu'on voit de loin dans l'avenir.
Pour moi, vivant sans défiance,
Du sort je ne redoute rien :
Qui n'est riche qu'en espérance,
N'a pas peur de perdre son bien.

D'ailleurs, nous allons entrer en campagne, et si jamais je m'enrichis...

BERTRAND.

Et si vous êtes tué ?

FLORVAL.

C'est mon métier.

BERTRAND.

Mais vos créanciers, vos malheureux créanciers?

FLORVAL.

On les paiera.

SCÈNE III.

BERTRAND.

Oui, en chansons.

FLORVAL.

C'est plus gai !

Air du Devin du village.

Quand on sait chanter et boire,
A-t-on besoin d'autre bien ?
Bacchus chasse l'humeur noire ;
Et quand j'ai bu, tout est bien.
Quand j'ai bu, sur ta figure
Je vois un air de bonté ;
Et même, je te l'assure,
Je crois à ta probité.

ENSEMBLE.

FLORVAL.

Quand on sait chanter et boire,
A-t-on besoin d'autre bien ?
Bacchus chasse l'humeur noire ;
Et quand j'ai bu, tout est bien.

BERTRAND.

Quand on sait chanter et boire,
Encor faut-il quelque bien.
Sans argent, l'on peut m'en croire,
Souvent on reste en chemin.

BERTRAND.

Décidément, je veux savoir quand je serai payé.

FLORVAL.

Ah ! vous voulez savoir ? Vous êtes bien curieux ! brisons là ; n'est-il rien arrivé pour moi ? J'avais écrit à Paris... et...

BERTRAND.

Que ne disiez-vous donc ? voilà une lettre.

FLORVAL.

Donne donc, bourreau! c'est de l'argent comptant! Allons, qu'on m'apporte à déjeuner, et songe que je veux être traité comme un prince.

BERTRAND.

Oh! pour le déjeuner, vous allez voir. (À part.) Je vais lui envoyer demi-part; non, quart de part.

SCÈNE IV.

FLORVAL, SEUL.

Hé vite! hé vite! quelles nouvelles? c'est de mon ami. Je lui demandais de l'argent. L'excellent ami! courrier par courrier! sûrement il m'en envoie. Que vois-je!... (Il lit.) « Le lansquenet m'a ruiné... » (S'interrompant). Il est ruiné! c'est bien prendre son temps. (Lisant.) « Mais je t'envoie... » (S'interrompant.) Voyons au moins ce qu'il m'envoie, ce pauvre ami! (Lisant.) « Je t'envoie un bon conseil.

Air : Vers le temple de l'Hymen.

« Ton oncle a quitté Paris,
« Et, pour comble de disgrâces,
« On dit qu'il est sur tes traces.
« Profite de mon avis :
« Puisqu'il est à ta poursuite,
« Sans l'attendre, prends la fuite ;
« Sous les drapeaux reviens vite ;
« Car il est mal, entre nous,
« Lorsque Bellone t'appelle,
« De faire attendre une belle
« Qui te donne un rendez-vous. »

SCÈNE IV.

Eh! c'est bien de cela qu'il s'agit. Fuir! Le puis-je? on me retient en gage!... (On apporte le déjeuner, il se met à table.) Ma foi, vogue la galère! je n'ai pas peur de déranger mes affaires, elles le sont bien, de par tous les diables! Mon oncle Scudéri et sa docte sœur, qui font des romans où personne n'entend rien, et où eux-mêmes n'entendent pas grand'chose, seraient bien étonnés de savoir leur fugitif neveu dans une méchante auberge, au milieu des Pyrénées. Après tout, c'est leur faute; de quoi veulent-ils s'aviser? vouloir m'apprendre à gagner de l'argent, moi, qui ne sais que le dépenser; enfin me faire procureur! j'avais trop de délicatesse, et je me suis fait mousquetaire. A cette nouvelle, ma famille prend ses arrangemens; je prends aussi les miens, et me voilà en pays étranger, commençant le cours de mes voyages. J'ai parcouru l'Europe, et partout je me suis ennuyé : en Italie, il fait trop chaud; en Russie, il fait trop froid; en Angleterre, ils sont trop tristes; en France, on n'est jamais trop gai! vive Paris! vive le séjour des amours et de la gaieté! on végète au dehors, on n'est heureux que dans ma patrie.

Air : Ange des nuits.

J'ai voulu fuir une terre chérie,
Prendre les goûts, les mœurs de l'étranger.
Tout homme, hélas! peut changer de patrie,
De caractère il ne saurait changer.
 Dès que je vois une belle,
 Enflammé par ses attraits,
 Ah! je sens bien, auprès d'elle,
 Que je suis toujours Français.

Enfin, après deux ans d'absence, mes amis m'obtiennent une lieutenance; je brave tout, je rentre en France, et lorsque j'arrive sur la frontière, je me vois arrêté dans cette auberge, faute d'argent. Que faire? Mais comment! il me semble que je réfléchis! pas possible! quoi! je me dérangerais à ce point! Allons donc, ne pensons plus à l'avenir, redevenons l'étourdi, l'insouciant Florval, et achevons mon déjeuner... Hé bien! plus de vin! comme tout passe! holà! garçon! garçon!

SCÈNE V.

FLORVAL, BABET.

BABET, accourant.

Me voilà, monsieur.

FLORVAL.

C'est la fille de notre hôte! je n'avais fait que l'entrevoir; le vieux coquin cache sa jeune fille avec autant de soin que son vieux vin. On n'est pas plus jolie!

BABET, minaudant.

Ah! monsieur est...

FLORVAL.

Connaisseur et amateur; car, ma charmante Babet, je t'aime à la folie; et toi?

BABET.

Pour la première fois, la déclaration est leste; mais savez-vous qui je suis?

FLORVAL.

Qui tu es? tu es... tu es charmante.

SCÈNE V.

BABET.

Tu... toi ! mais voyez donc, il ose me tutoyer.

Air du vaudeville du Petit Courrier.

Ah mon Dieu ! qu'il a l'air vaurien !
Vraiment, messieurs les mousquetaires,
Quoique nous ne soyons pas fières,
Après tout, nous vous valons bien.
Vous êtes braves, nous gentilles ;
Et sachez, quand on est galant,
Que c'est l'ennemi, non les filles,
Qu'il faut mener tambour battant.

FLORVAL.

Pardon, j'ai oublié le respect que je vous devais ; mais tes yeux, friponne, m'inspirent l'amour le plus vif, le plus constant ; je t'adore, il faut m'adorer ; allons, accepte, ou acceptez.

BABET, à part.

Oh ! comme il est impertinent ! c'est vraiment dommage. (*Haut.*) Je ne veux pas vous ôter toute espérance ; peut-être avec le temps, un caprice ; qui sait !

FLORVAL.

Un caprice. C'est différent ! mais fais que ce caprice te vienne promptement.

BABET.

Et que dira Bastien, mon futur ?

FLORVAL.

Ce qu'il voudra. L'amant d'abord, le mari après.

BABET.

Voilà une jolie morale !

FLORVAL.

Mais c'est que tu es d'une sévérité...

BABET.

Mais c'est que vous demandez des choses impossibles.

SCÈNE VI.

Les précédens, BASTIEN.

BASTIEN.

Restez, restez; que je ne vous dérange pas. (A Babet.) C'est donc ainsi, perfide!...

FLORVAL.

Air : Monsieur Baussac, c'est bien méchant.

Pourquoi ce bruit et ce courroux ?
Pour un époux, qu'il est jaloux !

BABET.

Pourquoi ce bruit et ce courroux ?
Il sera donc toujours jaloux !

BASTIEN.

J'ai bien raison d'être en courroux ;
Je suis époux, je suis jaloux.

SCÈNE VII.

Les précédens, BERTRAND.

BERTRAND, continuant l'air.

Pourquoi ce bruit ? paix là ! paix là !
J'espère enfin qu'on se taira.

Silence! grande nouvelle! voilà deux voyageurs qui entrent dans la cour; leur voiture s'est brisée au bas de la montagne.

SCÈNE VII.

FLORVAL.

Il ne fallait rien moins qu'un accident.

BASTIEN.

Il ne nous en vient jamais que comme cela.

BERTRAND.

Il y a long-temps que nous n'avions eu si bonne aubaine. Allons, petite fille, allumez du feu, préparez les chambres; et toi, à la cuisine. Il faut une tête aussi fortement organisée que la mienne pour suffire à tout. Eh! allez donc.

BASTIEN, à Babet.

Et vous croyez qu'il en sera toujours ainsi?

BABET, faisant une révérence.

Oui, monsieur.

BASTIEN.

Et que vous écouterez toujours les galans?

BABET.

Oui, monsieur.

BASTIEN.

Jolie réponse!

BERTRAND.

Eh bien! qu'est-ce que vous faites donc? à ton poste.

BABET.

J'y vais, mon père. (A Bastien.) Ne pas se fier à ma vertu, à ma parole, c'est affreux!

(Elle sort.)

BASTIEN.

Ah! oui, sa parole! je n'aurais qu'à dormir là-dessus, je ferais de jolis rêves!

(Il sort.)

BERTRAND, à Florval.

Mon capitaine, est-ce que vous comptez rester là ?

FLORVAL.

Sans doute.

BERTRAND.

Mais ces nouveaux voyageurs ?

FLORVAL.

Fût-ce le diable, je ne me dérangerais pas; j'ai établi ici mon quartier-général, et j'y reste. Mais j'entends du bruit; ce sont eux. (Il s'approche de la porte.) Voyons donc ces nouveaux hôtes. Qu'ai-je vu ? en croirai-je mes yeux ? Scudéri ! Qui peut l'amener ? saurait-il... (A Bertrand.) Si par hasard... parle-lui... dis-leur... Non, non, tais-toi et ne dis rien.

(Il se sauve.)

BERTRAND.

Parbleu, je le crois bien que je ne dirai rien. Mais à qui en a-t-il donc ? Allons, il est fou !

SCÈNE VIII.

M. SCUDÉRI, MADEMOISELLE SCUDÉRI, BERTRAND, BASTIEN.

BASTIEN.

Entrez, entrez, monsieur.

SCUDÉRI, d'un ton brusque.

C'est bon.

BASTIEN.

Désirez-vous des rafraîchissemens ?

SCUDÉRI.

Non.

SCÈNE IX.

BERTRAND.

Si l'on vous faisait du feu ?

SCUDÉRI.

Non. Une chambre.

BASTIEN.

On va vous la préparer.

(Il sort après avoir desservi la table où Florval a déjeuné.)

SCUDÉRI.

Oui, va, dépêche et tais-toi.

BERTRAND, entrant dans le cabinet.

On y va. Si vous voulez vous donner la peine d'attendre dans cette salle commune. (A part.) Ah ! quelle physionomie ! celui-là surtout, avec son air rébarbatif. Ils peuvent être d'honnêtes gens; mais à coup sûr ce n'est pas écrit sur leurs figures.

(Il sort.)

SCÈNE IX.

M. SCUDÉRI, MADEMOISELLE SCUDÉRI.

MADEMOISELLE SCUDÉRI.

Qu'avez-vous donc, mon frère ? et quel nuage soudain peut corrompre ainsi l'aménité coutumière de votre physionomie ?

SCUDÉRI.

Ouf ! je suis d'une colère... Encore un accident ! Ma sœur, je vous avertis que je suis très las des voyages. Vous me dites que vous avez des renseignemens certains, nous partons, un postillon renversé, un essieu brisé, et tout cela pour courir après un neveu que nous n'atteindrons jamais.

MADEMOISELLE SCUDÉRI.

J'attendais de vous un plus mâle courage; vous êtes plus désespéré que Cyrus au huitième enlèvement de la belle Mandane.

SCUDÉRI.

Hé! Cyrus n'avait pas versé.

MADEMOISELLE SCUDÉRI.

Versé! versé! vous voilà bien malade!

<small>Air des Folies d'Espagne.</small>

Pourquoi ce bruit, pourquoi ces cris, mon frère ?
Eh ! de vous plaindre avez-vous donc les droits ?
On vous pourrait pardonner la colère,
Si vous tombiez pour la première fois.

SCUDÉRI.

Qu'est-ce à dire? mes chutes! parlez plutôt des vôtres.

MADEMOISELLE SCUDÉRI.

Les miennes! Apprenez, monsieur, que mes succès n'ont jamais été douteux. Artamène! voilà un roman! douze gros volumes! Et dès les premières pages, quels beaux sentimens! quelle passion! On n'est pas plus tôt au commencement...

SCUDÉRI.

Qu'on voudrait être à la fin. Mais la fin n'arrive pas.

MADEMOISELLE SCUDÉRI.

Comment, la fin! Mais vous n'avez donc pas lu l'instant où Orondate, après huit ans de silence, se hasarde enfin à déclarer...

SCÈNE IX.

SCUDÉRI.

Votre Orondate, avec son silence, est le plus grand bavard que je connaisse : il n'y a jamais que lui qui parle ; et quand il est seul avec les rochers, il a toujours quelque chose à leur dire : « O ma belle princesse ! » Tenez, ne m'en parlez plus : votre Artamène est un sot, et Mandane une bégueule.

MADEMOISELLE SCUDÉRI.

Mandane une bégueule ! Mandane, femme rare ! toujours enlevée et toujours fidèle, toujours...

SCUDÉRI.

On voit bien que c'est un roman.

MADEMOISELLE SCUDÉRI.

Mon frère, est-ce que vous ne croyez pas à la vertu des femmes ? Certainement, moi, à la place de la belle Mandane...

SCUDÉRI.

Ma sœur, vous n'avez jamais été enlevée.

MADEMOISELLE SCUDÉRI, avec un profond soupir.

Hélas ! non. Mais les hommes d'à présent ont si peu de goût ! N'ont-ils pas la sotte manie de croire que pour plaire il faut être jeune et jolie ! Encore si la gloire nous dédommageait d'un côté (en soupirant.) de ce que nous perdons de l'autre ; mais l'envie... enfin, n'ont-ils pas voulu attribuer à Pélisson une partie de mes ouvrages !

AIR : Quand Dieu pour peupler la terre.

Dès qu'une femme compose,
Aussitôt maint détracteur
Lui ravit le nom d'auteur,
Et vous seuls avez l'honneur

De ses vers et de sa prose.
Les femmes, c'est évident,
N'ont ni savoir, ni talent ;
Et le stupide vulgaire,
Séduit par les médisans,
Croit qu'un homme est toujours père
Du moindre de nos enfans.

SCUDÉRI.

C'est qu'en effet les hommes ont une certaine supériorité...

MADEMOISELLE SCUDÉRI.

Vous n'en seriez pas la preuve.

SCUDÉRI.

Ma sœur !

MADEMOISELLE SCUDÉRI.

Mon frère !

Air: Tout ça passe.

Qu'avez-vous fait de si grand ?

SCUDÉRI.

Qu'ont fait, après tout, les femmes ?

MADEMOISELLE SCUDÉRI.

Lisez mon dernier roman.

SCUDÉRI.

Relisez mes derniers drames.

MADEMOISELLE SCUDÉRI.

Qu'y voit-on ? des vers sans ames ;

SCUDÉRI.

Qui font pleurer cependant.

MADEMOISELLE SCUDÉRI.

Oui, quand on sort de vos drames,
Chacun pleure (*ter*) son argent.

SCUDÉRI.

Ma sœur, vos expressions sont d'une dureté...

SCÈNE IX.

MADEMOISELLE SCUDÉRI.

Cela est vrai; mais aussi, je suis d'une humeur... Pourquoi faut-il que notre voiture brisée nous mette dans l'impossibilité de poursuivre Florval!

SCUDÉRI.

Vous lui en voulez donc toujours beaucoup?

MADEMOISELLE SCUDÉRI.

Certainement.

SCUDÉRI.

Tenez, moi, je commence à me repentir d'avoir été si sévère. Je voulais qu'il suivît la carrière des lettres, ou celle du barreau; mais tout le monde ne peut pas être poëte ou procureur. J'ai toujours eu du goût pour le militaire, et si vous m'en croyez...

MADEMOISELLE SCUDÉRI.

Mon frère, allez-vous recommencer encore? Tenez, occupons-nous de choses plus importantes : travaillons à notre tragédie d'*Arsace*.

SCUDÉRI.

Hé bien, soit; travaillons.

MADEMOISELLE SCUDÉRI.

Une tragédie tirée de mon roman d'*Artamène*! Le titre seul fera courir tout Paris.

SCUDÉRI, à part.

Le fond est détestable; mais ma poésie fera réussir l'ouvrage.

MADEMOISELLE SCUDÉRI, à part.

Les vers, je crois, ne vaudront pas grand'chose; mais le fond soutiendra le reste. (Haut.) Pour qu'on ne vienne pas nous interrompre, voulez-vous fermer cette porte?

SCUDÉRI.

Très sagement vu. (Il ferme la porte du fond, et met la clef sur la table.) Ah çà, où en sommes-nous?

MADEMOISELLE SCUDÉRI.

A la déclaration.

SCUDÉRI.

Toujours des déclarations! Vous donnez trop dans le tendre; il faut du noir, du sombre. Tenez, ma dernière tragédie! quel succès! Aussi c'était tout massacre! Le père, l'amant, la princesse, le grand-prêtre...

Air : Décacheter sur ma porte.

On se tue au premier acte,
On se tuait dans l'entr'acte;
On se tuait partout :
Enfin, pour admirer jusqu'au bout
Un chef-d'œuvre de la sorte,
On se tuait à la porte.

Voilà le véritable tragique! Mais, avant tout, répétons notre dernière scène; elle n'est pas encore finie.

MADEMOISELLE SCUDÉRI.

Laquelle?

SCUDÉRI.

Celle où Hétéroxène arrive dans le château inconnu, où elle apprend qu'Arsace est infidèle; où elle ordonne son trépas.

MADEMOISELLE SCUDÉRI.

Ah! j'y suis, j'y suis.

SCUDÉRI.

Allons, en scène.

(Il se promène en faisant de grands gestes.)

SCÈNE X.

LES PRÉCÉDENS, BERTRAND.

BERTRAND, à la fenêtre du cabinet.

Tout est prêt, et s'ils veulent entrer... Mais que font-ils ? Quels gestes ! quelles contorsions !

SCUDÉRI, déclamant.

Madame, je l'ai vu... vu de mes propres yeux ;
Il n'en faut plus douter, Arsace est en ces lieux.

BERTRAND, à part toute la scène.

Dans ces lieux ! qui donc ?

MADEMOISELLE SCUDÉRI, répondant.

Je l'entends, Graphanor ; Arsace est infidèle !
Le perfide ! il mourra...

Ah ça, mais je fais une réflexion : faut-il absolument le tuer ?

SCUDÉRI.

Mais c'est indispensable : il n'y a pas à hésiter.

BERTRAND.

Tuer quelqu'un en ces lieux !

MADEMOISELLE SCUDÉRI.

C'est avec peine que je vois tous ces meurtres-là. Nous tuons trop de monde, et ça tournera mal.

BERTRAND.

Plus de doute, ce sont des voleurs de grands chemin.

MADEMOISELLE SCUDÉRI.

Hier, par exemple, n'avons-nous pas déjà assassiné Tiridate ?

BERTRAND.

Ce pauvre Tiridate! Quelque honnête particulier, sans doute.

SCUDÉRI.

D'accord, mais c'est justement ce qu'il faut.

Air de M. Doche.

Il faut des poisons,
Des trahisons,
Des pamoisons,
Des attentats,
Des assassinats :
Conjurons,
Conspirons ;
Que le trépas
Suive partout nos pas !

BERTRAND.

Les scélérats! employer de pareils moyens pour s'enrichir!

MADEMOISELLE SCUDÉRI.

Allons, je me rends.

SCUDÉRI.

(Ils écrivent.)

Hé bien! qu'il meure. C'est une affaire faite, et je vous garantis la réussite.

BERTRAND.

J'en ai assez entendu. Sortons sans bruit; et si ceux-là ne sont pas pendus, je veux bien que... Grands dieux! la porte est fermée : ils ont pris leurs précautions. Aucun moyen de sortir. Je suis perdu!

(Il rentre dans le cabinet.)

SCUDÉRI.

Mais de quelle manière le tuerons-nous? Si nous le poignardions ?

SCÈNE X.

MADEMOISELLE SCUDÉRI.

Poignarder? Non, l'empoisonner.

SCUDÉRI.

Le poison, oui, produira un effet plus sûr, plus tragique.

MADEMOISELLE SCUDÉRI.

Va pour le poison : il est mort.

SCUDÉRI.

Mort, c'est convenu. Reprenons maintenant.

BERTRAND.

Si je pouvais découvrir à qui ils en veulent! Si c'était à moi? mais je ne m'appelle pas Arsace. Écoutons de toutes nos oreilles.

MADEMOISELLE SCUDÉRI, déclamant.

Tendre et cher Graphanor, je rends grâce à ton zèle ;
Mais, dis-moi, m'as-tu fait un rapport bien fidèle ?

SCUDÉRI.

Madame, dès long-temps, en ce séjour, dit-on,
Il est seul, déguisé, cachant jusqu'à son nom.

BERTRAND.

Seul, déguisé, cachant son nom !

SCUDÉRI.

Je l'ai vu... sa jeunesse, et surtout son audace...

BERTRAND.

Un jeune homme! Je n'ai ici que Florval.

SCUDÉRI.

Sous l'habit d'un guerrier m'ont découvert Arsace.

BERTRAND.

Un militaire ! c'est lui.

MADEMOISELLE SCUDÉRI.

C'en est fait ! le cruel me quitte pour jamais ?

SCUDÉRI.

D'une jeune beauté dont on vante les traits
Le maître de ces lieux, m'a-t-on dit, est le père.

BERTRAND.

Ma fille!

SCUDÉRI.

Il n'est ainsi caché que pour la voir, lui plaire...

BERTRAND.

Il l'aimerait!

SCUDÉRI.

Et c'est pour elle enfin qu'un prince tel que lui...

BERTRAND.

Un prince!

SCUDÉRI.

Méconnait sa grandeur, et s'oublie aujourd'hui ;
Lui, né du sang des rois! lui, parent d'Artamène!

BERTRAND.

Il paraît cependant d'une bonne famille.

SCUDÉRI.

Lui, qui fut autrefois l'amant d'Hétéroxène !
Qu'il périsse! formons un dessein généreux,
Digne de l'un, de l'autre, et digne de tous deux.

MADEMOISELLE SCUDÉRI.

Bravo! bravo! beaucoup mieux que je ne croyai
Mais une seule chose m'embarrasse : nous tuons l'a
mant; mais la fille?

SCUDÉRI.

Rien de plus simple, je l'enlève.

BERTRAND.

Enlever ma fille!

MADEMOISELLE SCUDÉRI.

Et le père?

SCÈNE X.

BERTRAND.

Aïe, aïc, m'y voilà ! ils veulent que toute la famille y passe.

SCUDÉRI, d'une voix sombre.

J'y suis : à minuit, une lanterne sourde, trois coups de poignard, il aura vécu.

MADEMOISELLE SCUDÉRI.

Très bien : ce sera un spectacle très gracieux.

BERTRAND, frissonnant.

Oui, gracieux ! je voudrais t'y voir. Je n'ai pas une seule goutte de sang dans les veines.

MADEMOISELLE SCUDÉRI.

C'est charmant !

SCUDÉRI.

Je crois y être.

Air : L'Amour me ramène (des Deux Lions).

Lampe sépulcrale,
Viens guider mes pas.
La cloche fatale
Sonne le trépas.

MADEMOISELLE SCUDÉRI.

A vos pieds, princesse,
Dit le ravisseur,
Je meurs de tendresse.

BERTRAND.

Moi, je meurs de peur.

ENSEMBLE.

SCUDÉRI, MADEMOISELLE SCUDÉRI, BERTRAND.

SCUDÉRI ET MADEMOISELLE SCUDÉRI.

Chacun en silence
Écoute en tremblant :

Je le vois d'avance,
Ce sera charmant.

BERTRAND.

Gardons le silence.
Je suis tout tremblant.
Ton trépas s'avance,
Malheureux Bertrand !

SCUDÉRI.

Voilà donc qui est arrangé. Mais il y a long-temps que notre chambre doit être prête.

(Il lui présente la main.)

BERTRAND, à part.

Comment sortir sans être découvert ? Allons, faisons bonne contenance. (Haut.) Monsieur, votre chambre est prête.

SCUDÉRI.

Ah ! bon. Mais qu'avez-vous donc ? vous êtes pâle, tremblant.

BERTRAND, tremblant de tous ses membres.

Moi ! je ne... tremble pas... au contraire...

SCUDÉRI.

Mon ton vous aura peut-être effrayé ; mais rassurez-vous, je suis bon homme au fond.

BERTRAND, à part.

Tudieu, quelle bonté !

SCUDÉRI.

L'accident arrivé à ma voiture m'avait mis de mauvaise humeur ; mais ce que je viens de faire m'a rendu ma gaieté naturelle.

BERTRAND.

Il y a de quoi.

MADEMOISELLE SCUDÉRI.

Vos genoux fléchissent; vous vous trouvez mal?

BERTRAND.

En effet, je ne me trouve pas très bien. Mais allez-vous-en, ça ne sera rien. Ah mon Dieu! voilà qu'il tire ses pistolets! Non, c'est sa tabatière.

SCUDÉRI.

Fais-nous apporter à dîner; et si nous sommes contens, je te récompenserai d'une manière à laquelle tu ne t'attends pas.

(Ils sortent.)

BERTRAND.

Je ne m'y attends que trop.

SCÈNE XI.

BERTRAND, SEUL; IL VA LES ENFERMER A LA CLEF.

Ouf! j'ai cru qu'ils ne partiraient pas. Mettons la clef, et réfléchissons si nous pouvons... Quelle aventure! Ce Florval! ce prince Arsace! Oh! c'est bien lui! Sa fuite à l'arrivée de ces nouveaux-venus, le mystère qui l'environnait... Cependant, le prince Arsace; je n'en ai jamais entendu parler; je voudrais bien savoir où est sa principauté. Bref, prince ou non, on doit l'assassiner; ce sont ses affaires, il s'en tirera comme il pourra. Mais moi, mais ma fille; surtout moi. A minuit, une lanterne sourde... Ah! que faire? quel parti prendre? Ma foi, découvrons tout à son altesse, c'est un prince, il doit être brave, et lui seul peut nous sauver.

SCÈNE XII.

BERTRAND, FLORVAL.

FLORVAL, frappant aux croisées du fond.

Bertrand, y sont-ils toujours?

BERTRAND, prenant la clef sur la table et allant ouvrir la porte du fond.

Il voudrait, comme moi, qu'ils fussent déjà bien loin. (Haut.) Oui; mais tout est découvert : ils savent que vous êtes ici, et ils ont juré votre perte.

FLORVAL.

Tout est découvert!

(Il referme brusquement la porte.)

BERTRAND.

Allons, voilà qu'il n'est pas plus brave que moi. Un mot, de grâce; de grâce, un seul mot!

FLORVAL, rentrant.

Hé bien! que me veux-tu?

BERTRAND, avec de profondes révérences.

Air : On m'avait vanté la guinguette.

Salut, honneur à son altesse!
Salut, honneur à monseigneur!

FLORVAL.

Eh quoi! c'est à moi qu'il s'adresse?

BERTRAND.

Pourquoi cacher votre grandeur?

FLORVAL.

Mais finis; ce discours me lasse.

BERTRAND.

Vous êtes prince, monseigneur.

SCÈNE XII.

FLORVAL.
Je t'assommerai sur la place.

BERTRAND.
Ah! monseigneur, c'est trop d'honneur.

ENSEMBLE.

BERTRAND, FLORVAL.

FLORVAL.
Mais que veut dire ce mystère?
Et d'où peut naître son erreur?
Finis, ou bien crains ma colère,
Crains tout de ma juste fureur.

BERTRAND.
Comment finira ce mystère?
Et que veut dire son erreur?
Monseigneur se met en colère.
Daignez calmer votre fureur.

BERTRAND.
Mais, encore une fois, pourquoi craindre de vous découvrir? Je connais les motifs qui vous font agir; nous vous sommes tous dévoués; parlez, moi, ma famille, mon argent, tout est au service de votre altesse.

FLORVAL.
Ton argent, dis-tu? ton argent? Ah! je suis prince, sans contredit, et j'accepte tout. (A part.) Si j'y comprends un mot... (Haut) Ce déguisement n'était qu'un jeu, un caprice.

BERTRAND.
Pourquoi feindre encore? Je sais que votre altesse ne l'a pris que pour éviter un mariage qui ne lui convenait pas du tout.

FLORVAL, à part.

Ah! diable; son altesse ne sait pas son rôle. (Haut.) Un mariage, oui, tu as raison; mais maintenant que je ne crains plus rien...

BERTRAND.

Au contraire, vous avez tout à craindre; et je venais demander l'avis de votre altesse.

FLORVAL.

Mon avis? Ah! si j'avais mon conseil... Mon avis est d'abord que nous sommes dans un très grand danger.

BERTRAND.

Extraordinairement bien pensé, monseigneur.

FLORVAL.

Et qu'il faut en sortir au plus vite.

BERTRAND.

Puissamment raisonné, monseigneur. Mais par quels moyens? Songez que Graphanor et Hétéroxène sont armés.

FLORVAL, à part.

Que dit-il? M. et mademoiselle Scudéri, Graphanor et Hétéroxène!... Hétéroxène... mais je connais ce nom; ce sont des personnages du roman d'Artamène...

BERTRAND, qui a entendu le dernier mot.

Artamène! justement : ils en ont parlé, et ils vous connaissent bien, car ils disaient...

(Imitant la déclamation de Scudéri.)

Ses traits... son air qui... et surtout son audace,
Sous l'habit d'un militaire, m'ont découvert Arsace.

SCÈNE XII.

FLORVAL, riant.

Ah! ah! ah! (Il se jette dans un fauteuil.) Ah! ah! j'y suis! ils répétaient quelque tragédie... ah! ah!

BERTRAND.

Mais il est fou! Comment! vous riez quand il y va de votre couronne!

FLORVAL.

Ah! si tu savais comme j'y tiens peu!

Air : De la vigne à Claudine.

> Des biens de la fortune
> Mon cœur n'est pas épris ;
> Leur faste m'importune,
> Et j'y mets peu de prix.
> Est-ce donc sur le trône
> Qu'on trouve le vrai bien ?
> Je perdrais ma couronne,
> Que je ne perdrais rien.

BERTRAND.

Mais vos jours?

FLORVAL.

Ils en veulent à mes jours? c'est différent. Voilà mes créanciers bien attrapés : c'est là ce qui te chagrine ?

BERTRAND.

Non pas du tout. C'est qu'ils en veulent aussi à ma vie.

Air : Que vois-je ? c'est Voltaire! (de Voltaire chez Ninon).

> Détournez la tempête,
> Et dans l'événement
> Ne perdez pas la tête,
> Car la mienne en dépend.

FLORVAL.

Dans la tombe s'il faut me suivre,
Tu sauras sans peine obéir.

BERTRAND.

Il me semble si doux de vivre !
Hélas ! pourquoi faut-il mourir ?

ENSEMBLE.

BERTRAND, FLORVAL.

BERTRAND.

Détournez la tempête, etc.

FLORVAL.

Détournons la tempête,
C'est le point important :
Ne perdons point la tête,
Car mon sort en dépend.

BERTRAND.

Monseigneur me prend donc sous sa protection?

FLORVAL.

C'est le moins que tu puisses attendre : tu peux compter sur mes bienfaits.

BERTRAND.

Mais que résout son altesse ?

FLORVAL.

Il faut arrêter les coupables. Rassemble toute ta maison.

BERTRAND.

Vous savez, monseigneur, qu'il n'y a ici que moi et Bastien ; mais je cours répandre l'alarme et rassembler tout le village. (A part.) M'assassiner ! enlever ma fille ! un prince dans ma maison ! Comme je vais en raconter à tous nos voisins !

SCÈNE XIII.

FLORVAL, SEUL.

La méprise est sans pareille ! Je vais faire une peur à Scudéri... Je le connais : il se fâchera, puis s'apaisera ; mais sa sœur... comment la contraindre ?... Oh ! l'excellente idée !... Puisqu'ils travaillent à leur tragédie, ils doivent l'avoir avec eux... Je les tiens ; et ce qu'ils refuseraient à leur neveu, il faudra bien qu'ils l'accordent à son altesse. (On entend les premières mesures de l'air : *Cocu, cocu, mon père.*)

SCÈNE XIV.

FLORVAL, SCUDÉRI, MADEMOISELLE SCUDÉRI, BERTRAND, BABET, BASTIEN, VOISINS ET VOISINES, PLUSIEURS VILLAGEOIS ARMÉS DE FOURCHES, DE BATONS, DE VIEILLES CARABINES, ETC.

(Ils entrent sur l'air : *Cocu, cocu*, etc.)

BERTRAND.

Monseigneur, je vous annonce votre armée.

FLORVAL, s'asseyant.

Faites entrer.

BERTRAND.

Par ici.

FLORVAL, à la reprise.

Bataillon intrépide,
Que l'honneur seul vous guide.

BERTRAND.

Tâchez d'avoir du cœur,
Et surtout n'ayez pas peur.

CHŒUR.

Bataillon intrépide, etc.

(Roulement de tambour et à grand chœur.)

Honneur à monseigneur !

BERTRAND, aux paysans.

Comme je vous disais donc, ils voulaient l'assassiner, et sans mon courage... Ah ça, vous servirez de témoins, n'est-ce pas ?

LES PAYSANS.

Oui, tous.

FLORVAL.

Qu'on m'amène les coupables ! (Un villageois entre dans le cabinet) Vous, Bastien, entrez dans leur chambre, saisissez tous leurs papiers, et apportez-les-moi ; ils doivent contenir les noms de leurs complices, et les preuves de leurs forfaits... Allez !...

LE VILLAGEOIS, sortant de la chambre de Scudéri.

Suivez-moi, monsieur, la résistance est inutile.

SCUDÉRI.

Voudrait-on se moquer d'un homme comme moi ?

MADEMOISELLE SCUDÉRI.

Que signifie cette violence ?

Air : Y approche un p'tit brin (d'Une Journée chez Bancelin).

Pourquoi ces éclats,
Tout ce fracas,
Cet embarras ?
Que nous veut-on ?
Parlera-t-on ?

SCÈNE XIV.

Me dira-t-on
Par quel mystère?...
Sont-ce des voleurs,
Des ravisseurs
Ou des brigands,
Ou des amans,
Pour m'éprouver
Ou m'enlever?

SCUDÉRI.

Puisqu'il y a un prince dans cette maison, présentez-nous à son altesse, elle nous reconnaîtra sans doute.

FLORVAL, bas à Bertrand.

Fais-les approcher.

BERTRAND, durement.

Allons, avancez.

SCUDÉRI.

Je suis M. de Scudéri, homme de lettres, gouverneur du château de Notre-Dame-de-la-Garde.

MADEMOISELLE SCUDÉRI.

Je suis mademoiselle de Scudéri, sa sœur, auteur dramatique.

FLORVAL, détournant la tête et grossissant la voix.

Noms supposés!

BERTRAND.

Noms supposés! preuve convaincante!

---

¹ Pendant tout ce morceau, Florval est assis sur le devant du théâtre, à la gauche du spectateur. Un peu plus loin monsieur et mademoiselle de Scudéri, qui ne peuvent le voir que par derrière, et que les villageois empêchent d'approcher.)

MORCEAU D'ENSEMBLE.

De M. Doche.

Voyez comme ils sont confondus !
Les voilà réduits à se taire.

TOUS.

Voyez, etc.

SCUDÉRI.

Téméraire ! téméraire !

FLORVAL.

Moi, je ris de leur colère.

MADEMOISELLE SCUDÉRI.

Moi, je ne me connais plus.

BERTRAND.

De leur destin que votre altesse ordonne ;
Prononcez sur leur sort.

TOUS.

De leur destin, etc.

RÉCITATIF.

FLORVAL.

Leur crime a mérité la mort ;
Mais pour les condamner mon altesse est trop bonne ;
Je ne veux la mort de personne.
Dussé-je être puni de ce sublime effort,
O mes amis ! je leur pardonne.

TOUS.

Quelle bonté ! quelle grandeur !
Vive monseigneur !

SCUDÉRI.

Quelle arrogance ! on nous pardonne !

BERTRAND.

Il est fâché qu'on lui pardonne !

SCÈNE XIV.

MADEMOISELLE SCUDÉRI.

Mais quel peut être leur espoir?

FLORVAL, prenant les papiers que lui apporte Bastien.

Écoutez... ce n'est rien encore :
Je veux que la flamme dévore
Les preuves d'un forfait si noir.

MADEMOISELLE SCUDÉRI.

O ciel ! mon *Cyrus !* ma *Clélie !*

SCUDÉRI.

Mon poëme et ma tragédie !

MADEMOISELLE SCUDÉRI.

Mon *Cyrus !*

SCUDÉRI.

Ma *Clélie !*

MADEMOISELLE SCUDÉRI.

Mon poëme !

SCUDÉRI.

Et ma tragédie !

TOUS.

Quelle bonté ! quelle grandeur !
Vive monseigneur !

M. ET MADEMOISELLE SCUDÉRI.

Ah ! grand Dieu !

FLORVAL.

Au feu !

SCUDÉRI.

Arrêtez !

MADEMOISELLE SCUDÉRI.

Barbare !

TOUS.

Au feu ! au feu ! au feu !

SCUDÉRI, montrant Bertrand.
Ce fourbe vous égare,
Et je suis innocent.

TOUS.
Innocent !

BERTRAND.
O ciel ! la frayeur les égare :
Il perd la tête assurément.

TOUS.
Il perd la tête assurément.

SCUDÉRI.
Arrêtez, arrêtez un moment.

FLORVAL.
Que l'on m'obéisse à l'instant.

TOUS.
Obéissons tous à l'instant.

M. ET MADEMOISELLE SCUDÉRI.
Un moment ! un moment !

FLORVAL.
C'est différent (A sa suite.) Retirez-vous, ils ont quelque chose à me communiquer.

(Ils s'éloignent tous ; il reste seulement deux villageois à la porte, et l'on aperçoit les autres dans le fond.)

SCÈNE XV.

M. SCUDÉRI, MADEMOISELLE SCUDÉRI, FLORVAL, BERTRAND, DANS LE FOND.

SCUDÉRI, très humblement.
Monseigneur, d'où provient une pareille rigueur ? certainement... (Levant peu à peu les yeux et le reconnaissant.) Comment ! c'est toi, coquin !

SCÈNE XV.

MADEMOISELLE SCUDÉRI.

C'est toi qui oses nous faire arrêter !

FLORVAL.

Silence ! ou j'appelle mes gardes !

SCUDÉRI.

Malheureux ! brûler nos chefs-d'œuvre !

FLORVAL.

Il ne tient qu'à vous de les sauver : mon pardon, vingt-cinq louis pour rejoindre mon régiment, et je vous les rends à l'instant.

MADEMOISELLE SCUDÉRI.

Votre pardon ! est-ce ainsi que vous espérez l'obtenir ?

FLORVAL, avec feu.

Prenez-y garde ; je suis un fou, un étourdi ; je suis capable de tout ; ne souffrez pas que ces chefs-d'œuvre soient la proie des flammes ; ne les dérobez pas à l'admiration des siècles futurs ; je vous parle au nom des beaux-arts, de la nature et de la postérité.

SCUDÉRI.

La postérité, c'est juste ; mais vingt-cinq louis, c'est cher ! Passe encore pour le pardon, ça ne coûte rien ; mais ne pourrais-tu rien rabattre ?

FLORVAL.

Rabattre, c'est impossible ! pour la belle Mandane, cent écus.

SCUDÉRI.

Mais tu n'as pas de conscience.

FLORVAL.

Une jolie femme n'a pas de prix, celle-là surtout !... une femme inconcevable !

Air de Calpigi.

Chaste et pourtant huit fois ravie,
Toujours voulant qu'on la marie,
Mais attendant patiemment :
Chez nous c'est si rare à présent. (*bis.*)
Sage, vertueuse et fidèle,
A trente ans... encor... demoiselle :
Tous nos jeunes gens comme il faut

Vous le diront,

Cent écus, cela n'est pas trop. (*bis.*)

MADEMOISELLE SCUDÉRI.

Allons, passe pour les cent écus.

FLORVAL.

A la bonne heure !... mais vous n'aurez pas la cruauté de la séparer de son époux; pour le grand Cyrus, même prix.

MADEMOISELLE SCUDÉRI.

Ah ! c'en est trop, et c'est abuser...

FLORVAL.

Oui-dà ! un cavalier jeune et aimable ! on vous en donnera, et surtout comme celui-là !

Même air.

Grand spadassin et bonne lame,
Courant toujours après sa femme,
Toujours ardent, toujours brûlant :
Chez nous c'est si rare à présent ! (*bis.*)
Rempli de courage et de grâce,
Sa valeur jamais ne se lasse :

SCENE XV.

Toutes nos dames comme il faut

Vous le diront,

Cent écus, cela n'est pas trop. (*bis.*)

SCUDÉRI.

Mais songe donc que cent écus et cent écus font six cents livres.

MADEMOISELLE SCUDÉRI.

Six cents livres !...

FLORVAL.

Le compte est fort juste, et quand pour ce prix-là on sauve du feu deux innocentes victimes, on ne doit pas regretter son argent.

SCUDÉRI.

Allons, puisqu'il faut en passer par là !... mais au moins tu m'expliqueras...

FLORVAL.

Vous allez tout savoir... approchez, mes amis : tant de gloire, tant de grandeurs m'importunent.

RÉCITATIF.

Ni l'or, ni la grandeur ne nous rendent heureux :
L'éclat de mes trésors n'a point séduit mes yeux,
J'y renonce ; et d'un oncle implorant la tendresse,
Je veux que son amour soit ma seule richesse.

SCUDÉRI.

Comment ! comment !

FLORVAL.

Air : J'en guette un petit de mon âge. (Des Scythes et des Amazones.)

Avant de refuser ma grâce,
Écoutez un neveu soumis :

Vous prétendiez sur le Parnasse
A vos côtés me voir assis.
Trop de gloire excite l'envie ;
Et j'aime mieux, pour mon bonheur,
Une place dans votre cœur,
Qu'une place à l'Académie.

SCUDÉRI.

Quoi ! tu serais...

FLORVAL.

Le héros de votre tragédie, le prince Arsace...

SCUDÉRI.

Mais comment se fait-il ?...

FLORVAL, vivement.

Rien de plus simple : Bertrand vous écoutait, parce qu'il est curieux ; il a eu peur, parce qu'il est poltron, et il m'a pris pour un prince, parce qu'on a une certaine tournure ; j'en ai profité, parce que j'en avais besoin, et je partage ma nouvelle fortune avec Babet et Bastien, parce que, quand je suis heureux, il faut que tout le monde le soit.

BERTRAND.

Ah ça, vous n'êtes donc pas...

FLORVAL.

Je n'ai jamais été prince que de ta façon.

BERTRAND.

En ce cas, voici un petit mémoire.

FLORVAL.

Graphanor et Hétéroxène s'en chargeront.

SCÈNE XV.

MADEMOISELLE SCUDÉRI.

Il faut bien vouloir tout ce qu'il veut, à condition cependant qu'il entendra notre tragédie.

SCUDÉRI.

Point de condition, grâce tout entière !

BASTIEN.

Monseigneur, si vous n'avez régné qu'un instant, vous avez bien employé votre quart d'heure de royauté.

VAUDEVILLE.

Air: Vaudeville de Sophie, ou le Malade qui se porte bien.

FLORVAL.

Amour, sous tes lois je m'engage ;
Viens désormais régner sur moi ;
Je suis fier de mon esclavage ;
Qui plaît est plus heureux qu'un roi.
Le bonheur est dans la tendresse ;
Et j'aime mieux, en vérité,
Un quart d'heure de ma maîtresse,
Qu'un quart d'heure de royauté.

BASTIEN.

Vingt amans brûlent pour Hélène ;
Une autre, à sa place, eût choisi,
D'un roi, d'un maître eût pris la chaîne ;
Hélène en a bien mieux agi :
Entre eux distribuant sa flamme
Avec une stricte équité,
Tour à tour ils ont chez madame
Un quart d'heure de royauté.

L'AUBERGE.

BABET.

Le jour, tout fiers de leur puissance,
Nos époux règnent sans pitié :
Par bonheur, de notre existence
Les jours ne font que la moitié.
Quand la nuit ramène en silence
Les plaisirs et l'obscurité,
Pour nous c'est alors que commence
Le quart d'heure de royauté.

SCUDÉRI.

J'ai vu tomber mon Orondate ;
J'ai vu tomber mon Oroxus ;
J'ai vu tomber mon Tiridate ;
J'ai vu tomber mon grand Cyrus :
Lui qui, pendant la cinquantaine,
En Perse régna redouté,
Ne put obtenir sur la scène
Qu'un quart d'heure de royauté.

MADEMOISELLE SCUDÉRI.

J'ai vu la beauté souveraine,
J'ai vu les plus fiers conquérans
Traiter de princesse et de reine
Des tendrons de quinze ou seize ans.
Hélas ! moi, presque douairière,
Je n'aurai pu, tout bien compté,
Attraper dans ma vie entière
Un quart d'heure de royauté.

BERTRAND.

L'avare est roi quand il entasse ;
L'amant quand on reçoit sa foi ;
L'intrigant lorsqu'il est en place ;
Pour moi, je règne quand je bois.
Si de mes jours on n'a plus guère
De quart d'heure de volupté,
On trouve encore au fond du verre
Le quart d'heure de royauté.

SCÈNE XV.

BABET, au public.

Le droit de juger un ouvrage
S'achète à la porte en entrant ;
Ici vous régnez sans partage
Un quart d'heure, pour votre argent.
Notre bonheur est grand sans doute,
Si nul de vous n'a regretté
Les pas et l'argent que lui coûte
Son quart d'heure de royauté.

FIN DE L'AUBERGE.

LES DEUX MARIS,

COMÉDIE EN UN ACTE

MÊLÉE DE COUPLETS.

Représentée pour la première fois, à Paris, sur le théâtre des Variétés, le 3 février 1819, et reprise en 1829 au théâtre du Vaudeville, sous le titre de M. Rigaud.

EN SOCIÉTÉ AVEC M. VARNER.

PERSONNAGES.

M. DE SÉNANGE.
ÉLISE, sa femme.
RIGAUD, receveur de l'enregistrement.
Madame RIGAUD, sa femme (1).
GERTRUDE, gouvernante d'Élise.
LABRIE, domestique.

La scène se passe dans un château, au fond de la Touraine.

(1) Ce rôle ne doit point être joué en caricature; il est de l'emploi des premiers rôles ou des jeunes soubrettes.

RIGAUD.

MADAME RIGAUD, JE VOUS DEMANDE GRACE.

Les deux Maris, Sc. XVI.

LES
DEUX MARIS.

Le théâtre représente un salon élégant ; une porte au fond ; deux portes latérales avec deux marches ; à gauche du spectateur, une table.

SCÈNE PREMIÈRE.

ÉLISE, GERTRUDE.

ÉLISE.

Eh bien ! Gertrude ?

GERTRUDE.

Je vous disais bien, mademoiselle, qu'on n'avait point frappé et qu'il n'y avait personne à la porte du château.

ÉLISE.

A la bonne heure, je me serai trompée ; tant mieux, car le cœur me battait déjà. Voilà pourtant, je crois, cinq heures passées.

GERTRUDE.

Eh ! qui voulez-vous donc qui vienne ? Depuis un an que vous avez perdu madame votre tante, et que vous m'avez fait venir habiter avec vous cet immense château, au fond de la Touraine, nous n'avons pas reçu une seule visite. Dieu merci, nous n'attendons jamais personne, et je vous vois aujourd'hui d'une impatience, d'une inquiétude...

ÉLISE.

Il est vrai, il y a des jours où l'on ne peut rendre compte de ce qu'on éprouve.

GERTRUDE.

Nous y voilà. Je vous disais bien, moi, que cette solitude finirait pas vous ennuyer, que le cœur viendrait à parler. Ah! si vous saviez ce que c'est que de rester demoiselle! Ce n'est pas parce que j'ai manqué trois mariages, mais certainement...

ÉLISE.

Gertrude...

GERTRUDE.

Oui, mademoiselle, le dernier était en quatre-vingt-dix-huit; je venais alors d'entrer dans votre famille en qualité de gouvernante; j'ai vu depuis tout le monde s'établir, et je suis restée mademoiselle Gertrude.

ÉLISE, soupirant.

Ah! ma bonne!

GERTRUDE.

Eh bien! voyons, de la confiance; allons, je le vois, vous aimez.

ÉLISE.

Oh! mon Dieu, non.

GERTRUDE.

Vous êtes aimée.

SCÈNE I.

ÉLISE.

Ce ne serait rien, je suis...

GERTRUDE.

Eh bien! quoi?

ÉLISE.

Je suis mariée!

GERTRUDE, stupéfaite.

Mariée! encore une!... comment mademoiselle, avec cet air si doux, si tranquille! qui s'en serait douté? moi qui vous prêchais... et quel est donc cet époux invisible?

ÉLISE.

Je ne le connais pas.

GERTRUDE.

On n'a jamais rien vu de pareil! Et voilà la première fois que vous m'en parlez?

ÉLISE.

Que veux-tu? C'était un secret, et depuis le temps, j'avais presque oublié moi-même que j'étais enchaînée. J'étais encore en pension lorsque des intérêts de famille et la volonté de ma tante me firent contracter cet hymen; nous fûmes séparés en sortant de l'église; je vins habiter cette solitude, et jamais l'idée d'une entrevue ou d'un rapprochement ne s'était présentée à mon esprit lorsque cette lettre est venue troubler mon repos et renverser toutes mes idées. Lis toi-même.

GERTRUDE.

J'en suis encore toute étonnée! (Lisant.) « Paris, ce
« six décembre. Ma chère amie, Adolphe de Sénange

« vient d'arriver ici... » Comment! monsieur de Sénange que j'ai vu si jeune; que j'ai presque élevé!
c'était un charmant enfant. « Vous vous imaginez bien
« que huit années de voyages l'ont un peu changé;
« mais l'on s'accorde à lui trouver de l'esprit, de la
« grâce et la réputation d'un fort aimable cavalier.
« Je ne doute point que cet hymen qu'on lui a fait
« contracter si jeune ne l'occupe beaucoup... »

ÉLISE.

Et moi, donc.

Air du vaudeville de Haine aux Hommes.

Las! par un bizarre devoir,
Il faut que je m'efforce à plaire
Aux yeux d'un époux, sans savoir
Quel est son cœur, son caractère.

GERTRUDE.

C'est terrible qu'il faille exprès
L'aimer avant de le connaître.

ÉLISE.

Eh! mon Dieu, ce sera, peut-être,
Encor plus difficile après.

Et quand je songe qu'aujourd'hui même il peut
arriver.

GERTRUDE.

Mais je ne vois point cela.

ÉLISE, lui prenant la lettre.

C'est que tu ne lis pas. (Lisant.) « Il s'informe de sa
« femme à tout le monde; mais, vu l'extrême solitude
« où vous vivez, peu de gens peuvent lui répondre,
« et je sais, par un de ses amis intimes, qu'il part de-
« main pour se rendre auprès de vous. Il arrivera à

« votre château, à pied, incognito, comme un voya-
« geur égaré qui demande l'hospitalité; décidé, selon
« les évènemens, à se faire connaître, ou à demander
« la dissolution d'un hymen qui, peut-être, vous
« serait à charge à tous les deux. » Eh bien! qu'en
dis-tu?

GERTRUDE.

Je dis que ce mari-là vous conviendra, qu'il faut
qu'il vous convienne.

Air: De sommeiller encor, ma chère.

Malgré le temps, malgré l'absence,
Vous avez fait, assurément,
L'un en Afrique, l'autre en France,
Bon ménage jusqu'à présent.
Respectant le lien suprême
Par qui vous fûtes attachés,
Ne vous brouillez pas le jour même
Où vous vous serez rapprochés.

ÉLISE.

J'y suis décidée, je ne demanderai jamais la rupture de ce mariage; mais s'il l'exige, je serai prête à
y souscrire. Tu vois que je n'y mets point d'amour-
propre et que ma vanité blessée n'entre pour rien
dans la crainte de lui déplaire. Mais, dis-moi, comment n'exciterais-je pas ses dédains, moi qui n'ai jamais quitté cette solitude, qui n'ai ni les talens, ni
les grâces des dames de la ville? J'en suis certaine,
il va me trouver gauche, insipide; je m'en apercevrai,
cela me troublera encore plus, et je ne pourrai pas
lui dire un mot.

GERTRUDE.

Allons donc! mademoiselle.

ÉLISE.

Écoute, pour les premiers momens seulement, ne me nomme pas; dis que madame de Sénange est absente, et désigne-moi comme une de ses amies.

GERTRUDE.

Tenez, mademoiselle, tous ces détours, ces épreuves-là portent toujours malheur. On ne saurait agir trop franchement. C'est vous, c'est moi! Ça vous convient-il? nous voilà! Moi qui vous parle, j'ai manqué mes trois mariages pour avoir voulu éprouver mes futurs; et s'il s'en présente jamais un quatrième, je vous jure que je le prendrai sur parole.

ÉLISE.

N'importe! entends-tu, j'exige... Ah! mon Dieu! que nous veut ce valet?

SCÈNE II.

Les précédens, LABRIE, en grande livrée.

LABRIE.

Madame, c'est un homme qui est à la porte du château; il dit qu'il s'est égaré, qu'il ne reconnaît plus son chemin.

ÉLISE.

Eh bien?

LABRIE.

Il demande à entrer un instant, et à se sécher au feu de la cuisine, car il fait une neige et un froid...

SCÈNE III.

ÉLISE, très émue.

Qu'on le fasse entrer ici, qu'on ait pour lui tous les soins, tous les égards...

LABRIE.

Oui, madame.

GERTRUDE.

Les plus grands égards, entendez-vous?

LABRIE.

Oui, mademoiselle.

ÉLISE.

Air : Adieu, je vous fuis, bois charmant.

Dites qu'en cet appartement
A nous attendre je l'invite,
Que nous revenons dans l'instant.

GERTRUDE.

Madame, dépêchons-nous vite.
Quand il vient réclamer ses droits,
Et surtout qu'il vient en décembre,
On ne peut décemment, je crois,
Laisser l'hymen faire antichambre.

ÉLISE.

Viens, te dis-je; ma frayeur redouble, et j'ai besoin de me remettre quelques instans.

(Elles sortent.)

SCÈNE III.

LABRIE, puis RIGAUD, tenant sous le bras un petit sac de nuit en taffetas flambé.

LABRIE.

Par ici, monsieur, par ici.

RIGAUD.

C'est mille fois trop de bontés. J'aurais aussi bien attendu en bas; je ne déteste pas le feu de la cuisine. Diable! un beau château et de beaux appartemens!

LABRIE.

Madame a dit qu'elle allait venir, et que si monsieur voulait se reposer et se rafraîchir.

RIGAUD.

Je n'en reviens pas! les maîtres de ce château sont d'une politesse... Ma foi! j'en profiterai, car j'ai une soif et un appétit!....

LABRIE, s'inclinant.

Rouge ou blanc?

RIGAUD.

Comment! rouge ou blanc? Ah! ça m'est égal; je prends le temps comme il vient, les gens comme ils sont, et le vin comme il se trouve.

LABRIE.

Je vais monter à monsieur une bouteille de Bordeaux et une tranche de pâté.

(Il salue et sort.)

SCÈNE IV.

RIGAUD, SEUL.

Une tranche de pâté et une bouteille de vin de Bordeaux! Quel accueil on me fait! On m'aura aperçu des fenêtres du salon; voilà ce que c'est que de voyager à pied; on ne va pas vite, il est vrai, mais qu'est-ce qui me presse? qu'est-ce que j'ai en perspective?

SCÈNE IV.

Madame Rigaud et mon bureau d'enregistrement; j'arriverai toujours assez tôt, et je peux déposer un instant ce havre-sac conjugal que, nouvelle Pénélope, madame Rigaud a cousu elle-même de ses pudiques mains.

(Il met le sac sur la table.)

Air : Gai, Coco.

> Bien loin d'être volage,
> Toujours fidèle et sage,
> J'offre dans mon ménage
>   La raison
>   D'un Caton.
> Mais si, loin de ma femme,
> Le hasard me réclame,
> S'il faut quitter ma dame,
> Alors, la mort dans l'ame
> Et poussant un soupir,
> Je dis, prêt à partir,
> Bonsoir à ma femme,
> Bonjour au plaisir.

C'est terrible les femmes ! parce que j'ai eu quelques succès dans ma jeunesse ; parce que j'ai eu le malheur (car c'en est un) d'être signalé comme un homme à bonnes fortunes, je ne peux pas m'absenter une quinzaine de jours sans que soudain ma femme ne me décoche une douzaine d'épîtres fulminantes de tendresse, et cela sous prétexte qu'elle est jalouse. Mais est-ce ma faute à moi si je suis doué de quelque sensibilité, d'une tournure entraînante, d'une amabilité contagieuse ? Je ne peux pas me refaire et empêcher les aventures qui me tombent de tous côtés.

SCÈNE V.

RIGAUD, GERTRUDE, entrant d'un air mystérieux et a voix basse.

GERTRUDE.

Monsieur!

RIGAUD.

Qu'est-ce que c'est?

GERTRUDE, de même.

Monsieur est sans doute ce beau voyageur à qui nous avons donné l'hospitalité?

RIGAUD.

Moi-même.

GERTRUDE, à part.

C'est bien cela; il a une excellente figure, et j'étais bien sûre que je le reconnaîtrais rien qu'à l'air de famille. (Mystérieusement.) Madame est encore à sa toilette et j'en ai profité pour venir vous prévenir. On m'a recommandé le secret, mais c'est pour votre bonheur à tous deux, chut!

RIGAUD, à part.

A qui en a-t-elle donc?

GERTRUDE.

On vous attendait avec impatience, on vous aime déjà.

RIGAUD, d'un air étonné.

Hein? On m'aime déjà?...

SCENE V.

GERTRUDE.

Silence! On voulait se déguiser, vous éprouver; mais à quoi bon toutes ces précautions? On ne saurait trop se hâter d'être heureux; et vous-même, pourquoi feindre plus long-temps? Vous êtes dans votre maison, une femme charmante vous attend. Vous voyez que j'en sais autant que vous.

RIGAUD, à part.

Je dirai même plus. (Haut.) Âh! ça, pour qui me prend-on?

GERTRUDE.

Pour le propriétaire de ce château, pour le mari de ma belle maîtresse.

RIGAUD, vivement.

Hein? Comment dites-vous? Répétez-moi cela, je vous en prie. (A part.) Ma foi! voilà une bonne fortune que je ne cherchais pas... mais mon étoile l'emporte.

GERTRUDE.

Air : Le briquet frappe la pierre.

Reconnaissez-vous Gertrude
Qui vous fit marcher, courir?

RIGAUD.

J'en ai quelque souvenir.

GERTRUDE, à part.

Moi, j'en ai la certitude;
Quoique depuis ce temps-là
Il ait changé... c'est bien ça.

RIGAUD, à part.

Adviendra ce qui pourra;
J'ai beau renoncer à plaire,
Du monde me retirer,

On s'obstine à m'adorer :
Il faut bien se laisser faire,
Puisque l'on ne peut enfin
Lutter contre son destin.

GERTRUDE.

Mais, silence avec madame; ne dites pas que je vous ai prévenu, et attendez le moment de vous déclarer, ça ne tardera pas.

RIGAUD.

Ma femme est donc gentille?

GERTRUDE.

Charmante, fraîche et jolie comme on l'est à vingt ans.

RIGAUD.

Et cette propriété?

GERTRUDE.

Superbe! des bois, des prés, des vignes.

RIGAUD.

Ah! des vignes! nous avons donc de bon vin?

GERTRUDE.

Vous en jugerez, une cave admirable!

RIGAUD, à part.

Parbleu! je ne serais pas fâché une fois en ma vie d'être propriétaire, ne fût-ce que pour un quart-d'heure. Il me semble que c'est un de ces rôles qu'on peut jouer sans avoir appris... (Haut.) Ma foi! madame...

GERTRUDE.

Dites donc, Gertrude.

RIGAUD.

Eh bien! oui, ma chère Gertrude; oui, oui, c'est tout ce que j'ai à vous dire.

GERTRUDE.

Et c'est tout ce que je voulais.

RIGAUD.

Ça n'était pas difficile. Hein? qui vient là? Est-ce la tranche de pâté?

SCÈNE VI.

Les précédens, LABRIE.

LABRIE.

Madame n'est point là?

GERTRUDE.

Que lui veut-on?

LABRIE.

Je venais apprendre à madame un accident qui est arrivé dans le chemin creux, une espèce de diligence a versé non loin d'ici.

GERTRUDE, montrant Rigaud.

Parlez à monsieur.

LABRIE, étonné.

Comment?

GERTRUDE.

Prenez les ordres de monsieur.

RIGAUD, à part.

C'est bien le moins que je fasse pour eux ce qu'on vient de faire pour moi. (Haut.) Qu'on vole au secours de ces voyageurs et qu'on s'empresse de les recevoir.

Air de Julie, *ou du Pot de Fleurs.*

La maison, les vins et la table,
Il faut tout offrir, tout donner.
Dès qu'il s'agit d'obliger son semblable,
Moi, je ne sais rien épargner.
Dans le bonheur que le hasard m'apporte,
Je ne suis pas de ceux qui, par bon ton,
Ont oublié, dès qu'ils sont au salon,
Qu'ils étaient naguère à la porte.

GERTRUDE, à part.

Quelle bonté! je le reconnais bien là.

RIGAUD.

Je reviendrai savoir s'il ne leur manque rien. Le plus pressé, je crois, est de me rendre présentable; (à Gertrude) car je n'ai pas trop l'air d'un maître de maison.

LABRIE.

Je vais montrer à monsieur la petite chambre d'en-haut.

GERTRUDE.

Qu'est-ce que c'est? L'appartement du premier, entendez-vous? le grand appartement.

LABRIE.

Mais, c'est celui qui est à côté de la chambre de madame.

GERTRUDE.

Qu'importe! exécutez ce qu'on vous dit; ces gens-là font des questions. Eh! allez donc, Labrie.

RIGAUD, à part.

Diable! ne nous négligeons pas. Allons, Rigaud.

(Pendant ce temps Rigaud a ouvert son porte-manteau et en retire une chemise, une cravate et des bas.)

SCÈNE VII.

GERTRUDE.

Ne vous donnez pas la peine, on va vous porter cela. Labrie !... Je vais voir moi-même, s'ils vous ont allumé du feu, si tout est en ordre.

RIGAUD.

Voilà bien la meilleure femme que j'aie jamais vue; ma chère Gertrude, où est mon appartement?

GERTRUDE, lui indiquant la porte à gauche.

Le voici.

(Rigaud sort.)

SCÈNE VII.

GERTRUDE, SEULE.

La meilleure femme ! qu'il est aimable ! Je vais donner un coup d'œil à son appartement... et cette diligence qui arrive, et madame donc, je veux la prévenir que son mari est charmant, qu'il lui convient à merveille. Mais j'ai bien fait de m'en mêler ; sans cela, ces pauvres enfans ne se seraient jamais entendus. Ah! mon Dieu! déjà un monsieur et sa femme qui viennent de ce côté! Dépêchons-nous.

(Elle sort du côté de l'appartement de Rigaud.)

SCÈNE VIII.

Madame RIGAUD, en costume de voyage élégant, SÉNANGE, lui donnant le bras et portant son sac.

SÉNANGE, à la cantonade.

C'est inutile ; nous n'avons besoin de rien ; soignez ces dames et les autres voyageurs.

MADAME RIGAUD.

Ah ! les maudites voitures ! J'avais beau crier au postillon : vous allez verser ! vous allez verser ! ça n'a pas manqué ; juste au milieu d'une ornière, et sans l'hospitalité qu'on veut bien nous accorder en ce château...

SÉNANGE.

Je me félicite de m'être trouvé là au moment pour vous porter secours. (A part.) Ça ne pouvait pas mieux tomber ; je me suis glissé à la faveur de la diligence.

MADAME RIGAUD.

Ah ! monsieur ! que ne vous dois-je pas ? On ne pouvait y mettre plus de délicatesse, de galanterie. Eh bien ! je l'ai toujours dit, depuis que le maître de poste de l'Ile-Bouchard a organisé ses pataches en célérifères, on ne voit que des accidens.

Air : Lise épouse l'beau Germance.

Grâce à cette mode anglaise,
Au lieu de huit on tient seize,
Et sur ce haut phaéton,
On se croit presque en ballon.

SCÈNE VIII.

Ces voitures qu'on redoute
Ont acquis le droit, dit-on,
De verser sur chaque route,
Par brevet d'invention.

SÉNANGE.

Vous ne vous êtes point blessée?

MADAME RIGAUD.

Non; mais cette aventure nous fait perdre deux heures! Imaginez-vous, monsieur, que je poursuis mon mari, qui depuis huit jours devrait être de retour. Mais il n'en fait jamais d'autres : il part en diligence et revient toujours à pied. Voyant qu'il n'arrivait pas, je me suis mise en route pour aller à sa rencontre.

SÉNANGE.

Je vois que madame a les passions vives.

MADAME RIGAUD.

Non, monsieur. Autrefois, je ne dis pas, j'étais l'exigence, la tendresse même; mais vous sentez qu'on se lasse de tout; et maintenant mon parti est pris; plus de reproches, de querelles; je ne veux plus me venger de mon mari qu'en le faisant enrager de tout mon cœur.

SÉNANGE.

Voilà certainement une intention louable, et pour peu que madame soit vindicative... (A part.) Je suis bien heureux que ce ne soit pas là ma femme.

MADAME RIGAUD.

A quoi sert la jalousie? à se tourmenter, à se créer des soupçons... (Apercevant la valise que Rigaud a déposée sur la table.) Ah! mon Dieu, qu'est-ce que je vois là?

SÉNANGE.

Qu'avez-vous donc?

MADAME RIGAUD.

Rien. (A part.) Mais cela ressemble étrangement au porte-manteau de monsieur Rigaud : je le connais trop bien pour me tromper!

RIGAUD, dans la coulisse à haute voix.

C'est bon, ma chère Gertrude; qu'on ait soin de me faire chauffer mes pantoufles.

MADAME RIGAUD.

Qu'entends-je ? C'est bien lui !

(Elle s'élance vers la porte.)

SCÈNE IX.

LES PRÉCÉDENS, GERTRUDE, SORTANT DE L'APPARTEMENT A GAUCHE, ET L'ARRÊTANT SUR LA PREMIÈRE MARCHE.

GERTRUDE.

Eh bien ! où allez-vous donc?

MADAME RIGAUD, embarrassée.

Rien... Je connais la personne qui est dans cet appartement, et je voudrais...

GERTRUDE.

Comment! vous connaissez... Eh bien! donc, silence, ne dites rien.

MADAME RIGAUD.

Que je ne dise rien ! Savez-vous ce que c'est?

SCÈNE IX.

GERTRUDE.

Eh bien! oui, c'est le maître de la maison; mais il est ici incognito, à cause de madame; vous saurez tout cela plus tard; la déclaration n'a pas encore eu lieu.

MADAME RIGAUD.

Ah! la déclaration n'a pas encore eu lieu! J'arrive au bon moment.

SÉNANGE, qui pendant ce temps a toujours regardé vers la porte à droite.

Je ne vois rien paraître. (A Gertrude) Me serait-il permis de parler à madame de Sénange?

GERTRUDE, à part.

Et lui aussi? encore une visite! ces pauvres époux n'auront pas un moment pour se voir! (A Sénange.) Ça ne se peut pas, madame ne sera point au château d'aujourd'hui, elle fait des visites dans les environs; (A madame Rigaud.) et monsieur n'est pas visible.

MADAME RIGAUD, à part.

J'en suffoque! mais il vaut mieux se contenir, se modérer, voir jusqu'où il poussera la perfidie, et le confondre par ma présence. (A Sénange.) Vous ne venez pas, monsieur?

SÉNANGE.

Vous m'excuserez; je suis à vous dans l'instant.

(Madame Rigaud sort.)

SCÈNE X.

SÉNANGE, GERTRUDE.

SÉNANGE.

De sorte que madame de Sénange n'est point au château?

GERTRUDE.

Non, monsieur, je vous l'ai déjà dit.

SÉNANGE, regardant à droite.

Eh! dites-moi, quelle est cette jolie personne que je viens d'entrevoir?

GERTRUDE.

C'est... c'est une demoiselle... une amie de madame. (A part.) Mon Dieu! ce monsieur est bien curieux!

SCÈNE XI.

GERTRUDE, SÉNANGE, ÉLISE, EN GRANDE PARURE.

ÉLISE.

Et cette Gertrude qui ne revient pas... (Apercevant Sénange) Ah! mon Dieu! c'est lui!

(Ils se saluent profondément.)

SÉNANGE.

On m'a assuré, mademoiselle, que madame de Sénange n'était point au château?

SCÈNE XI.

ÉLISE, à part.

C'est bien; Gertrude a suivi mes ordres. (Haut.) Je suis fâchée que madame de Sénange ne soit point ici.

SÉNANGE.

Je ne m'aperçois plus de son absence.

Air : Quand l'Amour naquit à Cythère.

J'aurais pourtant, mademoiselle,
Voulu la voir et lui parler ;
On m'a tant dit qu'elle était belle.

ÉLISE.

Hélas ! je commence à trembler.

SÉNANGE.

Quoique l'on vante votre amie,
Je ne saurais me figurer
Qu'elle puisse être aussi jolie.

ÉLISE.

Je commence à me rassurer.

SÉNANGE, à part.

Ah ! si c'eût été là ma femme, j'aurais été trop heureux !

ÉLISE.

Madame de Sénange ne reviendra que demain.

GERTRUDE, appuyant.

Oui, que demain.

ÉLISE.

Mais, comme son amie, elle m'a chargée de faire les honneurs de chez elle, et j'espère que monsieur me fera le plaisir de passer cette journée au château.

GERTRUDE.

Qu'est-ce qu'elle dit donc ?

SÉNANGE.

Madame... (A part.) J'ai peur que l'amie de ma femme ne soit beaucoup trop jolie.

ÉLISE.

Vous avez, dites-vous, à parler à madame de Sénange?

SÉNANGE.

Oui, il est vrai, j'avais à lui parler ; mais je crois que maintenant ce que j'aurais à lui dire serait inutile ; je préfère lui écrire ; croyez, madame, qu'un devoir indispensable peut seul m'empêcher d'accepter votre invitation.

Air de Montano et Stéphanie.

Voilà (*bis.*)
Celle dont je rêvais l'image,
Voilà (*bis.*)
Celle que j'adorais déjà.
Hélas ! quel dommage !
J'ai formé d'autres nœuds !
L'honneur m'engage
A fuir loin de ces lieux.

ÉLISE, SÉNANGE.

Voilà (*bis.*)
Celui dont je rêvais l'image,
Celle dont je rêvais l'image,
Voilà (*bis.*)
Celui qui me charmait déjà,
Celle que j'adorais déjà.

SCÈNE XII.

ÉLISE, GERTRUDE.

ÉLISE.

Oh! je le comprends, c'est bien lui; voilà l'idée que je m'en faisais; ah! Gertrude, j'en suis enchantée.

GERTRUDE.

Et de qui?

ÉLISE.

De lui.

GERTRUDE.

De lui! de ce monsieur qui n'a rien dit?

ÉLISE.

C'est égal! nous nous entendions si bien; quel air de bonté! mais aie soin au moins qu'il ne parte pas, car je me reproche déjà de l'avoir trompé et de ne lui avoir pas dit sur-le-champ que j'étais sa femme.

GERTRUDE.

Sa femme! mais ce n'est pas là votre mari.

ÉLISE.

Comment, ce n'est pas là...

GERTRUDE.

Il a, ma foi! une bien autre tournure. Je l'ai vu, je lui ai parlé; allez, madame, vous en serez enchantée!... Eh bien! madame, qu'avez-vous donc? vous vous trouvez mal?

ÉLISE.

Non, non, ce n'est rien... Mais celui-là?

GERTRUDE.

Celui-là est un habitant de ce département, qui pour son plaisir, ou ses affaires, voyage en diligence avec sa femme.

ÉLISE.

Sa femme!

GERTRUDE.

Oui, une petite femme à laquelle il donnait le bras en entrant.

ÉLISE, à part.

Ah! qu'ai-je fait?

GERTRUDE.

Mais l'autre, quelle différence! si vous saviez comme il m'a reçue. Ma bonne Gertrude! Il a le cœur sur la main; en un instant il m'a tout avoué, qu'il était votre mari, qu'il venait vous éprouver; mais qu'il voulait encore garder le secret; ainsi, motus.

ÉLISE, douloureusement.

Plus de doute.

GERTRUDE.

Tenez, le voici. Regardez-moi un peu quelle tournure et quel aplomb! Il est encore mieux que tout à l'heure.

SCÈNE XIII.

Les précédens, RIGAUD, en grande parure.

RIGAUD.

Air : Vive les amours qui toujours.

Salut, ô vous à qui je dois
Le bon accueil qu'aujourd'hui je reçois,

SCÈNE XIII.

Ces lieux sont enchantés, je crois ;
On est chez vous, ma foi,
Comme chez soi.
Rien n'est si frais
Que vos bosquets :
Rien de si beau
Que cet ancien château.
C'est divin !
Je ne vois enfin,
Que vous ici
Qui soyez mieux que lui.

Salut, etc.

(A Gertrude.)

C'est qu'elle est charmante, ma femme !

GERTRUDE.

N'est-il pas vrai ? mais elle est si émue de l'idée de vous voir !

RIGAUD.

Je connais cela. (Haut à Élise.) C'est un évènement bien extraordinaire que celui... qui fait que des gens... qui ne se sont jamais vus, se trouvent attirés l'un vers l'autre par une espèce de sympathie.

GERTRUDE, bas.

Prenez garde d'en trop dire.

RIGAUD, de même.

Sois tranquille, je vais compliquer mon style. (Haut.) En vérité, si je ne croyais pas aux attractions soudaines, je ne pourrais expliquer ce qu'on éprouve en entrant dans ce château ; on y est comme sous l'influence d'un charme magique, qui semble vous interdire la possibilité de tout mouvement rétrograde.

(A Gertrude.) Eh bien! toi, qui craignais que je ne me fisse trop comprendre, qu'en dis-tu?

GERTRUDE, de même.

C'est bien. (Haut.) Hein! madame, est-ce là parler?

ÉLISE, très émue.

Je ne doute point, monsieur, que votre arrivée en ces lieux... ne soit un grand bonheur pour nous, mais avant de nous expliquer davantage, permettez-moi de me recueillir, de rassembler mes idées; je ne vous le cache pas, je suis en ce moment dans un trouble...

RIGAUD.

Qui a bien son côté flatteur, et quand nous nous connaîtrons mieux...

ÉLISE.

Oui, je dois chercher à détruire les impressions défavorables que cette réception a pu vous faire naître; vous n'êtes pas bien pressé, je crois, de continuer votre voyage?

RIGAUD.

Mon Dieu! rien ne me gêne, et j'ai du temps devant moi.

Air: Tenez, pour vous rendre gaillard. (La Laitière Suisse.)

Faut-il venir ou s'en aller,
Je suis l'homme le plus commode.
(A part.)
Bravo! l'on vient de m'installer;
Moi, j'aime assez cette méthode.
Entre deux ménages que j'ai,
Je prends, heureux propriétaire,
L'un pour domicile obligé
Et l'autre pour un pied à terre.

GERTRUDE, avec intention.

Vous vous plaigniez tout à l'heure, madame, d'être obligée de souper seule; pourquoi monsieur ne vous ferait-il pas l'honneur... (Bas.) aux termes où vous en êtes, vous ne pouvez vous dispenser de l'inviter.

ÉLISE.

Eh bien! dispose, ordonne, fais tout ce que tu voudras... ah! ma bonne, je n'y tiens plus et je me sens prête à pleurer.

SCÈNE XIV.

Les précédens, SÉNANGE.

SÉNANGE.

Non, je ne partirai pas; il faut absolument que je lui parle. (Apercevant Rigaud.) Quel est cet homme?

RIGAUD.

Souper en tête-à-tête! en honneur! je suis trop heureux.

(Il baise la main d'Élise.)

SÉNANGE.

Mille pardons, mademoiselle, ma présence est sans doute importune et je me retire.

ÉLISE.

Non, monsieur.

SÉNANGE.

Je vois que cette retraite n'est pas aussi inaccessible que vous le disiez. Je ne partais pas sans quelque crainte lorsque je songeais aux dangers que vous pouviez y courir; mais je vous quitte bien plus rassuré, en voyant en quelle compagnie je vous laisse.

RIGAUD, à part.

Quel est ce monsieur si pincé?

ÉLISE.

J'ignore, monsieur, de quoi vous pouvez vous plaindre.

SÉNANGE.

Moi, madame, me plaindre; eh! qui m'en aurait donné le droit? Je me disais seulement qu'il était souvent moins cruel de perdre certaines personnes que de renoncer à l'estime qu'on avait d'elles; qu'il y avait des sentimens qu'on regrettait d'avoir éprouvés; et des illusions dont on était bien cruellement détrompé.

ÉLISE.

Grand Dieu! quelle idée a-t-il donc de moi? Vous êtes bien prompt dans la manière dont vous accordez ou retirez votre estime, monsieur; vous vous hâtez de juger avec bien de la sévérité une plaisanterie que j'avais crue innocente et dont je vois maintenant les conséquences. Je vous ai dit ce matin que madame de Sénange était absente, que j'étais une de ses amies; je vous ai trompé, et quelque opinion que puisse vous donner de moi ce mensonge, je sens qu'il faut vous avouer la vérité, je suis madame de Sénange elle-même.

SÉNANGE, avec transport.

Comment!... Il serait vrai! L'ai-je bien entendu! Vous seriez?...

RIGAUD, appuyant.

Oui, monsieur.

ÉLISE.

C'est vous dire assez que je ne puis vous entendre, et que ce n'est pas à moi qu'il faut vous adresser. (A Rigaud.) Je suis bien fâchée, monsieur, de trahir votre incognito, mais les circonstances où nous nous trouvons rendent cette explication indispensable. Quoique monsieur ne soit qu'un étranger, je tiens aussi à son estime, et je vous prie de lui apprendre vous-même qui vous êtes, et les liens qui nous unissent. Viens, Gertrude.

(Elles sortent.)

SCÈNE XV.

SÉNANGE, RIGAUD.

SÉNANGE, à part.

Qui vous êtes? et les liens qui nous unissent! qu'est-ce que cela signifie? (Haut.) Et vous, monsieur, qui semblez exercer ici une si grande influence, m'apprendrez-vous enfin quels rapports existent entre vous et madame de Sénange?

RIGAUD.

Des rapports assez simples et assez naturels. Je suis son mari.

SÉNANGE.

Comment, vous êtes?...

RIGAUD.

Son mari; on m'attendait, je me suis fait reconnaître, vous devinez le reste.

SÉNANGE.

Et y a-t-il long-temps que monsieur est de retour?

RIGAUD.

J'arrive à l'instant même.

SÉNANGE.

Allons, il n'y a que demi-mal.

RIGAUD.

Quoi qu'il en soit, je me ferai toujours un vrai plaisir de vous recevoir, et je vous prie de vous regarder comme l'ami de la maison.

SÉNANGE.

Il n'y a qu'une petite difficulté; c'est que j'ai beaucoup connu le mari de madame de Sénange.

RIGAUD.

Ah! diable!... C'était peut-être le premier.

SÉNANGE.

Comment! le premier. Est-ce qu'elle serait veuve?

RIGAUD.

C'est-à-dire veuve, jusqu'à un certain point... parce que... voyez-vous... je ne vous dirai pas au juste...

SÉNANGE.

Comment, vous ignorez si votre femme est veuve?

RIGAUD.

J'ignore... j'ignore... non, monsieur, mais enfin, si je veux l'ignorer; si j'ai des raisons pour cela, ce sont des affaires de famille, et ce n'est pas à un étranger à vouloir pénétrer. C'est vrai! il y a une foule de gens qui veulent ainsi se mêler des affaires des autres. Enfin, monsieur, c'est ma femme! Je ne sors pas de là! ça répond à tout.

SCÈNE XVI.

LES PRÉCÉDENS, MADAME RIGAUD.

MADAME RIGAUD, à Sénange.

Ah! monsieur, je vous trouve à propos, je venais vous raconter...

RIGAUD, l'apercevant et restant stupéfait.

Dieu! c'est ma femme!

SÉNANGE, prenant madame Rigaud par la main.

Sa femme! Ah! ça, monsieur, vous êtes donc le mari de tout le monde?

RIGAUD.

Il ne s'agit pas de cela. Je veux savoir comment madame, qui devrait être chez elle, se trouve aujourd'hui dans ce château?

SÉNANGE.

Elle y est avec moi.

RIGAUD.

Avec vous, monsieur? vous m'apprendrez, je l'espère, quelle espèce d'intimité existe entre vous et madame?

SÉNANGE.

Parbleu! monsieur, c'est ma femme.

RIGAUD.

Comment! votre femme?

SÉNANGE, à part.

Puisqu'il prend la mienne, je puis bien à mon tour...
(A madame Rigaud.) Ne me dédites pas.

MADAME RIGAUD.

Soyez tranquille ; j'ai ma revanche à prendre.

RIGAUD.

Quoi ! vous oseriez me soutenir ici même?...

MADAME RIGAUD, à Sénange, d'un air étonné et montrant Rigaud.

Mais, mon ami, quel est donc ce petit monsieur?

RIGAUD.

Comment! mon ami! et devant moi, en ma présence! Il y a au moins des personnes qui y mettent des procédés.

MADAME RIGAUD, toujours d'un air étonné.

En vérité, monsieur, je ne vous connais pas, je ne sais d'où vient le trouble et l'agitation où je vous vois.

SÉNANGE, bas à madame Rigaud.

C'est bien, c'est ça; allons, du courage, tutoyez-moi un peu, n'ayez pas peur.

MADAME RIGAUD, à Sénange, hésitant d'abord un peu.

Mais, mon ami, regarde donc comme sa figure est bouleversée! tu devrais appeler du secours, car il va se trouver mal.

RIGAUD.

Tu devrais...! je ne sais plus où j'en suis, et je ne reconnais pas là ma femme. Ma chère amie, tâchez de vous rappeler, de me reconnaître; c'est moi, Narcisse Rigaud, receveur de l'enregistrement à l'île Bouchard; je suis connu.

MADAME RIGAUD.

Rigaud... mais, attendez donc... nous avons une parente assez éloignée, qui me ressemble beaucoup par parenthèse, et qui a épousé quelqu'un de ce nom-là ; Estelle Rigaud.

RIGAUD.

C'est cela.

MADAME RIGAUD.

Ah! c'est votre femme? Je vous en fais mon compliment. Comment se porte-t-elle?... (A Sénange.) Dis-donc, mon ami, tu l'as vue à Paris; une petite femme d'un caractère charmant! certainement, ce serait affreux de ne pas la rendre heureuse, car elle le mérite sous tous les rapports.

RIGAUD, stupéfait.

En vérité, je ne sais si je veille, ou si je dors.

Air : Tenez, moi, je suis un bonhomme.

Ce sang-froid qui me désespère
Me confond et trouble mes sens,
Comment cela s'est-il pu faire!...
Plus je cherche et moins je comprends.
D'accidens quel triste amalgame!
Comment retrouver sans émoi,
Ma femme qui n'est pas ma femme,
Avec un moi qui n'est pas moi?

SÉNANGE, à madame Rigaud.

C'est un homme qui a perdu la tête; rassure-toi, ma bonne amie.

(Lui baisant la main.)

RIGAUD.

Ah! c'en est trop et je n'y tiens plus. (Se mettant à genoux.) Ma femme! madame Rigaud, je vous demande grâce.

SCÈNE XVII.

Les précédens, GERTRUDE.

GERTRUDE.

Que vois-je! comment, ici même monsieur de Sénange aux pieds d'une autre que... Mais levez-vous donc, si madame venait.

RIGAUD.

Et qu'est-ce que ça me fait?

GERTRUDE.

Ce que ça lui fait... moi, qui en avais une si haute opinion!

RIGAUD.

Ma chère amie, je vous en supplie.

GERTRUDE.

Sa chère amie! quel comble de scandale! mais prenez garde, si ce n'est pour la morale, qu'au moins ce soit pour vous; vous ne voyez pas le mari de cette dame, qui est là, qui vous regarde?

RIGAUD, toujours à genoux, se tournant du côté de Gertrude.

Comment! son mari?

GERTRUDE.

Lui-même.

(Sénange fait passer madame Rigaud à sa droite, et se trouve près de Rigaud.)

RIGAUD.

Et elle aussi; ah! ça, ne plaisantons pas; êtes-vous bien sûre qu'ils soient?...

SCÈNE XVII.

GERTRUDE.

Tout ce qu'il y a de plus mari et femme ; regardez plutôt.

RIGAUD, prenant la main de Sénange pour celle de sa femme.

Ah ! c'en est trop ! je ne souffrirai pas davantage...

SÉNANGE.

Ni moi non plus, monsieur, et si vous parlez encore à ma femme... vous m'entendez ?

RIGAUD.

Eh bien ! oui, monsieur, je suis prêt à vous suivre. (Regardant madame Rigaud.) Ça ne lui fait rien. Nous verrons, je ne vous dis que cela. (Même jeu.) Elle ne se déclare pas. Allons ! sortons ! (Fausse sortie.) Ah ! ça, mais elle ne m'arrête pas, je crois qu'elle me laisserait tuer.

MADAME RIGAUD.

Monsieur est le maître de disposer de lui.

RIGAUD.

Allons, tout sentiment de délicatesse est éteint en elle.

AIR : Un homme pour faire un tableau.

Tous vos forfaits seront transmis
Aux yeux de la race future,
Et de la femme à deux maris
Vous retracerez l'aventure.

(A part.)

Quel que soit le sort des combats,
Au sang-froid dont elle fait preuve,
On voit qu'elle est bien sûre, hélas !
De n'être pas tout-à-fait veuve.

MADAME RIGAUD.

Je vais tout disposer pour notre départ.

(Elle sort.)

SCÈNE XVIII.

Les précédens, excepté madame RIGAUD.

RIGAUD.
Par exemple, si je la laisse partir...
GERTRUDE.
Mais madame de Sénange qui vous attend à souper, et qui sans doute va venir.
RIGAUD.
Qu'elle vienne, qu'elle s'en aille, ça m'est égal : j'ai bien d'autres choses en tête. Vous lui direz... non, vous ne lui direz rien. Ah le maudit château ! Allons encore supplier ma femme, et tâchons de nous faire reconnaître.

(Il sort.)

SCÈNE XIX.

SÉNANGE, GERTRUDE.

GERTRUDE.
Voilà pourtant les hommes ! qui se serait attendu à cela de monsieur de Sénange ?
SÉNANGE, en souriant.
Allons, il y a là-dessous quelque quiproquo qu'il faut achever d'éclaircir.
GERTRUDE.
Ma maîtresse, qui est si bonne, ne méritait certainement pas un tel mari.

SCÈNE XIX.

SÉNANGE.

Ma bonne Gertrude, il faut que je parle à ta maîtresse.

GERTRUDE.

Dans ce moment elle n'est disposée à voir personne, et vous moins que tout autre.

SÉNANGE.

Et pourquoi ?

GERTRUDE.

Pourquoi ? pourquoi ? vous le savez peut-être bien ; qui peut expliquer les femmes d'aujourd'hui ? un compliment, un coup d'œil, et crac, voilà un cœur de pris. Mais vous n'en serez pas plus avancé pour cela, vous n'avez rien à espérer, et je vous conseille de partir plutôt ; votre voiture doit être prête.

SÉNANGE.

Non, je ne partirai pas sans l'avoir vue ; tu ne sais donc pas que je l'aime, que je l'adore ?

GERTRUDE.

Et c'est à moi que vous l'avouez !

SÉNANGE.

Oui ; tu me serviras, tu me feras obtenir un moment d'entretien.

GERTRUDE.

Ah ! ça, mais, où en sommes-nous ? dans quel siècle vivons-nous ?... Je vous déclare que madame vous a positivement défendu sa porte.

SÉNANGE.

Eh bien ! attends ; un seul mot, rien qu'un mot d'explication. (Il écrit.) Dès qu'elle l'aura lu.... Je te jure que ça ne contient rien que d'honnête et de raisonnable. (Écrivant toujours.) Un moment d'entretien.

GERTRUDE.

Dieu me pardonne, il demande un rendez-vous!

SÉNANGE, écrivant toujours.

Si tu savais dans quel motif... Les intentions les plus louables... « de vous aimer toujours. » Oh! je signe. Va, il n'y a rien à craindre; tiens, porte-lui ce billet.

GERTRUDE.

Jésus Maria! le ciel m'en préserve!

SÉNANGE, apercevant Labrie.

Tiens, porte ce billet à ta maîtresse.

GERTRUDE.

Labrie, je vous le défends.

SÉNANGE.

Et moi, je te l'ordonne! Lui donnant de l'argent.) Prends, et va vite.

LABRIE.

Écoutez donc, mademoiselle, dans ce cas-là, il n'y a que le poids qui décide.

SÉNANGE.

Et songe qu'il y aura une réponse.

(Labrie sort.)

SCÈNE XX.

GERTRUDE, SÉNANGE.

GERTRUDE.

Une réponse!... Vit-on jamais une pareille audace?.... Apprenez, monsieur, qu'il n'y aura d'autre réponse que l'ordre de vous faire mettre à la porte du château.

SÉNANGE.

J'ose espérer le contraire.

GERTRUDE.

En vérité, il ne doute de rien. Apprenez que ma maîtresse est trop raisonnable, qu'elle a été élevée par moi, monsieur, et que je connais ses principes comme les miens.

SCÈNE XXI.

Les précédens, ÉLISE, entrant précipitamment la lettre de Sénange a la main.

SÉNANGE.

C'est elle!

ÉLISE, avec joie à Sénange.

Comment, il serait possible! Ah! monsieur, que je vous demande d'excuses!

GERTRUDE, étonnée.

Elle vient elle-même!

ÉLISE.

Gertrude, laisse-nous, et que personne ne puisse entrer ici.

GERTRUDE, à part.

J'en reste muette. (Haut.) Comment! madame!

SÉNANGE.

Vous l'avez entendu, Gertrude? laissez-nous.

GERTRUDE, à part.

Allons, on a jeté un sort sur la maison, et maintenant je n'oserais pas même répondre de moi.

(Elle sort,)

SCÈNE XXII.

ÉLISE, SÉNANGE.

ÉLISE.

Comment ai-je pu un seul instant être dupe d'une pareille erreur?

Air de Céline.

De votre présence soudaine
Mon cœur aurait dû m'avertir.

SÉNANGE.

Oublions un instant de peine
Qu'efface un instant de plaisir.

ÉLISE.

Du bonheur me créant l'image,
Sans te connaître je t'aimais...
Je vais t'aimer bien davantage
A présent que je te connais.

ENSEMBLE.

Je vais t'aimer, etc.

SCÈNE XXIII.

Les précédens, RIGAUD, dans le fond.

RIGAUD.

Allons, elle n'en démordra pas.... impossible de lui faire avouer qu'elle est madame Rigaud. (Apercevant Sénange aux pieds d'Élise.) Que vois-je!.... c'est encore ce monsieur, qui est aux pieds de mon autre.... Qu'est-ce que vous faites donc là, s'il vous plaît ?

SÉNANGE.

Vous le voyez bien, je suis son mari.

RIGAUD.

Ah! ça, entendons-nous ; vous êtes donc aussi le mari de tout le monde ? Et vous, madame, je trouve bien inconvenant qu'étant tacitement mon épouse...

ÉLISE.

Moi, monsieur! vous vous trompez sans doute... Dieu merci, je ne le suis point et ne l'ai jamais été.

RIGAUD.

Là, c'est comme tout à l'heure, le même refrain : de deux femmes, voilà que je n'en ai plus.... Après tout, il n'y a pas de quoi se désoler, je me retrouve garçon ; qui perd gagne.... je redeviens un célibataire aimable, et je reprends la route de Paris, où m'attendent de nouveaux triomphes!

(Il va pour sortir.)

SCÈNE XXIV.

Les précédens, madame RIGAUD, qui a entendu les derniers mots et qui le ramène en le prenant rudement par le bras.

MADAME RIGAUD.

Non pas, monsieur, et avant que vous retourniez à Paris, je vous ferai voir du chemin.

RIGAUD, se frottant le bras.

Aye! je te retrouve donc enfin, et mon cœur te reconnaît à la vivacité de tes transports.

MADAME RIGAUD.

Oui-dà! c'est donc ainsi que vous preniez votre parti? vous étiez déjà d'un calme, d'une tranquillité.

RIGAUD.

Que veux-tu, ma chère amie, je me croyois veuf! Maintenant que me reste-t-il à désirer? je retrouve madame Rigaud, mon bureau d'enregistrement et le bonheur!

SCÈNE XXV.

Les précédens, GERTRUDE.

GERTRUDE, entrant avec un petit paquet.

C'en est fait, madame, je viens vous faire mes adieux; mes principes ne me permettent pas de rester plus long-temps dans ce château.

SCÈNE XXV.

ÉLISE.

J'espère cependant bien que mon mari, (Montrant Sénange.) monsieur de Sénange, te forcera d'y rester.

GERTRUDE.

Comment ! monsieur de Sénange ?

SÉNANGE.

Lui-même.

GERTRUDE.

Ah ! monsieur ! combien je suis confuse !

RIGAUD.

Et moi donc ? je ne sais comment m'excuser à vos yeux... avoir osé prendre votre femme pour un instant.

SÉNANGE.

Nous sommes quittes.

MADAME RIGAUD.

Et à bon marché ; mais une autre fois ne t'y fie pas.

GERTRUDE.

Ouf ! nous l'échappons belle... Mais, Dieu soit loué, les mœurs ont été respectées.

CHOEUR FINAL.

Air du Maçon.

Allons, plus de voyage,
Il faut. c'est bien constant,
Pour faire un bon ménage,
Qu'un mari soit présent,
Présent, toujours présent.

RIGAUD, à sa femme.

Air du Pot de fleurs.

J'ai senti renaître ma flamme,
Abjurant la légèreté,

Je veux, tout entier à ma femme,
Être sans cesse à ton côté;
Là tous mes jours seront des jours de fête.

(Au public.)

Malgré cela, venez le soir chez nous,
Pour éviter à deux tendres époux
L'ennui d'un trop long tête-à-tête.

FIN DES DEUX MARIS.

LA PENSION

BOURGEOISE,

COMÉDIE-VAUDEVILLE EN UN ACTE,

Représentée pour la première fois, à Paris, sur le théâtre du Gymnase dramatique, le 27 mai 1823.

EN SOCIÉTÉ AVEC MM. DUPIN ET DUMERSAN.

PERSONNAGES.

M. GUILLAUME, marchand de drap.
Madame GUILLAUME, sa femme.
JOSÉPHINE, leur fille.
MARIE, leur cuisinière.
OSCAR, jeune commis marchand.
ALEXANDRE FLOQUET, son ami.
Madame JOCARD, voisine.

La scène se passe rue Saint-Denis, dans la maison de M. Guillaume.

MR GUILLAUME.

QUE VOIS-JE! CE JEUNE HOMME AUX PIEDS DE MA FILLE!.

La Pension Bourgeoise. P. XIII.

LA PENSION
BOURGEOISE.

Le théâtre représente un salon bourgeois; porte au fond, cheminée à droite, et croisée à gauche.

SCÈNE PREMIÈRE.

M. GUILLAUME, DEBOUT, TENANT UN LIVRE DE DÉPENSE; MADAME GUILLAUME, ASSISE A UNE TABLE, ET ÉCRIVANT; A GAUCHE, JOSÉPHINE, ASSISE, ET TENANT UNE GUITARE.

M. GUILLAUME.

Comment, madame Guillaume, la dépense du mois dernier se monte à trois cents francs.

MADAME GUILLAUME.

Oui, monsieur Guillaume. Or, vous ne m'aviez donné que deux cent dix francs cinquante; c'est donc quatre-vingt-neuf francs cinquante que vous me redevez.

M. GUILLAUME.

C'est exorbitant, un ménage tel que le nôtre, dépenser trois cents francs pour la table seulement; moi, monsieur Guillaume, un simple marchand de draps; il faut de l'économie, madame, il en faut.

JOSÉPHINE, raclant de la guitare.

Prêt à partir pour la rive africaine.

MADAME GUILLAUME.

Des économies, vous n'en avez peut-être pas fait assez ; voilà notre fille Joséphine, qui avait une vocation décidée pour le clavecin, vous lui avez fait apprendre la guitare, parce que cet instrument-là est moins cher à acheter qu'un piano d'Érard. Comme c'est calculé, un piano qui vous aurait coûté quatorze cents francs, et qui vous aurait peut-être économisé une dot ; car enfin, une demoiselle qui est musicienne, qui est artiste, cela se marie tout seul, tout le monde vous le dira.

JOSÉPHINE.

Oh mon Dieu, oui ! ce ne serait pas difficile; et si mon papa voulait...

MADAME GUILLAUME.

C'est bien, c'est bien : une enfant, surtout, qui annonce des dispositions.

JOSÉPHINE, raclant toujours de la guitare, et chantant.

Prêt à partir pour la rive africaine.

M. GUILLAUME.

Dites-lui donc de finir, elle est là qui m'écorche les oreilles et qui me trouble dans mes calculs.

Air : Femmes, voulez-vous éprouver.

Faut-il qu'un bourgeois de Paris
Vous chante l'opéra-comique !
Depuis six mois qu'a-t-elle appris
Avec son maître de musique ?
Pour mon argent, qu'il a touché,
Elle chante faux, sans mesure,

Nous aurions eu meilleur marché
A laisser faire la nature.

JOSÉPHINE, chantant.

Prêt à partir pour la rive africaine.

M. GUILLAUME.

Voyons, Joséphine, assez de beaux-arts comme cela; va dans ta chambre, et tricote-moi les bas que tu m'as commencés l'hiver dernier; c'est plus utile, et ça fait moins de bruit.

JOSÉPHINE, à part.

Comme c'est amusant, des bas pour mon papa; heureusement qu'en travaillant on peut penser à qui l'on veut.

(Elle sort.)

SCÈNE II.

M. ET MADAME GUILLAUME.

M. GUILLAUME.

Comment, aucun moyen de diminuer la dépense intérieure? Dis donc, ma femme, si je retranchais sur la pension que je te fais pour ta toilette?

MADAME GUILLAUME.

Du tout, monsieur, et je compte, au contraire, vous prier de l'augmenter; quand on fait des réformes, il ne faut pas que ce soit sur des choses utiles.

M. GUILLAUME.

Hé bien! si on renvoyait Germon, le garçon de magasin, qui les dimanches nous sert de domestique; nous ne garderions que Marie, la cuisinière.

MADAME GUILLAUME.

Non, ce n'est pas déjà trop, et la preuve, c'est qu'il nous faudra, de plus, une femme de chambre pour ma fille et pour moi.

M. GUILLAUME.

Écoutez donc, madame Guillaume, si c'est ainsi que vous entendez les réformes et les réductions, d'après votre système, il faudrait trouver un moyen de faire des économies en augmentant la dépense.

MADAME GUILLAUME.

Sans contredit, c'est justement ce que je cherche... Eh mais! attendez donc... voilà une idée qui me vient; si nous faisions comme madame Jocard, notre voisine du second; si nous prenions chez nous quelques pensionnaires...

M. GUILLAUME.

C'est ma foi vrai; madame Jocard a l'air de s'en trouver à merveille.

MADAME GUILLAUME.

Je le crois bien, c'est le système le plus économique : nous recevrons chez nous, à notre table, un ou deux pensionnaires, qui nous paieront chacun cent ou deux cents francs par mois, et nous n'avons presque pas besoin d'ajouter à notre dîner. Quand il y a pour trois, il y a pour cinq.

M. GUILLAUME.

C'est juste. Quelle spéculation! notre maison ne nous coûte plus rien.

MADAME GUILLAUME.

Vous voyez donc bien, monsieur; jamais une pareille idée ne vous serait venue!

SCÈNE II.

M. GUILLAUME.

Mais aussi, comme je l'ai adoptée, comme je l'ai saisie!... Je vais écrire sur-le-champ dans les *Petites-Affiches*, et annoncer que M. Guillaume, marchand de drap, rue Saint-Denis, désire trouver un ménage honnête.

MADAME GUILLAUME.

Du tout, du tout; point de femme, c'est trop difficile, trop exigeant; il vaut mieux mettre un jeune homme ou un homme seul, on sait ce que cela veut dire. C'est pour vous bien plus avantageux; vous avez quelqu'un pour jouer aux dames ou aux dominos, et si ma fille et moi voulons sortir...

Air du vaudeville de la Somnambule.

Songez, monsieur, que le pensionnaire
Doit à madame offrir toujours son bras ;
Son intérêt est de chercher à plaire
Par des égards, par des soins délicats.
Oui, du mari remplaçant respectable,
De ses devoirs il veut bien se charger ;
Et me paraît d'autant plus agréable,
  Que du moins on peut en changer.

Dans ce moment, surtout, un cavalier nous sera fort utile; car, depuis quelque temps, j'ai remarqué un jeune homme qui nous suivait toujours à la promenade.

M. GUILLAUME.

Un jeune homme! serait-ce encore ce M. Joseph?

MADAME GUILLAUME.

Non, non, ce n'est pas lui; c'est un autre. Je ne vous en avais pas parlé d'abord, parce que je croyais que c'était pour moi; mais je suis sûr maintenant que c'est pour ma fille. Le jeune homme est fort bien, et je crains qu'elle ne l'ait remarqué.

M. GUILLAUME.

Diable! il faut redoubler de soins, de précautions; prendre garde qu'il ne s'établisse la moindre intelligence.

MADAME GUILLAUME.

Sans doute; mais je tremblais toujours dans nos promenades, parce que deux femmes seules, cela n'impose point. Mais maintenant que nous allons avoir un protecteur, un cavalier...

M. GUILLAUME.

C'est juste.

Air du vaudeville du Gilles en deuil.

Je cours aux Petites-Affiches,
C'est un journal sans ennemis,
Petits et grands, pauvres et riches,
Pour leur argent y sont admis.
Si sa vogue jamais ne passe,
C'est qu'en tout temps il fut, hélas!
Non le journal des gens en place,
Mais de tous ceux qui n'en ont pas.

ENSEMBLE.

M. GUILLAUME.
Je cours aux Petites-Affiches, etc.

MADAME GUILLAUME.
Courez aux Petites-Affiches, etc.

(M. Guillaume sort.)

SCÈNE III.

MADAME GUILLAUME, PUIS MARIE.

MADAME GUILLAUME.

Si je n'étais pas là pour mettre de l'ordre dans la maison... voyons d'abord l'essentiel. Mémoires de la marchande de modes, 220 francs. Ah, ah! il me manquera une cinquantaine de francs... c'est égal, je peux les prendre sur la dépense : avec de l'économie, on s'y retrouvera... Ah! voilà Marie.

MARIE.

Oui, madame, je viens vous demander mon livre et de l'argent. Avez-vous fait vos comptes?

MADAME GUILLAUME.

Oui, et monsieur trouve que cela monte bien haut.

MARIE.

Hé bien! par exemple... faut donc que j'y mette du mien... la maison est déjà assez dure... vrai comme j'existe je ne gagne que mes gages.

Air du vaudeville du Comédien d'Étampes.

J' pass' pour un' bonne cuisinière,
Et j'ai du talent, Dieu merci ;
Mais toujours le même ordinaire,
On ne se forme pas ainsi.
Jadis j'avais de la science,
 (À part.)
L'ans' du panier allait son train,
 (Haut.)
Chez vous je vais, en conscience,
Finir par me gâter la main.

MADAME GUILLAUME.

Il va bientôt peut-être t'arriver de bons profits. Tiens, voilà pour la dépense du mois; je te recommande tous ces jours-ci de faire un peu d'extraordinaire, et de monter la maison sur un meilleur pied pendant quelques jours seulement; entends-tu?

MARIE.

Est-ce que vous attendez du monde?

MADAME GUILLAUME.

Peut-être bien!

MARIE.

Alors, vous m'y faites penser; il y a en bas un jeune homme qui voudrait vous parler.

MADAME GUILLAUME.

Un jeune homme. Est-ce que ce serait déjà?... mais non, cela n'est pas possible. Dis-lui que mon mari est sorti.

MARIE.

Ça n'y fera rien, il veut parler à vous ou à monsieur, et il ne s'en ira pas qu'il ne vous ait vue.

MADAME GUILLAUME.

C'est donc pour une affaire bien importante! Mais un jeune homme, et à cette heure-ci... on ne peut pas le recevoir dans un pareil négligé. Fais-le attendre, Marie, je reviens dans l'instant.

(Elle sort.)

SCÈNE IV.

MARIE, SEULE.

Dame, ne tardez pas trop, moi, j'ai mon ménage à faire et mon pot-au-feu à surveiller. Quand on est à la fois cuisinière et femme de chambre, on n'a pas le temps de s'amuser.

Air : Un homme pour faire un tableau.

Il me faut être en même temps
A l'antichambre, à la cuisine,
Utile aux gourmands, aux amans,
C'est par moi qu'on aime ou qu'on dîne.
De mon repas quand je fais les apprêts
Un billet doux tomb' dans ma poche;
D'un' main je reçois les poulets,
De l'autre je les mets à la broche.

Ce jeune homme est à se promener dans la rue, en face le magasin. (Allant à la fenêtre.) Monsieur, vous pouvez monter. Tiens, il était à causer avec un autre jeune homme, qui s'est éloigné comme s'il avait peur d'être vu. Qu'est-ce que cela veut dire?

SCÈNE V.

MARIE, OSCAR.

OSCAR.

Hé bien! je croyais trouver le maître ou la maîtresse de la maison.

MARIE.

On va venir dans l'instant, monsieur, et l'on vous prie d'attendre.

OSCAR.

(Tout ce rôle doit toujours être débité avec la plus grande volubilité.)

Ce ne sera pas pénible si tu me tiens compagnie. Voilà comme il me faudrait une gouvernante, fraîche et jolie, l'air pudibond et surtout sauvage; n'est-ce pas, petite mère?

MARIE.

Laissez donc, monsieur.

OSCAR.

A la bonne heure... non, je t'en prie, résiste-moi; si tu ne résistes pas, je n'attaque plus; voilà comme je suis.

MARIE.

Hé bien! a-t-il l'air mauvais sujet!

OSCAR.

L'on me l'a dit quelquefois; je m'en flatte, et j'ose dire que, dans mon quartier, je jouis de quelque réputation. Le jeune Oscar, commis-marchand, rue Vivienne; connais-tu cela?

MARIE.

Non, monsieur.

OSCAR.

Je crois bien, dans votre rue Saint-Denis on ne connaît rien; et puis les marchands de draps, c'est lourd, c'est pesant, c'est la grosse cavalerie du commerce; nous autres, nous en sommes les troupes légères. Je fais la nouveauté dans tous les genres, ma chère; et dès que j'en vois un échantillon...

SCÈNE V.

MARIE.

Ah ça, monsieur, je n'ai pas le temps de vous écouter, j'ai mon ouvrage à faire.

OSCAR.

Ne te gêne pas, chacun le sien; j'ai cru que tu avais du temps à perdre; moi, j'en ai toujours.

MARIE.

C'est ce que je vois; gardez cela pour vos belles madames.

OSCAR.

Combien tu es dans l'erreur!

Air du Vaudeville du Colonel.

Loin du comptoir, quand j'ai brisé ma chaîne,
Soudain je rêve aux plaisirs, aux amours,
Et l'humble bure ou la simple indienne,
Me charme plus que les riches atours.
Ce bavolet m'enchante et me stimule,
 Je suis heureux... mais quand ma main
Rencontre, hélas! le satin ou le tule,
Fi!... je me crois encore au magasin.

MARIE.

Ah ça, vous connaissez donc madame Guillaume?

OSCAR.

Tiens, si je la connais; voilà une question... Est-ce que je ne connais pas tout le monde?

MARIE.

Mais finissez donc, on vient de ce côté.

OSCAR.

Est-elle bourgeoise! elle craint le scandale... Ah! diable! il paraît que c'est la maîtresse de la maison, tenue circonspecte.

SCÈNE VI.

LES PRÉCÉDENS, MADAME JOCARD.

OSCAR.

Je suis charmé, madame, de l'occasion qui se présente de vous exprimer... Votre cuisinière, c'est-à-dire votre soubrette, m'avait dit...

MARIE.

Hé bien! qu'est-ce qu'il fait donc? ce n'est pas là madame!... c'est la voisine d'ici dessus. Vous disiez que vous connaissiez ma maîtresse?

OSCAR.

Et sans doute, je croyais que toutes les tournures de la rue Saint-Denis devaient se ressembler. (La lorgnant.) Dieux! que c'est commun... Je vous demande pardon, madame, de la galanterie anticipée que le hasard vous a fait intercepter au passage. Madame habite le second?

MADAME JOCARD.

Monsieur est bien bon, le second, au-dessus de l'entresol, comme qui dirait un troisième; et M. Guillaume, qui est le propriétaire, me fait payer aussi cher qu'un premier; mais à Paris, maintenant,

Air: Vaudeville de l'Écu de six francs.

C'est au prix de l'or qu'on se loge,
De l'entresol jusqu'au grenier;
Et qu'un locataire interroge
Les quittances de son loyer,
A voir le total qu'il renferme

On pourrait croire avec raison
Avoir acquis une maison,
Et l'on n'a payé que son terme.

OSCAR.

C'est une locataire, cela ne me regarde pas.

(Touchant la guitare.)

Quand on attend quelqu'un,
Que l'attente est cruelle....

(Il parcourt le papier de musique.)

MARIE.

Plaignez-vous donc, vous êtes plus riche que nous, car vous ne dépensez rien, et l'année dernière encore, n'avez-vous pas fait une succession de soixante mille francs ?

MADAME JOCARD.

D'accord, mais qui sait s'il ne se présentera pas des héritiers pour partager. On me parlait d'un petit-cousin qui avait des droits égaux aux miens ; heureusement que voilà déjà un an, et qu'on n'en a point entendu parler. Vous comprenez que, s'il existe, c'est à lui à le dire ; moi, je ne suis pas obligée de le faire tambouriner... Ah ça, je m'amuse à jaser, et j'ai affaire avec monsieur ou madame Guillaume, c'est aujourd'hui le quinze, et comme j'ai été chez mes pensionnaires, qui m'ont donné de l'argent...

MARIE.

Tiens, c'est vrai ; vous venez pour le loyer, il faudra que vous attendiez.

MADAME JOCARD.

Cela m'est impossible, je dois être avant cinq minutes à la place du Châtelet.

MARIE.

Écoutez donc : monsieur est sorti et madame s'habille; ils ne peuvent pas, à présent, vous faire votre quittance; par ainsi, vous ne risquez rien de remporter votre argent.

MADAME JOCARD.

Ma cuisinière a emporté ma clé, je ne peux pas rentrer chez moi, et d'ailleurs, comme je vous l'ai dit, j'ai des courses à faire.

MARIE.

Alors, laissez là vos écus; je les remettrai à monsieur, si toutefois vous avez confiance en moi.

MADAME JOCARD.

Certainement, mamselle Marie, je sais que vous êtes une honnête fille; (Montrant Oscar.) d'ailleurs, il y a des témoins. (Posant un sac sur la cheminée.) Voilà deux cents francs, je reviendrai dans une heure prendre le reçu. Monsieur, j'ai bien l'honneur de vous saluer.

MARIE.

Ah! dites donc, dites donc, je savais bien que j'oubliais quelque chose. Rendez-moi donc mon four de campagne que je vous ai prêté, j'en ai besoin pour mon dîner d'aujourd'hui.

MADAME JOCARD.

Qu'est-ce que vous me demandez? Madeleine vous l'a remis hier.

MARIE.

Du tout, à telles enseignes que, pour colorer mon macaroni, j'ai été obligée de prendre le couvercle de ma casserole.

MADAME JOCARD.

Alors, c'est qu'on l'aura donné au portier pour vous le remettre.

(Elle sort.)

MARIE.

C'est ce que nous allons voir ; et je descends avec elle, car je ne me soucie pas de le payer sur mes gages.

(Elle sort.)

SCÈNE VII.

OSCAR, seul.

Sont-elles bavardes!... Hé bien! elles s'en vont; elles me laissent; voilà ce qui s'appelle de la confiance, il est vrai qu'il y a des physionomies privilégiées. Ah ça, Oscar, mon Benjamin, il ne s'agit pas de cela; voyons un peu de quoi il retourne, car dès qu'il est question de rendre service, moi, me voilà. J'ai un ami qui est malheureux, langoureux et peureux, trois mots qui peuvent se réduire à un seul. Il est amoureux, mais c'est une passion anonyme et inconnue pour le père de l'objet, pour la mère de l'objet; bien plus, pour l'objet lui-même! Il fallait donc se déclarer. s'introduire dans la maison. Comment faire? Je laisse l'amitié à la porte, c'est-à-dire se promener en long et en large dans la rue, et moi je me présente. Qu'est-ce que je dirai? je n'en sais rien; qu'est-ce que je ferai? je l'ignore; qu'est-ce que je répondrai? le ciel en a probablement connaissance, pour moi je ne m'en doute pas. Mais voilà comme je suis; dans les expéditions périlleuses, je me lance, et mon étoile fait le reste.

Air de: Les Maris ont tort.

Par les destins trop favorables,
Tous mes désirs sont devancés;
Fortune, à la fin tu m'accables!
Arrête-toi, c'en est assez.
Ou du moins daigne me promettre,
Dans tes semaines de faveur,
Un dimanche pour me remettre
De la fatigue du bonheur.

Au fait, c'est peut-être à cette nonchalance de principes que je dois mes succès en tous genres. N'ayant pas de plans, je ne risque jamais de les voir déconcertés; et, dans cette occasion, le seul sujet auquel je m'arrête, c'est de saluer, et de dire tout bonnement : Monsieur... Là! justement c'est une dame, ce que c'est que de préparer d'avance ses discours.

SCÈNE VIII.

OSCAR; MADAME GUILLAUME, HABILLÉE.

MADAME GUILLAUME.

C'est là le jeune homme qui veut me parler? Je suis désolée, monsieur; vous vous êtes ennuyé là à m'attendre.

OSCAR.

Du tout, madame; je n'avais aucune raison de me plaindre, je ne vous connaissais pas. Mais je vous avoue que maintenant je serais moins patient.

SCÈNE VIII.

MADAME GUILLAUME.

C'est un jeune homme de la plus haute société!... Et puis-je savoir ce qui me procure l'honneur de votre visite?

OSCAR.

Madame, c'est une affaire très pressée, ou du moins qui me paraissait telle, mais j'avoue qu'à présent je ne tiens pas à la terminer, du moins instantanément. Je ne sais pas si je me fais comprendre; mais, voyez-vous, une femme aimable et un jeune homme comme il faut qui parlent affaires, commerce, vrai, c'est gauche, ça n'est pas naturel, je ne sais pas, du moins, si cela vous fait cet effet-là.

Air: De sommeiller encor, ma chère.

Mais moi, je n'ai pu, de ma vie,
Parler raison à deux beaux yeux,
Et rien qu'en vous voyant j'oublie
Ce qui m'amenait dans ces lieux.
Plus tard, du moins j'aime à le croire,
Le souvenir m'en reviendra,
Je retrouverai la mémoire
Quand votre mari sera là.

MADAME GUILLAUME.

Mais c'est qu'il est sorti.

OSCAR.

Il n'y a pas de mal; j'attendrai son retour, je ne suis pas pressé; et si je ne vous importune pas, je vous tiendrai compagnie.

MADAME GUILLAUME, s'inclinant.

Comment donc!

OSCAR.

Il y a des choses bien étonnantes. Croiriez-vous, madame, qu'avant de vous avoir vue j'avais des préventions contre la rue Saint-Denis? Non vrai, on est injuste dans notre quartier; car certainement, pour la tenue et la tournure, nous n'avons rien de mieux dans nos comptoirs.

MADAME GUILLAUME.

Monsieur est dans le commerce?

OSCAR.

Oui, madame; le matin, c'est-à-dire jusqu'à deux heures, je suis l'homme des cachemires, et le soir je suis l'homme du monde; je vais dîner chez le traiteur, de là au spectacle. Quand on a une certaine aisance.

MADAME GUILLAUME.

Comment, monsieur, vous mangez chez le traiteur?

OSCAR.

Que voulez-vous? un garçon ne tient pas ménage.

Air du vaudeville du Petit Courrier.

> Un jeune homme de mon humeur
> Sait préférer, quand il est sage,
> Au despotisme du ménage,
> L'indépendance du traiteur.
> Il y règne un désordre aimable,
> On a, comme en certains repas,
> Le plaisir d'avoir à sa table
> Trente amis qu'on ne connaît pas.

MADAME GUILLAUME.

Puisque vous avez à parler affaires avec mon mari, si j'osais aujourd'hui vous inviter à partager notre

SCÈNE VIII.

dîner, vous le trouverez peut-être indigne de vous, mais c'est notre ordinaire, et nous n'y changeons rien.

OSCAR, à part.

Quand je disais que tout me réussit; au bout d'un quart d'heure de conversation me voilà invité.

MADAME GUILLAUME.

A moins, cependant, que vous ne soyez engagé ailleurs.

OSCAR.

Du tout, madame; je suis à vous pour aujourd'hui, demain, après-demain, pour tous les jours.

MADAME GUILLAUME.

Eh mais! cela n'est pas impossible, et si vous le voulez, monsieur, cela ne tient qu'à vous!

OSCAR.

Comment, il se pourrait? une invitation perpétuelle, un bail dînatoire, c'est charmant!

MADAME GUILLAUME.

Notre intention, à mon mari et à moi, était de prendre quelques pensionnaires; et je crois que nous ne pourrions faire un meilleur choix, si toutefois la maison convient...

OSCAR.

Elle me conviendra, madame : un local délicieux, une maîtresse de maison charmante, excellente... tenue bourgeoise, cuisine idem... Vous avez un mari, des enfans?... Je vous demande pardon d'entrer dans ces détails.

MADAME GUILLAUME.

C'est trop juste, monsieur. Je n'ai qu'une fille.

OSCAR.

Et avez-vous intention de la marier? Je vous parle de cela, parce que souvent les pensionnaires ne s'entendent pas avec les gendres.

MADAME GUILLAUME.

Du tout, monsieur, il n'en est pas question.

OSCAR.

C'est charmant, et dès aujourd'hui je suis votre convive. Je connais beaucoup de jeunes gens, toute la soierie, et je vous amenerai des amis au mois ou au cachet, comme vous voudrez.

MADAME GUILLAUME.

Certainement nous ne refuserons pas, surtout présentés par vous. Mais je ne sais si le prix vous conviendra; notre intention était de demander...

OSCAR.

Tout ce que vous voudrez, madame; je ne marchande jamais: c'est mauvais genre.

MADAME GUILLAUME.

Hé bien! croyez-vous que cinquante écus par mois...

OSCAR.

Comment, cinquante écus? fi donc! ce n'est pas assez. (A part.) Ça m'est égal, j'ai tout le mois pour payer.

MADAME GUILLAUME.

Comment, monsieur, vous voudriez...

OSCAR.

Nous n'aurons point de difficulté là-dessus... Mais ne parlons donc point de cela, je vous prie, je ne vous ai pas caché mon système : je ne peux pas traiter d'affaires d'intérêt avec une jolie femme.

MADAME GUILLAUME.

Il est d'une galanterie et d'une délicatesse... Justement, j'entends mon mari...

SCÈNE IX.

Les précédens, M. GUILLAUME.

M. GUILLAUME.

Je viens des Petites-Affiches, et notre insertion est faite. Ce qui m'effraie un peu, c'est que j'ai compté au moins quarante annonces du même genre; et si la moitié de Paris va se mettre en pension chez l'autre, nous aurons de la peine...

MADAME GUILLAUME.

Du tout; car voici monsieur qui se présente de lui-même; un jeune homme du meilleur ton, qui est aussi dans le commerce, monsieur Oscar, un des élégans de la rue Vivienne.

M. GUILLAUME.

Monsieur, soyez le bien-venu; ma femme vous a expliqué : vous ne trouverez point ici, une table somptueuse, mais une cuisine bourgeoise et patriarcale.

OSCAR.

Eh! sans doute, les dîners de l'âge d'or, la soupe et le bouilli.

M. GUILLAUME.

Oui, monsieur.

OSCAR.

Deux entrées, le rôti et un plat de légumes; car pour les entremets et le dessert, j'en prendrai parce qu'il y en a; car je n'y tiens pas du tout.

M. GUILLAUME.

Mais, monsieur...

OSCAR.

Ah! je vois que vous y tenez, il n'y a pas de mal. On m'avait bien dit que la rue Saint-Denis était le refuge et l'asile des bons principes, en tout genre, même en cuisine.

M. GUILLAUME.

Mais, monsieur...

OSCAR.

Concevez-vous la position d'un jeune homme lancé dans le tourbillon des plaisirs, mais isolé au milieu de la capitale; sans parens, sans amis, les séductions le circonviennent, l'oisiveté le dérange, les mauvaises connaissances le perdent. Mais lorsqu'il a le bonheur d'entrer dans une maison comme la vôtre, il y trouve des plaisirs doux qui l'attachent, des égards qui le retiennent, des conseils qui le dirigent; il a une société, une famille, je dirais presque un ménage, et réunit ainsi aux plaisirs casaniers de l'homme marié l'indépendance du célibataire.

M. GUILLAUME, à madame Guillaume.

Il n'y a pas moyen de placer un mot... Dis-moi, ma femme, lui as-tu parlé de la partie financière?

MADAME GUILLAUME.

Oui, il trouve que cinquante écus par mois ne sont pas assez.

SCÈNE IX.

M. GUILLAUME.

Je crois bien, du train dont il va; surtout s'il mange comme il parle... Ah ça, il serait convenable qu'il payât d'avance.

MADAME GUILLAUME.

Y pensez-vous? cela ne se fait jamais.

M. GUILLAUME.

C'est un tort que l'on a, parce qu'enfin, c'est beaucoup plus prudent.

MADAME GUILLAUME.

Oui, mais cela n'est pas convenable; et, pour ma part, je n'oserai jamais...

M. GUILLAUME.

Qu'à cela ne tienne, je m'en charge.

MADAME GUILLAUME.

Y pensez-vous?

M. GUILLAUME.

Sois donc tranquille; j'amenerai cela adroitement, et sans avoir l'air d'en parler.

OSCAR.

Qu'ont-ils donc là à chuchoter?

M. GUILLAUME.

Je causais avec ma femme des affaires de notre maison. Savez-vous, mon cher hôte, que l'argent devient extrêmement rare.

OSCAR, à part.

Il croit me l'apprendre... (A. M. Guillaume.) C'est connu; nous autres marchands, nous disons toujours cela.

M. GUILLAUME.

C'est ce qui fait que je disais ce matin à ma femme:

Dieux! mignonne, s'il nous arrivait aujourd'hui de l'argent, comme cela ferait bien!...

OSCAR.

Vrai? Hé bien! êtes-vous heureux! (Montrant la cheminée) il y en a là pour vous.

M. GUILLAUME, allant prendre le sac.

Il serait possible! voyons au moins ce qu'il compte nous donner.

MADAME GUILLAUME.

Vous voyez bien, monsieur, avec vos soupçons et votre défiance.

OSCAR, pendant que M. Guillaume compte l'argent sur la table.

Je voudrais bien qu'il m'en arrivât autant. Si je pouvais maintenant prévenir mon ami Alexandre, ce pauvre Pylade qui est en bas dans la rue; il doit me croire perdu dans... (Regardant par la fenêtre.) Le voilà; il a établi son quartier-général de l'autre côté de la rue, et il lit les affiches pour se donner une contenance.

(Il essaie de se faire voir à travers les carreaux.)

M. GUILLAUME, qui a compté.

Deux cents francs, sais-tu que c'est fort beau. Tu peux risquer le rôti; un petit rôti, pas cher. (Allant à Oscar, qu'il salue.) Monsieur, je suis aussi satisfait que possible de vos manières, et je regarde votre installation comme une chose terminée.

MADAME GUILLAUME.

Puisque vous voilà d'accord, venons maintenant à l'affaire qui vous amenait. Vous vouliez, disiez-vous, en causer avec mon mari.

SCÈNE IX.

OSCAR.

A quoi bon, nous aurons le temps d'en parler, puisque nous allons dîner tous les jours ensemble.

M. GUILLAUME.

C'est juste. Ah ça, je vous préviens que nous dînons à trois heures précises.

OSCAR.

Non pas; moi, je dîne à cinq; c'est bien meilleur genre; et puis, au moins, on a le temps d'avoir faim. C'est donc convenu, à cinq heures à table; par exemple, on a le quart d'heure de grâce, c'est de rigueur; mais jamais plus tard que cinq heures et demie. Aussi, à compter d'aujourd'hui, je vous promets un appétit toujours exact et toujours renaissant.

M. GUILLAUME, à sa femme.

Ce n'est pas rassurant, dis donc, ma femme.

MADAME GUILLAUME.

N'allez-vous pas faire attention à cela? (Haut.) Il faut alors retarder le dîner.

M. GUILLAUME.

C'est que mon estomac... qui n'était pas averti du contre-ordre...

OSCAR.

Vous en dînerez mieux... Qu'est ce que nous avons?

MADAME GUILLAUME.

Air: Vers le temple de l'Hymen.

Si l'on avait su plus tôt...

OSCAR.

Moi, de tout je m'accommode.

M. GUILLAUME.

D'abord, le bœuf à la mode,
De plus, je crois, le gigot.

OSCAR.

Non, du tout, je le déteste,
C'est trop bourgeois; mais du reste,
Un dîner simple et modeste,
Gibier, volaille et poisson.

(A M. Guillaume.)

Ce que vous voudrez vous-même;
Avant tout, moi, ce que j'aime,
C'est un dîner sans façon.

Et surtout, par exemple, je vous le recommande, que le café soit bien chaud.

M. GUILLAUME.

Jusqu'au café! c'est trop fort. (Haut.) Permettez, monsieur, permettez; le café, je n'en prends jamais.

OSCAR.

Vrai?...

M. GUILLAUME.

Oui, monsieur.

OSCAR.

Ah! c'est fâcheux. Hé bien! alors rien qu'une tasse.

M. GUILLAUME.

Ah ça, s'il compte ainsi mettre ma maison au pillage, les deux cents francs y passeront bien vite, et au-delà.

MADAME GUILLAUME.

Mais taisez-vous donc, monsieur; taisez-vous, de grâce. Vous vous effrayez d'un rien, et vous ne savez pas vivre.

M. GUILLAUME.

Parbleu ! je ne lui ferai pas ce reproche-là.

SCÈNE X.

Les précédens, ALEXANDRE.

ALEXANDRE.

Arrivera ce qui pourra; je ne sais pas ce qu'il est devenu, et je me lasse d'attendre.

OSCAR, se retournant.

Que vois-je? mon ami Alexandre; mon bon ami, qui me rend visite. Qui diable t'a dit que j'étais ici !

ALEXANDRE, étonné.

Moi?... personne... c'est que j'étais là... (A M. Guillaume.) Monsieur... j'ai bien l'honneur... j'étais dans la rue, et j'avais cru voir...

OSCAR.

Il m'aura vu à travers les carreaux; est-ce étonnant? Hé bien! ne te gêne pas, mets là ton chapeau. Voulez-vous me permettre, monsieur et madame Guillaume, de vous présenter mon meilleur ami.

ALEXANDRE, à part.

Je n'en reviens pas; il a un aplomb... (A M. et à madame Guillaume.) Monsieur et madame, c'est moi qui suis...

MADAME GUILLAUME, le regardant.

Ah! mon Dieu!... (A part, à M. Guillaume.) Je n'en saurais douter; c'est lui; c'est ce jeune homme, dont je vous parlais, qui nous suivait dans toutes les promenades, et qui faisait les yeux doux à ma fille.

M. GUILLAUME.

Il se pourrait !...

MADAME GUILLAUME.

Mais prenez garde à ce que vous allez faire ; c'est l'ami intime du pensionnaire, et nous sommes obligés à des égards : heureusement qu'il va s'en aller.

OSCAR.

Ah ça, mon ami, tu n'as pas d'engagemens? tu nous feras le plaisir de dîner avec nous, là, sans façons ; le repas de famille. J'espère qu'il me sera permis, une fois par hasard, d'amener un ami, ça ne se refuse jamais.

MADAME GUILLAUME.

Mais, monsieur...

OSCAR.

Parlez : si vous aimez mieux que je paie un cachet; moi je le préfère, parce que je serai plus libre.

M. GUILLAUME.

Monsieur, certainement, je ne prétends vous priver d'aucune liberté ; et vous pouvez, si vous voulez...

OSCAR.

A la bonne heure, voilà qui est parler. Ainsi, un couvert de plus pour monsieur, et, bien entendu, un petit extraordinaire ; il faut donner à votre cuisinière une occasion d'exercer ses talens ; je suis sûr que cette nouvelle va l'animer d'un noble feu... A propos de feu, du café pour deux, et surtout qu'il soit bien chaud.

M. GUILLAUME, hors de lui.

Du café pour deux, madame !

SCÈNE X.

MADAME GUILLAUME.

De grâce, modérez-vous.

M. GUILLAUME, plus fort.

Du café pour deux... (D'un ton plus doux.) Tâche qu'il y en ait pour moi.

OSCAR.

Mais vous n'en preniez pas.

M. GUILLAUME.

Oui, mais à cause de l'occasion, comme dit ma femme : quand il y a pour deux, il y a pour trois. (Bas à sa femme.) Ce sera toujours cela de rattrapé.

MADAME GUILLAUME.

Sans doute, et pour que ces messieurs en soient contens, je vais le préparer moi-même.

OSCAR.

Vous êtes charmante, et comme je vous le disais tantôt...

(Il continue à parler bas.)

M. GUILLAUME.

Mais où est donc mon journal?

OSCAR, qui le tient à la main.

Ne le cherchez pas, je l'ai là ; je vous l'enverrai dès que je l'aurai lu.

M. GUILLAUME.

Voilà qui est commode; il n'y a rien d'agréable comme un pensionnaire; il reçoit chez moi, il commande mon dîner, il lit mon journal... (Regardant Oscar, qui cause bas.) Je crois même qu'il en conte à ma femme... (Haut.) Madame Guillaume, madame Guillaume! vien-

MADAME GUILLAUME.

C'est que monsieur me proposait de nous conduire ce soir, moi et ma fille, à l'Ambigu-Comique... au *Remords...*

M. GUILLAUME.

Au *Remords!...* hé bien, par exemple!... finir la soirée par une loge au spectacle; il ne manquait plus que cela!

(A Oscar.)

Air du vaudeville des Blouses.

Pardon, monsieur, si j'emmène ma femme.

MADAME GUILLAUME, à Oscar et à Alexandre.

Pardon, messieurs, si je vous laisse ainsi.

M. GUILLAUME.

J'ai quelques mots à vous dire, madame.

OSCAR.

Allez, allez, vous êtes maître ici.

M. GUILLAUME.

A son aspect le courroux me transporte;
De ses façons je suis tout effrayé;
Je le mettrais de bon cœur à la porte....
C'est bien heureux pour lui qu'il ait payé.

ENSEMBLE.

OSCAR, ALEXANDRE, M. GUILLAUME, MADAME GUILLAUME.

OSCAR.

Je suis, tu vois, fort bien avec la femme,
Et pas trop mal avec le cher mari.
Oui, c'est de moi qu'il faut qu'on se réclame;
Je suis enfin presque le maître ici.

ALEXANDRE.

Il est, ma foi, fort bien avec la femme,
Et pas trop mal avec le cher mari.
Oui, c'est de lui qu'il faut qu'on se réclame ;
Je vois qu'il est plus que le maître ici.

M. GUILLAUME.

Je sens déjà le courroux qui m'enflamme,
Quel rôle fais-je, enfin pour un mari ?
Sans différer, ah ! suivez-moi, madame,
Car, après tout, je suis le maître ici.

MADAME GUILLAUME.

Eh ! mais vraiment, quel courroux vous enflamme ?
Ignorez-vous qu'il faut être poli ?
Soyez-le donc ; songez que votre femme
A dû compter un peu sur son mari.

SCÈNE XI.

OSCAR, ALEXANDRE.

ALEXANDRE.

Ah ça, mon ami, explique-moi ce que cela veut dire. Comment! cette maison, où, il y a une heure, nous ne savions comment faire pour nous introduire, tu en es maintenant seigneur et maître, tu ordonnes et disposes à ton gré, et de quel droit ?

OSCAR.

De quel droit ?

Du droit qu'un esprit ferme et vaste en ses desseins, ou si tu l'aime mieux, par droit de conquête, ce qui revient au même. J'avoue que d'abord je voulais te servir, les intentions étaient pures. Mais maintenant je ne vois pas pourquoi je ne continuerais pas pour mon compte. La maison est bonne; je trouve madame Guillaume charmante, et son mari est déjà de mes amis, autant s'établir ici qu'ailleurs.

ALEXANDRE.

Et si dans un instant on te renvoie.

OSCAR.

Est-ce que c'est possible? est-ce que tu ne comprends pas que je fais partie intégrante du logis? Je suis presque du mobilier. En un mot, je remplis en ces lieux des fonctions qui consistent à venir dîner tous les jours, à découper à table, à raconter des histoires, à être l'ami de monsieur, le chevalier de madame; c'est ce qu'on appelle en Italie le sigisbé, dans la haute société, l'ami de la maison, et dans la bonne bourgeoisie, le pensionnaire.

ALEXANDRE.

Comment! tu t'es mis en pension chez madame Guillaume! c'est un coup de maître... Mais comment paieras-tu?

OSCAR.

Hé bien, n'es-tu pas là? Nous partageons cela en amis, en frères; je suis pour les démarches et toi pour l'argent, j'ai fait les avances et tu feras les frais.

ALEXANDRE.

Certainement, je ne demande pas mieux, mais c'est que je n'ai pas d'argent.

OSCAR.

Je le sais bien; mais tu es héritier, et à Paris on prête sur tout, même sur une succession.

SCÈNE XI.

ALEXANDRE.

Une succession comme celle-là! qu'on ne sait où trouver... Voilà un mois seulement que j'ai appris, à Gisors, que M. Floquet, mon grand oncle, était mort depuis un an, ce qui est très négligent à lui, et puis ensuite que tout son héritage consistait en un portefeuille de soixante mille francs, dont s'est emparée une unique héritière qui est venue s'établir à Paris; où veux-tu que je la trouve pour réclamer ma moitié? Paris est si grand, et ma succession est si petite!

OSCAR.

Il est vrai qu'il s'en perd tous les jours de plus considérables que la tienne; mais il faut toujours se mettre en règle.

ALEXANDRE.

Oh! j'ai tous mes papiers, tous mes titres, ils ne me quittent pas! et que je trouve seulement notre héritière, le procès ne sera pas long.

OSCAR.

Peut-être.

ALEXANDRE.

Mais j'ai parlé à un avoué.

OSCAR.

C'est ce que je te disais, raison de plus; et puisque l'héritage est incertain, il faut tâcher que le mariage ne le soit pas. Mademoiselle Joséphine est fille unique, et on n'a pour elle aucun projet de mariage, j'ai déjà découvert cela; ainsi il faut te présenter.

ALEXANDRE.

Oui, mon ami, je me présenterai.

OSCAR.

Nous séduisons ensuite le père et la mère.

ALEXANDRE.

Oui, mon ami, oui, je séduis... Mais, si nous commencions par la fille...

OSCAR.

Je ne m'y oppose pas.

ALEXANDRE.

Tu parleras pour moi. O ciel ! la voici... Mon ami, ne m'abandonne pas ; aide-moi un peu, seulement pour commencer, c'est tout ce que je te demande.

SCÈNE XII.

Les précédens, JOSÉPHINE.

JOSÉPHINE.

Marie m'a dit qu'il y avait un pensionnaire d'arrivé, et qu'on avait recommandé à tout le monde de lui obéir comme au maître de la maison ; cela va être bien amusant.

ALEXANDRE.

Mademoiselle...

JOSÉPHINE.

Ah mon Dieu ! qu'est-ce que je vois là ? Comment, monsieur, c'est vous qui êtes le pensionnaire pour qui on a recommandé tant d'égards ?

OSCAR, qui lit le journal.

Oui, mademoiselle, M. Alexandre, mon ami, mon camarade, qui n'est point étranger à vos climats ; car il a habité aussi la rue Saint-Denis.

SCÈNE XII.

ALEXANDRE.

Laisse-moi dire maintenant. (Haut.) Oui, mademoiselle, j'ai été quelque temps dans une maison de rubannier, aux Trois-Colombes, ici près; et j'avais moi-même l'intention de m'établir dans cette partie-là...

JOSÉPHINE.

Et qui vous en a empêché?

ALEXANDRE.

Mais c'est que... (Se retournant vers Oscar.) Dis donc, mon ami...

OSCAR, à Joséphine.

Une passion invincible, insurmontable... Il voyait souvent passer, devant sa boutique, une jeune personne charmante. Il ne pouvait s'empêcher de la regarder, de l'admirer!...

ALEXANDRE.

Laisse-moi dire maintenant. (Oscar se rassied.) Oui, mademoiselle, de l'admirer; je la suivais aux Tuileries, au spectacle; mais jamais je n'ai pu lui parler, jamais je n'ai osé demander si mon assiduité ne lui déplaisait pas. Je vous le demande, à vous-même, qu'est-ce que cette jeune personne a dû penser?

JOSÉPHINE.

Mais je crois qu'avant tout elle aurait voulu savoir dans quelles intentions...

ALEXANDRE.

Dans quelles intentions, hein, mon ami?

OSCAR, à Joséphine.

Dans quelles intentions? les intentions les plus respectables, les plus légitimes, sans cela serais-je son ami? Oui, mademoiselle, jeune et dans l'âge de plaire, avec une fortune encore équivoque, mais des espérances certaines, il veut se choisir une compagne, une amie, qui embellisse son ménage, qui préside à son magasin.

ALEXANDRE.

C'est bien! je tiens la fin. Oui, mademoiselle, c'est là mon seul vœu, mon seul espoir, je n'en eus jamais d'autre, j'offre une main actuelle et une fortune à venir. Pensez-vous que la personne dont je vous parlais tout à l'heure voulût bien accepter l'une et l'autre?

JOSÉPHINE.

Mais, monsieur, pour répondre pour elle, il faudrait d'abord la connaître.

ALEXANDRE, embarrassé.

La connaître? dis donc, Oscar....

OSCAR.

La connaître? Eh! mademoiselle, se connaît-on soi-même?

ALEXANDRE.

J'y suis...

OSCAR.

Oui, mademoiselle, c'est vous!

ALEXANDRE, à Oscar, l'interrompant.

Je te dis que j'y suis. (A Joséphine.) C'est vous-même!

OSCAR, se rasseyant.

Ah! l'y voilà!... Je savais bien qu'à nous deux nous en viendrions à bout.

SCÈNE XIII.

ALEXANDRE, à Joséphine.

C'est vous que j'ai toujours aimée ! Et, maintenant que vous savez mon secret, je ne sais pas de quoi je serais capable, si je n'obtenais de vous une réponse favorable.

(Il se jette à ses genoux.)

OSCAR, toujours les yeux sur le journal.

C'est bien !... maintenant que le voilà lancé...

SCÈNE XIII.

JOSÉPHINE ; ALEXANDRE, A SES PIEDS ; OSCAR, DANS LE FAUTEUIL ; M. GUILLAUME, PARAISSANT DANS LE FOND.

M. GUILLAUME.

Que vois-je ! ce jeune homme aux pieds de ma fille !... Et vous mademoiselle, que faites-vous là ?

JOSÉPHINE.

J'écoutais... On m'a recommandé d'avoir des égards pour le pensionnaire.

M. GUILLAUME.

Le pensionnaire ! le pensionnaire, le voilà. Et quand même ce serait.... Allons, rentrez, mademoiselle. (Joséphine rentre dans sa chambre.) Parbleu, monsieur, je vous admire, vous êtes là, tranquillement...

OSCAR.

Je me dépêchais d'achever le journal afin de vous l'envoyer.

GUILLAUME, hors de lui.

Air : Qu'il est flatteur d'épouser celle.

On croit peut-être que j'ignore...

OSCAR, lui présentant le journal.

Tenez, l'article est très bien fait.

M. GUILLAUME.

Quoi ! monsieur, vous osez encore...

OSCAR.

Par malheur, il n'est pas complet.

M. GUILLAUME.

Un pareil commerce m'irrite.

OSCAR, montrant le journal.

On l'interrompt juste au plus beau.

M. GUILLAUME.

Mais j'en empêcherai la suite.

OSCAR.

La suite au prochain numéro.

M. GUILLAUME, à part.

Je ne sais ce qui me retient. (Bas à Oscar.) Vous sentez comme moi que monsieur votre ami ne peut pas rester.

OSCAR.

Un instant. Je l'ai invité à dîner, et il dînera. Je n'irai pas payer un cachet pour rien !

M. GUILLAUME.

Quoi ! vous prétendez que je garde dans ma maison ?...

OSCAR.

Je n'ai pas dit cela ! Après dîner, il faudra bien qu'il s'en aille ; je l'exige même ; entendez-vous, jeune homme ? mais il faut qu'il dîne, pour la règle et les principes !

SCÈNE XIII.

M. GUILLAUME.

Mais je vous ferai observer que d'ici au dîner il y a encore une heure et demie.

OSCAR.

C'est ma foi vrai ! je n'y pensais pas ! (Montrant Alexandre.) Il a peut-être besoin de prendre quelque chose... Dis donc, mon ami, ne te gêne pas, tu n'as qu'à parler.

Air : Mon cœur à l'espoir s'abandonne.

Du madère ou du malvoisie,

(A M. Guillaume.)

Choisis. Nous en avons, je croi.

(A Alexandre.)

Surtout, point de cérémonie,
Tu peux agir comme chez toi.

ALEXANDRE.

Mais, mon ami, je te supplie....

OSCAR.

Voyez-vous, il fait des façons.
Allons, je ferai ta partie,
Et tous les deux nous trinquerons,
Et tous les trois nous trinquerons.

ENSEMBLE.

OSCAR, ALEXANDRE, M. GUILLAUME.

OSCAR.

Du madère ou du malvoisie,
Choisis. Nous en avons, je croi.
Surtout point de cérémonie,
Tu peux agir comme chez toi.

ALEXANDRE.

Du madère ou du malvoisie,
J'aime assez tous les deux, je croi.

Je bannis la cérémonie,
Et fais ici comme chez moi.

M. GUILLAUME.

Du madère ou du malvoisie !
C'en est fait de nous, je le voi ;
Ils vont, et sans cérémonie,
Tout mettre au pillage chez moi.

(Oscar et Alexandre sortent par le fond.)

SCÈNE XIV.

M. GUILLAUME, SEUL.

C'est cela! ils vont mettre ma cave à contribution, même avant le dîner; par exemple, il faudra savoir si, dans l'intervalle des repas, je suis obligé de subvenir à la consommation intermédiaire du pensionnaire. Je consulterai là-dessus, parce qu'il me semble, à moi, qu'on n'a pas le droit d'exiger; eh! parbleu, je suis bien bon! s'il ne l'a pas, il le prendra; il prend tout ici.

Air du Ménage de garçon.

Il est plus maître que moi-même,
Dans ma maison je ne suis rien ;
Pour partager le rang suprême,
J'avise un excellent moyen.
Si ma femme veut le permettre,
D'après ce que je vois ici,
En pension je vais me mettre,
Afin de commander aussi.

(On entend du bruit dans l'intérieur de la maison.)

Eh! mais, il me semble qu'on parle bien haut dans le magasin; est-ce que ce serait encore quelque évènement de sa façon?

SCÈNE XV.

M. ET MADAME GUILLAUME.

M. GUILLAUME.
Hé bien, qu'est-ce, madame Guillaume? et quelle est la cause de cette rumeur soudaine?

MADAME GUILLAUME.
Dites encore du mal du pensionnaire!... s'il ne s'en était pas mêlé!...

M. GUILLAUME.
C'est justement là-dessus que je veux vous parler. Je trouve, madame, que le pensionnaire se mêle ici de tout, et je n'entends pas...

MADAME GUILLAUME.
A merveille! pour quelques mots qu'il m'a adressés, je vois déjà que vous êtes jaloux.

M. GUILLAUME.
Non, madame, mais je suis maître de maison; je suis père; je suis époux...

MADAME GUILLAUME.
Allons, encore des idées que vous vous faites.

M. GUILLAUME.
Que je me fais?

MADAME GUILLAUME.
Oui, monsieur; mais nous discuterons cela plus tard; apprenez que vous avez oublié de vous rendre chez le commissaire.

M. GUILLAUME.
Moi! chez le commissaire!

MADAME GUILLAUME.

C'est une formalité indispensable; quand on a des pensionnaires, il faut faire sa déclaration pour attester la moralité des personnes qu'on reçoit.

M. GUILLAUME.

Hé bien, on n'a qu'à m'attendre!

MADAME GUILLAUME.

Oui, mais c'est qu'il y a une forte amende, et que vous l'avez déjà encourue.

M. GUILLAUME.

Là! encore une dépense qu'il m'aura occasionée!

MADAME GUILLAUME.

Rassurez-vous; M. Joseph, le clerc du commissaire, est venu tout à l'heure pour cela au magasin.

M. GUILLAUME.

M. Joseph, celui qui vous faisait une cour si assidue?

MADAME GUILLAUME.

Oui; mais comme il est aussi de la connaissance de M. Oscar (car, c'est charmant, il connaît tout le monde), il l'a invité à dîner, et tout va s'arranger.

M. GUILLAUME.

M. Joseph! M. Joseph dîne ici? hé bien, par exemple! vous ne savez pas que, l'autre semaine, je lui ai écrit de ne plus mettre les pieds chez moi; et il a répondu au commissionnaire que la première fois qu'il me rencontrerait... Ce n'est pas que je le craigne; mais enfin, c'est un homme que je ne peux pas voir; et puisqu'il dîne ici, je n'ai plus qu'un parti à prendre, c'est d'aller dîner chez le restaurateur. Voyez un peu, madame, la belle économie!

SCÈNE XVI.

Air: Cœur infidèle, cœur volage. (de BLAISE ET BABET.)

ENSEMBLE.

M. GUILLAUME, MADAME GUILLAUME.

M. GUILLAUME.

Vous le voyez, c'est votre faute ;
Accueillir chez nous un tel hôte !
Qu'il craigne à la fin ma colère,
Car je sors de mon caractère.

MADAME GUILLAUME.

Monsieur, c'est plutôt votre faute,
Accueillir chez nous un tel hôte !
Craignez à la fin ma colère,
Car je sors de mon caractère.

SCÈNE XVI.

LES PRÉCÉDENS, MARIE.

MARIE, accourant.

(Suite du morceau.)

Monsieur Oscar ! quelle aventure !
(Il s' mêle de tout en ce lieu)
Il vient d' renverser la friture,
Et v'là la cheminée en feu !

M. GUILLAUME.

Et la maison qui n'est pas assurée !

(Ils reprennent ensemble.)

Oui, madame,
Oui, monsieur, } c'est votre faute ;
Accueillir chez nous un tel hôte !
Voyez la belle économie.
Allons éteindre l'incendie.

SCÈNE XVII.

Les précédens, OSCAR, une serviette autour du corps, et tenant a la main un plat ou est une volaille ; ALEXANDRE, JOSÉPHINE.

OSCAR.

Rassurez-vous, rassurez-vous ; j'ai sauvé le rôti !

M. ET MADAME GUILLAUME.

Et le feu !

OSCAR.

C'est déjà fini ; ces braves pompiers vous l'ont éteint en un clin d'œil !

Air de Turenne.

Au beau milieu du feu qui les menace,
Ils étaient là comme en leur élément ;
Enchanté de leur noble audace,
J'ai fait monter dix flacons de vin blanc.

M. GUILLAUME.

A des pompiers donner tout mon vin blanc.
Ne pouvaient-ils, c'était tout bénéfice,
Boire de l'eau, puisqu'ils en ont exprès ?

OSCAR.

Sachez, monsieur, qu'ils n'en boivent jamais,
De crainte de nuire au service.

Mais on ne peut pas boire sans manger, et je les ai invités à dîner au magasin.

M. GUILLAUME, dans le dernier désespoir.

Six pompiers à dîner ! (Il prend le sac d'argent qui est sur la table, et le donnant à Oscar.) Tenez, monsieur, tout calculé, j'aime mieux vous le rendre.

OSCAR, étonné.

Qu'est-ce que c'est que cela ?

M. GUILLAUME.

Deux cents francs que je vous donne pour aller dîner où bon vous semblera, pourvu que ce ne soit pas chez moi.

OSCAR, toujours étonné.

Qu'est-ce que cela veut dire ?

SCÈNE XVIII.

Les précédens, madame JOCARD.

MADAME JOCARD.

Eh mon Dieu! que de monde! On m'avait bien dit, mon voisin, que vous alliez prendre des pensionnaires, exprès pour m'ôter mes cliens, et pour me ruiner; du reste, chacun est maître chez soi, et ce n'est pas de cela qu'il s'agit, je viens vous demander mon reçu.

M. GUILLAUME.

Comment! votre reçu!

MADAME JOCARD.

Oui, le reçu de mon terme; j'ai ce matin apporté l'argent à Marie, qui a dû vous le remettre.

MARIE.

Eh! oui, monsieur, madame Jocard est déjà venue.

ALEXANDRE.

O ciel! madame Jocard! Vous êtes madame Jocard elle-même?

MADAME JOCARD.

Oui, monsieur.

ALEXANDRE.

Qui avez hérité d'un grand-oncle, demeurant à Gisors, le respectable M. Floquet?

MADAME JOCARD.

Oui, monsieur.

ALEXANDRE.

Dieux! quelle rencontre!... (A Oscar.) Mon ami! c'est elle!

OSCAR.

Notre héritière! (Jetant à M. Guillaume la bourse qu'il tient toujours.) Ah! madame! enchanté de faire votre connaissance! Voici mon ami, le jeune Floquet, votre parent, votre cohéritier; liens touchans de la nature et du sang, que vous avez de pouvoir!.. son acte de naissance (Passant à madame Jocard le papier que lui donne Alexandre); le contrat de mariage de son père surtout... lorsque brisés depuis long-temps, un hasard sympathique vous renoue à l'improviste!... (De même) l'acte de liquidation, celui de partage, tout est en règle. Mais nous avons des égards, des sentimens, quoique héritier, nous savons ce qu'on se doit entre parens, et nous vous donnons, pour payer nos trente mille francs, tout le temps convenable.

MADAME JOCARD.

Plus de doute, c'est lui.

M. GUILLAUME, à Alexandre.

Quoi! vous héritez de trente mille francs?

OSCAR.

Qu'il vient mettre aux pieds de votre fille; le repas

SCÈNE XVIII.

d'aujourd'hui devient le repas de noce. Tout le monde y est invité, amis ou non, n'est-il pas vrai ?

JOSÉPHINE.

Mon père !...

MADAME GUILLAUME.

Mon ami !...

ALEXANDRE.

Dois-je dire mon père ?

M. GUILLAUME.

Eh oui, sans doute, le moyen de faire autrement !...

OSCAR.

A merveille ! rien ne sera changé dans la maison; vos enfans et moi, nous nous mettons en pension chez vous.

M. GUILLAUME.

Du tout, j'en ai assez comme cela; qu'ils prennent leur ménage.

OSCAR.

A la bonne heure !... (A Alexandre.) Mon ami, c'est chez toi que je me mettrai en pension.

Air : Allons, partons (d'Azémia).

Allons, allons nous mettre à table
   Que chacun aujourd'hui,
     Convive aimable,
   Soit comme chez lui.

OSCAR, à M. Guillaume.

Air : L'amour qu'Edmond a su me taire.

Dans mes façons expéditives,
Je suis loin d'avoir votre goût ;
Vous craignez les nombreux convives,
Et moi, je les aime beaucoup.

(Bas au public.)

Aussi, comme c'est moi qui prie,

(Désignant M. Guillaume.)

Pour qu'il enrage, venez tous
Chaque soir, sans cérémonie,
Vous mettre en pension chez nous.

(On reprend le chœur.)

Allons, allons nous mettre à table, etc.

FIN DE LA PENSION BOURGEOISE.

LE CHATEAU

DE

LA POULARDE,

COMÉDIE-VAUDEVILLE.

Représentée, pour la première fois, à Paris, sur le théâtre du Gymnase dramatique, le 4 octobre 1824.

EN SOCIÉTÉ AVEC MM. DUPIN ET VARNER.

PERSONNAGES.

LORD DERBY, riche propriétaire.
FARDOWE, peintre écossais.
ALICE, sa fille.
JULIEN, garde-chasse de lord Derby.
JASPER, oncle de Julien.

La scène se passe en Écosse.

FARDOWE.

FAIS MOI LE PLAISIR DE T'EN ALLER

LE CHATEAU DE LA POULARDE.

Le théâtre représente un site agreste ; à gauche une cabane.

SCÈNE PREMIÈRE.

ALICE, ASSISE SUR UN QUARTIER DE ROCHER ET OCCUPÉE A DESSINER ; PUIS LORD DERBY.

ALICE, tout en travaillant.

Si, au lieu d'être la fille d'un artiste, j'étais celle d'un comte, ou d'un lord ; si j'étais propriétaire de ce superbe château dont j'aperçois d'ici les grandes tourelles, alors je pourrais l'épouser !... (Se retournant.) Ah mon Dieu ! lord Derby ! (A part.) Ce que c'est que d'y penser.

LORD DERBY.

C'est vous, miss Alice, que j'ai le bonheur de rencontrer dans ces montagnes !

ALICE.

Oui, je dessinais ce point de vue... Je faisais là... un château... en Espagne...

LORD DERBY.

Est-ce que par hasard vous seriez seule?

ALICE.

Non, vraiment; depuis le point du jour, je suis venu ici avec mon père. Vous savez qu'il ne peut peindre qu'en plein air.

LORD DERBY.

Ce cher Fardowe! je le reconnais bien là; le meilleur et le plus original des hommes. C'est le Lantara de l'Écosse.

Air: L'amour qu'Edmond a su me taire.

L'indifférence l'accompagne
Sur l'avenir, sur le passé;
Souvent le peu d'argent qu'il gagne
Pour les autres est dépensé.
On le croirait dans l'indigence,
A son train modeste et discret;
On le croirait dans l'opulence,
En voyant tout le bien qu'il fait.

ALICE.

Oh! vous, milord, vous êtes un de ses partisans fanatiques.

LORD DERBY.

Ne fût-ce que par reconnaissance; il me semble que je dois plus qu'un autre admirer son talent; c'est à lui que je dois ma fortune; sans lui je serais déshérité.

ALICE.

Que me dites-vous!

LORD DERBY.

Mon père, quelques jours avant sa mort, entouré de parens avides, et abusé sur mon compte par de

faux rapports, avait déjà signé le testament fatal qui m'enlevait tous mes droits, lorsque Fardowe, son commensal et son ami, lui apporte un tableau qu'il venait de terminer ; c'était celui de *l'Enfant prodigue*. Chacun admirait la figure sublime du père, ses traits, animés encore par un reste de colère, et sur lesquels brillent des larmes de joie et de pardon. « Hé bien ! » s'écrie Fardowe en voyant l'émotion générale ; « hé bien ! milord, cet homme que vous ad-
« mirez, ne voulez-vous pas l'imiter ? Son enfant était
« coupable, et il lui ouvre les bras ! Et votre fils à vous,
« qu'est-il devenu ? Vous l'avez chassé, vous l'avez
« banni, et vous le déshéritez ? »

Air: Connaissez mieux le grand Eugène.

« En vain ici chacun admire
« L'œuvre de mon faible pinceau :
« Pour votre honneur j'aime mieux le détruire ;
« Ceux qui viendraient dans ce château
« S'écrieraient tous, en voyant ce tableau :
« De la bonté cette fidèle image
« A sa rigueur n'a rien appris :
« Il eut de l'or pour payer cet ouvrage,
« Il n'en eut pas pour secourir son fils ! »

Un instant après, mon père était dans ses bras, et le testament était déchiré.

ALICE.

Hé bien ! est-ce étonnant ! Jamais mon père ne m'a parlé de cette aventure-là.

LORD DERBY.

Ce qui va bien plus vous surprendre, c'est qu'il ne m'a pas encore été permis de lui en témoigner ma reconnaissance. Il n'a jamais voulu rien accepter de moi.

ALICE.

Pour cela, c'est bien lui ! Il est fier comme un artiste, et comme un Écossais.

LORD DERBY, regardant Alice avec tendresse.

Je n'avais qu'un moyen de m'acquitter envers lui; et ce projet souriait à mon cœur. Mais d'après ce que m'a dit votre père, je sais qu'il ne faut plus y penser.

ALICE.

Quel projet ?... Et que vous a-t-il dit ?

LORD DERBY.

N'en parlons plus. C'est peu généreux à moi de rappeler de pareils souvenirs; et d'ailleurs, j'avais juré de garder le silence. Mais je me suis promis que, malgré lui, je forcerais Fardowe à recevoir quelque chose de ma main, et il faudra bien que j'y réussisse. Vous connaissez le château de Dinvarach, que l'on aperçoit d'ici ?

ALICE.

C'est la plus belle propriété du comté.

LORD DERBY.

Hé bien, Alice, je viens de l'acheter. Et vous devinez dans quelle intention.

ALICE.

Quoi, milord ! vous auriez la générosité ?...

LORD DERBY.

Oh ! je n'ai fait rien encore; le plus difficile, c'est de le forcer à accepter un pareil présent; et si nous n'employons pas quelque ruse... Où est-il maintenant ?

ALICE.

Tenez, le voyez-vous auprès du torrent, assis sur

SCÈNE I.

un rocher, ses pinceaux à la main, et son fusil à côté de lui?

LORD DERBY.

Il a donc toujours la passion de la chasse?

ALICE.

Oui, une passion malheureuse. Il a, entre autres prétentions, celle d'être un des premiers chasseurs de l'Écosse; et je n'ai pas souvenir qu'il ait jamais, dans sa vie, rapporté une perdrix.

Air : De sommeiller encor, ma chère.

Mais rien ne saurait le distraire
De ce goût... c'est une fureur...
A-t-il un paysage à faire,
Il s'y peint toujours en chasseur,
Visant la perdrix, la bécasse...

LORD DERBY.

Est-il ressemblant?

ALICE.

Pas beaucoup :
Car en peinture, quand il chasse,
Il ne manque jamais son coup.

LORD DERBY.

Et cependant, il tient à la réputation d'excellent tireur, bien plus qu'à celle de bon peintre.

ALICE.

C'est que celle-ci est acquise, tandis que l'autre...

LORD DERBY.

Cela peut nous servir. Je cours au château, où j'ai dans ce moment plusieurs seigneurs de mes amis. Nous allons nous concerter... Adieu, adieu; car voici votre père avec arme et bagage.

(Il sort.)

SCÈNE II.

ALICE, puis FARDOWE.

FARDOWE, tenant d'une main sa palette, ses pinceaux, son tableau, son chevalet, et de l'autre son fusil.

Admirable! admirable!

ALICE.

A qui en avez-vous donc, mon père?

FARDOWE.

Je te dis que c'est admirable.

ALICE, prenant le tableau.

Oui, vous avez raison. Vous n'avez rien fait de mieux.

FARDOWE.

Il ne s'agit pas de mon tableau, mais d'un faisan superbe. J'étais trop loin pour l'atteindre; mais qu'il est agréable d'être peintre et chasseur! on aperçoit un pluvier doré dont on veut reproduire les couleurs; pan! voilà un modèle.

Air de Partie carrée.

Tous mes succès, je les dois à la chasse;
Là passe un lièvre, un cerf de ce côté,
Je les abats : mon pinceau les retrace;
Ils revivront dans la postérité.
Oui, nous vivrons à jamais, et j'y compte.

ALICE.

Et le gibier qui court en liberté,
En attendant, déjà prend un à-compte
Sur l'immortalité!

Quel coloris! Quelle vérité! Les beaux arbres! on dirait que le vent les agite encore.

FARDOWE.

Laisse-moi donc tranquille; ça ne vaut pas le diable. Je n'étais pas en train aujourd'hui; et puis, je voulais, pour animer le paysage, placer sur le second plan un petit chamois, lorsque j'en vois un qui file à deux pas; bon! je me dis : voilà mon affaire.

ALICE.

Vous l'avez tué?

FARDOWE.

Eh non! il court encore; je pensais toujours à ma perspective, et j'ai visé sur le second plan.

ALICE.

Tandis que le chamois était sur le premier.

FARDOWE.

Comme tu dis; vois-tu, ma fille, il faudra que je renonce à la peinture; ça me distrait, ça me fait du tort.

ALICE.

Y pensez-vous?

FARDOWE.

Oui, je suis sûr que cette palette, ces pinceaux, tout cela gâte la main.

ALICE.

Allons, il ne manquait plus que cela.

FARDOWE.

Je finirais par ne plus être que de la seconde force.

ALICE, *mettant le tableau sur le chevalet.*

Oui, mais en attendant, il n'y a presque plus rien à faire à ce tableau; et vous allez l'achever; vous l'avez promis à lord Derby.

FARDOWE.

C'est vrai, et ce n'est pas à lui que je voudrais manquer de parole; un brave seigneur, un joli cavalier, immensément riche; je m'en vante. On disait qu'il était dans ce pays; est-ce que tu ne l'as pas vu?

ALICE.

Non... non... mon père... mais puisque nous en sommes sur ce chapitre, expliquez-moi, je vous prie, d'où vient le changement que j'ai cru remarquer dans ses manières. Autrefois, quand j'étais élevée avec lui, au château de son père, il était joyeux, aimable, rempli de prévenances. Depuis, il m'a toujours traitée comme une amie, comme une sœur. Et voilà près d'un mois que je ne le reconnais plus : il ne vient plus, comme autrefois, à votre atelier; ou bien quand il me rencontre, il a un air sombre et soucieux; il évite de me parler.

FARDOWE.

Vrai! c'est bien à lui; c'est un honnête homme, il me l'avait promis.

(Il quitte son tableau, prend son fusil, et s'approche de la coulisse.)

ALICE.

Hé bien, mon père, que faites-vous donc?

FARDOWE.

Tais-toi donc, tais-toi donc, c'est mon faisan que j'avais cru apercevoir; mais le voilà parti; sont-ils impatiens dans ce pays-ci? ils n'attendent jamais qu'on les mette en joue.

ALICE.

Et il n'est pas question de cela, mais de milord. Que vous avait-il promis? et que lui avez-vous dit?

FARDOWE.

Écoute, ma fille; tu es sage, bien élevée, et tu penses comme moi; il faut que l'honneur passe avant tout; hé bien! lord Derby est depuis long-temps amoureux de toi, et il voulait t'épouser.

ALICE.

Que dites-vous? Ce n'est pas possible.

FARDOWE.

Il me l'a avoué, à moi qui te parle; mais j'étais l'ami de son père, je suis le sien, et je ne lui laisserai jamais faire une pareille folie! Pour lui d'abord, parce qu'avec sa fortune et son rang, il peut aspirer aux premiers partis du royaume. Ensuite pour moi, qui ai eu le bonheur de lui être utile, de lui sauver son héritage, et on dirait que je le lui ai conservé pour me l'approprier, on dirait que je me suis fait payer de mes services. Non, non, ce n'est pas là d'un artiste, ni d'un honnête homme.

ALICE.

Ah! mon père!

FARDOWE.

Pour le faire renoncer à ses prétentions, j'ai eu recours à un stratagème dont je te demande pardon; mais c'était le seul qui fût infaillible; je lui ai fait entendre que tu avais une inclination, que tu en aimais un autre.

ALICE.

Comment! vous avez pu lui dire?...

FARDOWE.

J'étais sûr, après cela, qu'il était trop galant homme pour insister; et en effet, tu as dû voir depuis ce moment-là... Hé bien, Alice, hé bien, ma fille, qu'as-tu donc? je crois que tu pleures.

ALICE.

Pardon, mon père, c'est plus fort que moi.

FARDOWE.

Je te comprends, mon enfant. Ce que j'avais cru deviner est donc vrai. Alice, ton cœur doit m'accuser; mais avec le temps, avec la réflexion, tu me rendras plus de justice. Tu ne seras pas la femme d'un lord, mais tu seras la fille d'un artiste, d'un honnête homme. Nous n'aurons rien, c'est probable; mais nous serons fiers de notre pauvreté, cela vaut mieux que de rougir de sa fortune. Allons, Alice; allons, mon enfant; sois bonne fille, sèche tes pleurs, et embrasse ton père.

ALICE, pleurant.

Oui, vous avez raison.... (A part.) mais en attendant, ça fait bien mal.

FARDOWE.

Allons, allons, ne pensons plus à tout cela, et occupons-nous de notre déjeuner. C'est là, je crois, la cabane d'un garde-chasse, et ces gaillards-là, d'ordinaire, ne se laissent pas manquer de provisions. Holà, quelqu'un.

SCÈNE III.

ALICE, FARDOWE, JULIEN.

JULIEN.

Qu'y a-t-il? qu'est-ce qui vous amène?

SCÈNE III.

FARDOWE.

Un excellent appétit! un appétit d'artiste, et une soif de chasseur; deux choses vivaces et tenaces; car chez moi, ça dure toujours.

JULIEN.

Dame! vous ne trouverez guère ici à qui parler; je n'ai que du lait et des fruits.

FARDOWE.

C'est égal, faute de mieux, donne-nous-le toujours. Tiens, voilà, pour ta peine.

JULIEN.

Comment! une pièce d'or! j'ai vu quelquefois des seigneurs, de riches cavaliers, la cravache à la main, qui ne donnaient qu'un scheling, et vous, qui tenez un pinceau! c'est drôle!

FARDOWE.

Oui, mon garçon : il y a des lords qui paient en artiste, moi je suis un artiste qui paie en milord.

JULIEN.

Voilà qui est différent : et à tout seigneur, tout honneur... (A voix basse.) Vous sentez bien que, quand on est garde-chasse dans une forêt remplie de gibier, il faudrait être bien maladroit pour ne pas avoir au moins quelque bonne pièce de venaison.

Air: Tenez, moi je suis un bon homme.

J' vais servir à vot' seigneurie
Un superbe lièvre que j'ai ;
Jamais en meilleur' compagnie
Il ne pourrait être mangé :
Les maîtres de ce beau domaine
N'en rencontrent pas d' si fameux ;

Ils ronf'l'nt encor, que j' somm's en plaine,
Et j' les choisissons avant eux.

Je l'ai tué avant-hier, à cent vingt pas.

FARDOWE.

Diable! c'est un confrère; c'est dans mon genre...
(Fouillant encore dans sa poche) tiens, mon garçon.

ALICE.

Mais, mon père.

FARDOWE.

C'est un excellent tireur; il faut encourager les talens.

(Julien, saluant, rentre dans sa cabane.)

ALICE.

Ah! ça, mon père, y pensez-vous? c'est bien d'être généreux; mais pour un pareil déjeuner, deux pièces d'or, deux guinées.

FARDOWE.

Que veux-tu? elles étaient là; pourquoi aussi ce matin les as-tu mises dans ma poche?

JULIEN, sortant de sa cabane.

Quand milord voudra se mettre à table.

FARDOWE, s'asseyant, ainsi que sa fille.

Allons, mon garçon, et toi aussi, sans façon, nous ne sommes pas fiers.

JULIEN.

Oh! non, monsieur, je n'oserais pas; et puis d'ailleurs, dans ce moment, je n'ai pas d'appétit.

ALICE.

Et pourquoi donc?

SCÈNE III.

JULIEN.

D'abord, parce que j'ai déjeuné, et puis, que j'ai du chagrin.

ALICE.

Ce pauvre garçon ! contez-nous donc cela.

JULIEN.

Voilà le château de Dinvarach qui vient d'être mis en vente ; qui est-ce qui l'achètera ? je n'en sais rien. Le nouveau propriétaire va peut-être m'ôter ma place de garde-chasse, et alors, comment que j'épouserai Marie ?

FARDOWE.

Tu es donc amoureux ?

JULIEN.

Dame ! dans mon état, je n'ai que cela à faire, et à tuer du gibier. Voilà deux ans que je suis amoureux de Marie Weller, la fille d'un marchand de bestiaux ; mais mon oncle Jasper ne veut pas consentir à ce mariage.

FARDOWE.

Et pourquoi ?

JULIEN.

D'abord, parce que je n'ai rien.

FARDOWE.

N'est-ce que cela ? (Fouillant dans sa poche.) Tiens, mon garçon... Ah diable ! cette fois-ci il n'y a plus rien.

JULIEN.

C'est égal, monsieur, ce sera pour une autre fois, vous me devrez ça.

FARDOWE.

Oui, certes, je te promets une dot sur le produit

de mon premier tableau, et nous verrons si ton oncle Jasper... Je lui ferai entendre raison.

JULIEN.

Oh! vous aurez de la peine, parce qu'il est si fier et si hautain, surtout depuis sa dernière dignité; il vient d'être nommé, à Édimbourg, capitaine de la garde urbaine..

FARDOWE.

De la garde urbaine? Amène-le-moi, mon garçon; je me charge de ton affaire. Justement j'ai des renseignemens à lui demander sur un monsieur qui, si j'en crois son uniforme, doit être de sa compagnie; c'est une aventure étonnante qui m'est arrivée hier au salon des tableaux.

ALICE.

Quoi donc? quelle aventure?

FARDOWE.

Je te raconterai cela plus tard; un brave homme que je n'avais jamais vu, à qui j'ai donné un soufflet sans le vouloir, et par distraction.

ALICE.

Qu'est-ce que vous me dites là?

FARDOWE.

Oui, je discutais avec un confrère sur le mérite d'un tableau, que je lui montrais en élevant la main, lorsque la foule qui était derrière nous me pousse le coude, et mes cinq doigts ont été tomber sur la joue d'un voisin observateur impartial. Il a pris cela pour un soufflet; certainement ce n'en était pas un; je m'en rapporte à ceux qui s'y connaissent. Mais impossible de s'entendre; la foule nous a séparés; et je t'avoue

SCÈNE III.

que je serais enchanté de le retrouver pour m'expliquer avec lui, et lui faire mes excuses.

ALICE.

Ah! mon Dieu! et s'il ne veut pas les recevoir?

FARDOWE.

Tant pis pour lui; je ne lui conseille pas de se fâcher; parce qu'au fusil comme au pistolet, je suis sûr de mon coup. Tu peux être tranquille, tu me connais.

ALICE, à part.

C'est pour cela que je tremble.

FARDOWE, à Julien.

Va chercher ton oncle; ne lui dis rien, je me charge de tout.

JULIEN.

Air: Je regardais Madelinette.

Dans cet endroit daignez m'attendre;
Pour aller plus vit' le chercher,
J' connais un ch'min que je vais prendre,
En glissant d' rocher en rocher.
C'est la méthode la plus sûre,
Dans c' pays pour ne pas broncher;
Et sans mes deux mains, je vous jure,
Que je n'y pourrais pas marcher.

Dans cet endroit, etc., etc., etc.

(Il sort par la gauche.)

SCÈNE IV.

ALICE, FARDOWE; LORD DERBY, ENTRANT PAR LA DROITE.

FARDOWE.

C'est vous, milord; je ne m'attendais pas au plaisir de vous voir. Qui diable vous amène sur ces montagnes, au milieu des forêts?

LORD DERBY.

Je venais les visiter en amateur; elles dépendent du château de Dinvarach, dont je voulais faire l'aquisition.

FARDOWE.

Une bonne idée que vous avez là; il n'y a pas de plus belle propriété à cinquante lieues à la ronde.

LORD DERBY.

Oui, mais, par malheur, il n'y a pas moyen de l'acheter.

ALICE, à part.

Que veut-il dire?

FARDOWE.

Vous êtes arrivé trop tard?

LORD DERBY.

Non; le château n'est plus à vendre; il est à gagner: afin d'en avoir un meilleur parti, on l'a mis en loterie.

FARDOWE.

C'est la mode maintenant; ils n'en font pas d'autres. Ainsi donc, c'est le hasard qui va décider.

SCÈNE IV.

LORD DERBY.

Non; c'est l'adresse. Sir Robert, le propriétaire, est un grand chasseur, et qui, tout en vendant son château, espère le regagner; c'est pour cela qu'il a décidé qu'il appartiendrait au tireur le plus habile.

FARDOWE, vivement.

A merveille! sir Robert a eu là une idée sublime.

LORD DERBY.

Aujourd'hui même, et sur cette plate-forme, qui est l'endroit du pays le plus élevé, on doit dresser un mât de cinquante pieds de haut. (Montrant la coulisse à gauche.) Et tenez, je crois déjà même qu'on y travaille.

FARDOWE.

C'est ma foi vrai!

LORD DERBY.

A l'extrémité du mât, on doit attacher la plus belle volaille de la basse-cour de milord : le choix est tombé sur une poularde magnifique, et celui qui sera assez heureux pour l'abattre...

FARDOWE, se frottant les mains.

Gagnera le château, c'est charmant; c'est une espèce de tournoi.

ALICE, riant.

En effet, ça aurait quelque chose de chevaleresque, si ce n'était la poularde.

LORD DERBY.

Oui, riez, je vous le conseille. Moi, qui voulais me rendre adjudicataire, et qui suis maladroit, je n'en approcherai jamais; cependant j'ai pris quatre billets.

FARDOWE.

Dites-moi donc, milord, est-ce que le prix en est bien cher?

ALICE, à part.

Voilà mon père qui donne dans le piége.

LORD DERBY.

Mais oui; six mille francs le billet, et encore on n'en trouverait plus, tout a été pris en un instant.

ALICE.

Ah! mon Dieu! c'est exorbitant!

FARDOWE.

Qu'est-ce que tu dis donc? six mille francs un château comme celui-là! c'est pour rien! c'est donné! pour quelqu'un, surtout, qui est à peu près sûr. Dieux! si j'avais...

LORD DERBY.

Est-ce que vous n'avez pas d'argent?

FARDOWE, fouillant dans sa poche.

Peut-être bien.

Air de l'Écu de six francs.

Aux espèces je ne tiens guères;
J'ai toujours regardé l'argent
Comme un de ces amis vulgaires,
Qui vous font visite en courant,
Et qui ne restent qu'un instant;
Chez moi, l'on dirait qu'il s'ennuie,
Et j'en sais le motif secret:
C'est que jamais dans mon gousset
Il ne se trouve en compagnie.

LORD DERBY.

Moi, je n'ai pas grand espoir; et si vous voulez

SCÈNE IV.

choisir parmi mes billets, je serai trop heureux de vous faire un cadeau.

FARDOWE.

Et moi, morbleu! je n'en veux pas. Nous ne recevons rien, n'est-ce pas, ma fille? Mais nous pouvons faire ensemble un autre marché, une affaire de commerce. Voici un tableau que je vous ai promis; prenez, regardez, et estimez-le.

LORD DERBY.

Douze mille francs, s'il ne vaut le double.

FARDOWE.

Ce n'est pas vrai, vous abusez de ma position.

LORD DERBY.

Je vous soutiens qu'il les vaut.

FARDOWE.

Il ne les vaut pas; et je m'y connais mieux que vous, j'espère, un amateur. (A part, à sa fille.) Un ignorant, qui veut se mêler de parler. (A lord Derby.) Écoutez, milord, je vous en ferai encore un pareil, et vous me céderez deux billets, voyez si cela vous convient.

LORD DERBY.

C'est conclu. Venez avec moi au château, tous les prétendans y sont rassemblés, et je vous donnerai là vos deux numéros.

ALICE, à part, à lord Derby.

Ah, milord! je vous devine; quelle reconnaissance!

LORD DERBY.

Partons. Venez-vous, Fardowe?

FARDOWE.

Je vous suis, milord, je prends mon fusil. (A part, en s'en allant.) Dieux! quand j'y pense, d'ici avec mon fusil, pif, paf, je la vois dégringoler... Milord, je suis à vos ordres.

(Il sort avec Alice et lord Derby.)

SCÈNE V.

JULIEN, puis JASPER.

JULIEN.

Par ici, mon oncle, par ici.

JASPER.

Hé bien! où est donc ce monsieur?

JULIEN.

Il était là; il va revenir, si vous voulez l'attendre.

JASPER.

Me faire attendre, la conduite est un peu leste, surtout lorsque j'ai pris la peine de condescendre à ses désirs.

JULIEN.

C'est égal, mon oncle, ne vous fâchez pas, parce que c'est un brave homme, un homme de talent, qui fait des choses étonnantes. Il m'a promis de me donner une dot, et de vous faire entendre raison.

JASPER.

Me faire entendre raison! voilà un drôle bien hardi! Tu ne lui as donc point appris ce qu'était Jasper de Mac-Kin-Kof, capitaine de la garde d'É-dimbourg?

SCÈNE V.

JULIEN.

Si, mon oncle; je l'ai prévenu que vous étiez un enragé, et que vous couriez après les coups de pistolet, comme si vous ne pouviez pas vivre sans cela. Mais il ne s'agit pas ici de se battre, comme vous le faites toutes les semaines, c'est, au contraire, une conférence pacifique.

JASPER.

Tant pis, morbleu! Dans ce moment, je serais enchanté d'avoir une affaire; il me la faut, comme indemnité, car hier on m'a fait un affront.

JULIEN.

Qu'est-ce que c'est, mon oncle?

JASPER.

Taisez-vous, ça ne vous regarde pas.

Air de Voltaire chez Ninon.

Je sais bien ce que j'ai reçu :
(A part.)
C'était un soufflet anonyme.
(Haut.)
Je réserve au premier venu
Un courroux aussi légitime...

JULIEN.

Quoi! vraiment! qu'il soit blond ou brun?...

JASPER.

Cela m'est égal... ma vaillance
A besoin de tuer quelqu'un :
Mais je n'ai pas de préférence.

JULIEN.

Là, encore des querelles, je ne vous conçois pas;

ça vous est donc égal d'exposer comme ça votre existence?

JASPER.

Non pas, mon neveu; j'y tiens autant qu'un autre, et même plus qu'un autre; car je sais ce que valent les jours d'un brave : mais dans mon état, il faut être chatouilleux sur l'article, alors, je me suis fait un courage sans danger, une bravoure à coup sûr.

JULIEN.

Comment, mon oncle, vous vous faites assurer?

JASPER.

Oui, monsieur, en me façonnant, depuis quinze ans, au maniement et exercice du pistolet, où je suis, j'ose le dire, d'une force imperturbable.

AIR : Voici la manière.

Mettre avec justesse
Une balle à vingt pas ;
Grâce à son adresse
Narguer le trépas :
Habile guerrier ,
Par une valeur méthodique,
Tirer le premier ,
Afin d'éviter la réplique ;
La visière nette ,
Le poignet dispos :
Voilà la recette
Pour faire un héros.

DEUXIÈME COUPLET.

Sitôt qu'on se fâche,
Loin d'être pressé ;
Moi toujours je tâche
D'être l'offensé.
Alors, en avant....

Et tous mes coups sont immanquables ;
Achille et Roland
N'étaient-ils pas invulnérables ?
Casser bras et tête
Sans risquer ses os,
Voilà la recette
Pour faire un héros.

JULIEN.

Tenez, mon oncle, voilà ce monsieur; je suis sûr que du premier mot vous allez vous entendre. Je vais vous présenter..

(Jasper se tient un peu à l'écart.)

SCÈNE VI.

Les précédens, FARDOWE.

FARDOWE.

J'ai mes deux billets, n°s 3 et 4.

JULIEN, allant à Fardowe.

Monsieur, c'est mon oncle qui est là...

FARDOWE.

Mille pardons, je suis à lui. (A Jasper.) Monsieur, j'ai bien l'honneur... Eh ! mais, en croirai-je mes yeux !

JASPER.

Par la caserne d'Édimbourg ! c'est mon homme d'hier, celui qui avait gardé l'incognito.

JULIEN.

Ils se connaissent ; ah bien ! ça va aller tout seul.

FARDOWE.

Je suis enchanté de vous rencontrer, la foule qui

nous a séparés, m'a empêché hier de vous faire mes excuses.

JASPER.

Je n'ai pourtant pas quitté la salle.

FARDOWE.

Et moi, je vous attendais à la porte; il n'est pas étonnant que nous ne nous soyons pas retrouvés. Mais je vous répète, monsieur, que le hasard seul...

JASPER.

Ce n'est pas là la satisfaction qu'il me faut : l'affaire a eu des témoins; je suis l'offensé, vous en convenez...

JULIEN.

Eh bien, qu'est-ce qu'il dit donc?

FARDOWE.

C'est-à-dire, monsieur, vous êtes l'offensé parce que vous le voulez bien, c'est une complaisance de votre part, car je vous déclare sur mon honneur...

JASPER.

Il suffit, monsieur, vous devez me comprendre... (A haute voix) et si vous êtes brave...

FARDOWE, se rapprochant de Jasper, et lui parlant à demi-voix.

Monsieur, les braves ne crient pas; l'heure, le lieu, le choix des armes, c'est comme vous voudrez; seulement, et dans votre intérêt, je vous engage à ne pas choisir le pistolet; voilà tout ce que j'ai à vous dire.

JASPER.

Au contraire, monsieur, c'est mon arme.

FARDOWE.

A la bonne heure, ma délicatesse est à couvert;

SCÈNE VI.

mais laissons là les affaires particulières, parlons de votre neveu et de son mariage.

JASPER.

Non, monsieur ; point de conférence, point de mariage ; je ne veux rien entendre, et si mon neveu osait y penser encore, comme tuteur, je le lui défends ; comme oncle, je le déshérite ; et comme capitaine de la force armée, je le fais arrêter, s'il ose passer outre, à tantôt. A trois heures.

AIR : L'amour ainsi qu' la nature.

Ici je viendrai vous prendre.

FARDOWE.

Enchanté de vous attendre.

JASPER.

Et dans ces lieux retirés...

FARDOWE.

Monsieur, comme vous voudrez.

JASPER.

Sans adieu....

FARDOWE.

Prêt à vous suivre.

JASPER.

Il faudra qu'avant ce soir
L'un de nous cesse de vivre....

FARDOWE.

Au plaisir de vous revoir.

JASPER, en s'en allant.

A tantôt... à trois heures...

SCÈNE VII.

FARDOWE, JULIEN.

FARDOWE.

Voilà un farouche guerrier.

JULIEN.

Ah! mon Dieu! qu'ai-je fait là? et qu'est-ce que ça va devenir?

FARDOWE.

Sois tranquille, mon enfant; je n'oublierai point que c'est ton oncle, et je te promets de l'épargner.

JULIEN.

Ce n'est pas pour lui que j'ai peur.

FARDOWE.

Comment! ce serait pour moi! ce pauvre garçon! sois tranquille, je reconnaîtrai cela; je t'avais promis une dot sur mon premier tableau, et tu l'auras, je te le jure, c'est-à-dire... non; ça n'est pas possible, il est vendu d'avance.

JULIEN, à part.

Et c'est peut-être le dernier qu'il pourra faire.

FARDOWE, se fouillant.

Et dire que je n'ai rien sur moi!... Tiens, mon garçon, voilà un billet excellent, c'est de l'or en barre... (A part.) Au fait, je n'ai pas besoin d'en avoir deux, puisque je suis sûr du premier coup....

SCÈNE VIII.

JULIEN.

Et qu'est-ce que j'en ferai?

FARDOWE.

Tu le vendras; ça vaut six mille francs au porteur. — Et tu trouveras ici, dans l'instant, une foule de lords et de jeunes seigneurs qui seront trop heureux de te l'acheter; on n'en trouve plus.

JULIEN.

Six mille francs!

FARDOWE.

C'est une dot, et avec cela tu pourras te moquer de ton oncle, de ton tuteur et du capitaine de la force armée. Entends-tu le son du cor? c'est le signal, je vais me préparer.

Air du Pot de fleurs.

> Favorisé par des chances nouvelles,
> Je puis posséder un château
> Orné de ses quatre tourelles;
> Dieux! pour un peintre quel tableau!
> Moi qui, toujours sur le *qui-vive*,
> N'eus jusqu'ici pour logement
> Qu'un grenier sur le premier plan,
> Et l'hôpital en perspective.

(Il sort.)

SCÈNE VIII.

JULIEN, seul.

Je n'en reviens pas encore. Comment! dans ce billet-là, il y a le château de Dinvarach! C'est ma foi vrai! tout ça y est écrit, c'est une loterie. Billet n° 3, prix : *six mille francs.* Comme dit ce brave homme, c'est une dot, aussi je m'en vais le vendre sur-le-champ. C'est dommage, malgré ça, que ça ne rapporte pas davantage; parce qu'enfin.... six mille francs, il n'y a pas de quoi rouler carrosse, ça me fera traîner pendant quelques années, et voilà tout. C'est celui qui gagnera le château qui sera bien heureux!... et dire que, d'un coup de fusil, on peut devenir seigneur du canton! quand je pense à cela, la main me démange, et voilà des idées seigneuriales qui me montent à la tête... Je sais tirer aussi bien qu'eux; il n'y a là que des gens riches, ça n'est pas fort. (Faisant signe de tirer.) En fait de ça, un milord ne vaut pas un garde-chasse. Allons, au petit bonheur, je me risque.

Air des Amazones.

Oui, tout ou rien... allons, je me hasarde.
Voilà le but que l'on vient de placer ;
Ajustons bien, et surtout prenons garde,
Car je n'ai pas de quoi recommencer...
Nombre de gens aujourd'hui qui parviennent,
Richards, banquiers, comme on en voit beaucoup,
Pour fair' fortune à deux fois s'y reprennent,
Moi j' suis forcé d' la faire du premier coup.

Je les entends, je cours chercher mon fusil.

(Il rentre dans sa cabane.)

SCÈNE IX.

Lord DERBY, FARDOWE; chœur de prétendans portant le fusil sur l'épaule; paysans avec des tambours et des musettes, piqueurs avec des cors de chasse.—Un paysan marche en tête avec une bannière déployée, paysans et paysannes, et parmi ces dernières Alice, qui est spectatrice.

Chœur et marche du cortége, qui défile sur le devant du théâtre, au bruit du tambour, sur l'air de *la Servante justifiée*.

(Pendant cette marche, on a placé près de la coulisse, à droite, une espèce de balustrade à hauteur d'appui, qui est censée en face du grand mât, qu'on ne voit pas. — Les musiciens, la bannière, les prétendans se mettent à gauche du théâtre, et les paysans garnissent le fond; plusieurs gravissent sur les rochers et sur les arbres, afin de mieux voir.)

LORD DERBY, bas à un paysan.

Tout est bien convenu.

LE PAYSAN, de même.

Oui, milord, je serai au pied du grand mât, où je tiendrai la corde... Dès qu'on élèvera la bannière, ça sera signe que M. Fardowe va tirer, et alors...

LORD DERBY.

C'est cela même, cours à ton poste.

LE PAYSAN.

Ah ça, vous m'assurez au moins que je ne risque rien, c'est que celui qui va gagner le prix est si maladroit... il ne faut qu'une balle égarée...

LORD DERBY.

Sois donc tranquille; je te réponds de tout.

FARDOWE, regardant dans la coulisse.

Dites donc, milord, c'est joliment loin, il y a plus de deux cents pas, et à peine si l'on aperçoit l'héroïne de la fête.... Attendez, elle a remué la tête, c'est bon, je sais à peu près où elle est; voilà tout ce qu'il me faut.

LORD DERBY.

Attention, on va commencer par ordre de numéros.... (Fouillant dans sa poche.) (A part.) Je crois que je me suis donné les numéros 1 et 2. (Haut.) Et vous, Fardowe?

FARDOWE, occupé à arranger son fusil, et lui passant sa carte.

Je n'en sais rien; voyez vous-même, je crois que c'est le 4.

LORD DERBY.

Et l'autre?

FARDOWE.

Je ne l'ai plus; je l'ai donné à un pauvre diable, à qui j'avais promis une dot; et tenez, le voici, son fusil sur l'épaule.

(En ce moment, Julien sort de sa cabane.)

LORD DERBY.

Eh mais, c'est un garde-chasse... Ah mon Dieu! le petit Julien, le plus habile tireur du pays! C'est décidé, (Montrant Fardowe) je ne pourrai jamais rien faire pour cet homme-là; il a toujours le talent de tout renverser.

FARDOWE.

Qu'est-ce que vous avez donc?

SCÈNE IX.

LORD DERBY.

Rien, morbleu!... (Haut.) Mais ce gaillard-là, qui n'est pas prévenu, est capable de ne pas la manquer.

FARDOWE, à Julien.

Tu as toujours ton billet?

JULIEN.

Oui, monsieur, le n° 3.

LORD DERBY, à part.

Juste, avant lui.

FARDOWE.

Est-ce que tu n'as trouvé personne qui voulût le prendre?

JULIEN.

Si, monsieur. Mais je me le suis pris moi-même, parce que j'ai bonne idée de mon fusil, qui ne manque jamais son coup sur des perdrix; ainsi, je me suis dit : sur une poularde...

FARDOWE.

Comme tu voudras, mon garçon, tu es le maître, et puis je serai près de toi, et je te donnerai des conseils pour ajuster.

LORD DERBY, à part.

Parbleu! il n'y a que ce moyen-là. Faisons un échange. (Prenant un des billets dans sa poche, et le tendant à Fardowe.) Venez vite; car le maître des cérémonies va appeler les numéros.

(Roulement de tambour.)

LE MAITRE DES CÉRÉMONIES, tenant une feuille de papier.

Le numéro *un*.

LORD DERBY.

C'est moi, monsieur.

LE MAÎTRE DES CÉRÉMONIES.

Présentez votre billet.

(Lord Derby donne son billet.)

LE MAITRE DES CÉRÉMONIES, après l'avoir examiné.

C'est bien. (A un garde qui se trouve auprès de lui.) Remettez le fusil à milord. Attention, messieurs, voilà le premier coup.

(Lord Derby se place près de la balustrade, et ajuste.)

JULIEN, au maître des cérémonies.

Dites donc, monsieur, il me semble qu'il se met trop près, le fusil ne doit pas dépasser la balustrade.

FARDOWE.

Taisez-vous donc... (Regardant lord Derby.) Plus bas, milord, plus bas, vous visez trop haut; ce n'est pas comme cela.

JULIEN.

On ne doit pas donner de conseils, c'est défendu; chacun pour soi. (A part.) Dieux! que j'ai peur qu'il ne la touche! (Lord Derby tire le coup de fusil.) Vivat! il n'y a rien. je l'ai vue remuer, et elle est encore en place. Quel bonheur! (Regardant son billet.) Il n'y a plus qu'un numéro avant moi.

LE MAÎTRE DES CÉRÉMONIES.

Le numéro *deux*. (Grand silence.) Hé bien! messieurs, qui est-ce qui a le numéro *deux?* personne ne répond...

JULIEN.

Alors, s'il n'y est pas, c'est au numéro *trois*. C'est moi.

LORD DERBY.

Du tout; ça n'est pas juste.

SCÈNE IX.

JULIEN.

Si, milord, voilà comme ça se fait ordinairement.

LORD DERBY.

Ça n'est pas possible. Voyons, messieurs, qui est-ce qui a le *deux* ?

ALICE.

Ce n'est pas vous, mon père ?

FARDOWE, tirant son billet.

Hé! non, puisque j'ai le *quatre*. (Le regardant.) Pardon, pardon, messieurs, le voilà; c'est bien étonnant; j'aurais juré que j'avais le *quatre*... tellement que, tout à l'heure encore, je le disais à milord.

LA MAÎTRE DES CÉRÉMONIES.

Présentez votre billet. (L'examinant.) C'est bien.

FARDOWE, se plaçant près de la balustrade.

Ah ça, mon cher ami, prenons garde; il ne s'agit pas ici de passer à côté. (Prenant le fusil.) Dieux! quel moment! il y va d'une propriété seigneuriale, et bien plus encore, de ma réputation! l'Angleterre et l'Écosse ont les yeux sur moi.

(Il ajuste.)

JULIEN.

C'est bien, à la manière dont il vise, il en ira à deux cents toises, je ne risque rien de préparer mon fusil.

(Fardowe lâche la détente, le coup part, on élève la bannière, des acclamations se font entendre, les tambours, les cors partent à la fois.)

CHOEUR.

Air de la Servante justifiée.

Bravo ! bravo ! la poularde est à bas !
Avec fracas
Célébrons sa victoire.

> Honneur et gloire
> A cet adroit chasseur,
> Qui du château devient le possesseur!

(Pendant ce chœur, Fardowe, frappé de joie et de surprise, a laissé tomber son fusil, et a manqué de se trouver mal. Lord Derby, Alice, et tous ses amis le soutiennent, l'entourent et le félicitent.)

FARDOWE.

En êtes-vous bien sûr?

LORD DERBY.

Oui, sans doute, oui, mon ami; voici monsieur le maître des cérémonies qui en dresse un procès-verbal. C'est un coup admirable!

FARDOWE.

Hé bien! je l'avais senti; car en lâchant la détente, je me disais: le coup est bon.

JULIEN.

Mort et damnation! je n'ai seulement pas tiré, et mes six mille francs sont perdus.

FARDOWE.

Mes bons amis, milord, ma fille, oui, je suis le plus heureux des hommes... (On entend sonner trois heures.) Ah mon Dieu! qu'est-ce que c'est que cela?

LORD DERBY.

Trois heures qui sonnent à l'horloge de votre château.

FARDOWE.

Trois heures! ce que c'est que la vie; je vous demande si on a le temps d'être heureux; et mon adversaire qui va arriver? (Bas à Derby.) Milord, j'ai un service important à vous demander: c'est d'emmener à l'instant ma fille, et tout ce monde-là.

SCÈNE X.

LORD DERBY.

Vous ne venez pas avec nous au château, où tout est préparé pour votre installation.

FARDOWE.

Oui, certes; dans une demi-heure, j'irai vous rejoindre, je l'espère bien; mais dans ce moment, j'ai besoin d'être seul; je vous en conjure, au nom de notre amitié.

LORD DERBY.

Cela suffit; et dès que vous le désirez... (A part.) Encore quelque bizarrerie! il sera original toute sa vie. (Haut.) Messieurs, nous allons nous rendre au château de Dinvarach, où le seigneur va bientôt nous rejoindre.

CHOEUR.

(Reprise de l'air.)

Bravo! bravo! la poularde est à bas!
Avec fracas
Célébrons sa victoire.
Honneur et gloire
A cet adroit chasseur,
Qui du château devient le possesseur!

SCÈNE X.

FARDOWE, seul.

C'est l'instant du rendez-vous, il ne faut pas que la fortune me fasse perdre la mémoire ou le courage. Hé bien! c'est singulier, ce matin, j'étais mieux disposé; il me semble qu'un artiste doit se battre plus volontiers qu'un propriétaire ; et il est de fait que d'aller exposer ses jours, quand on est riche et heureux, quand on ne demande qu'à vivre, et à bien se porter...

Air du vaudeville de Garrick.

Voici, je crois, l'instant de commenter
Les lieux communs de la philosophie ;
C'est bien ici le cas de répéter :
« Qu'est-ce que l'homme ?... et qu'est-ce que la vie ? »
Jeunes ou vieux, jamais nous ne pouvons
 Voir le bonheur qu'en perspective.
 De tous nos vœux nous l'appelons ;
 A chaque instant nous l'attendons...
 Et nous partons quand il arrive.

Allons, allons, chassons ces idées-là, et voyons ce qui me reste à faire. Quoique je sois en veine, on ne sait pas ce qui peut arriver ; et en cas de malheur, qu'est-ce que tout cela deviendra après moi ? Voyez déjà les inconvéniens de la fortune. Ce matin, je n'aurais pas eu besoin de testament ; à présent, il m'en faut un ; je ne peux pas mourir sans cela.

(Il s'assied à la table où le maître des cérémonies a laissé ce qu'il faut pour écrire.)

« Milord,

« C'est peut-être une lettre d'adieu que je vous
« écris. Mais je ne veux pas partir pour l'autre monde
« avec un mensonge sur la conscience. Je vous ai dit
« que ma fille en aimait un autre : c'est faux ; elle n'a
« jamais aimé que vous ; mais elle était trop pauvre
« pour devenir votre femme. Aujourd'hui, c'est dif-
« férent. J'ai gagné un château ; je le lui donne ; elle
« peut vous épouser ; je suis tranquille sur son bon-

« heur : vous vous en chargerez. Si je ne suis pas tué
« (et je ferai mon possible pour cela), je serai prêt à
« signer demain le contrat de mariage. S'il en est au-
« trement, je désire que vous hâtiez la noce, et que
« vous pleuriez le moins possible. J'ai vécu gaîment,
« je veux mourir de même. C'est dans ces sentimens
« que je suis votre ami,

« FARDOWE,

« Artiste, et seigneur de Dinvarach. »

Hein! qui vient là? est-ce le capitaine? Non, c'est ma fille.

SCÈNE XI.

FARDOWE, ALICE.

ALICE.
Mon père! mon père!

FARDOWE.
Qu'est-ce que tu viens faire ici? N'ai-je pas dit que je voulais être seul? Il est bien étonnant que nous autres seigneurs nous n'ayons jamais un instant à nous.

ALICE.
Ne vous fâchez pas, je voulais savoir si vous n'étiez pas indisposé.

FARDOWE.
Je me porte à merveille, quant à présent... Il faut espérer que ça continuera; et pour ça, fais-moi le plaisir de t'en aller.

ALICE.

Est-ce que vous ne venez pas au château? On vous attend; la danse est organisée, le vin circule en abondance; et ce sont des cris de joie, des transports...

FARDOWE.

Et une ivresse générale; ils ont raison! la vie est courte, et il faut en profiter. J'irai les rejoindre aussitôt que je pourrai. En attendant, voici une lettre qu'il faut remettre à milord.

ALICE.

On va la lui envoyer sur-le-champ.

FARDOWE.

Non, ce n'est pas la peine; dans une heure, il sera temps. Adieu, ma fille. (A Alice, qui s'en va.) Ah! encore un mot.

ALICE.

Qu'y a-t-il?

FARDOWE.

Je désire que tu la lui portes toi-même, entends-tu? Et si j'ai eu des torts envers toi, tu verras, mon enfant, que j'ai songé à les réparer.

ALICE.

Que dites-vous?

FARDOWE.

Va-t'en... (La rappelant.) Ah, ma fille!

ALICE.

Que voulez-vous, mon père?

FARDOWE.

Rien... tiens, embrasse-moi... encore une fois... (Lui serrant la main.) Alice, tu es une bonne fille, une excellente fille... (Brusquement.) Allons, va-t'en, et laisse-moi tranquille.

ALICE.

Oui, mon père. (A part.) Je n'y connais plus rien.

SCÈNE XII.

FARDOWE, seul.

Maintenant, je puis attendre mon adversaire. (Regardant le côté par où sa fille est sortie.) Je laisse à ma fille une belle fortune, un bon mari, et en cas de malheur... hé bien ! je n'y pensais pas... en cas de malheur, voilà mes tableaux qui doubleront de prix.

Air du Petit Courrier.

Oui, dans notre état quel plaisir !
On a, par un destin propice,
Deux cents pour cent de bénéfice,
Quand on a l'esprit de mourir.
C'est un parti que devrait suivre
L'artiste qui veut des succès,
Et ceux qui persistent à vivre
N'entendent pas leurs intérêts.

SCÈNE XIII.

JASPER, FARDOWE.

FARDOWE.

Ah ! voici notre brave capitaine.

JASPER.

Je suis désolé, monsieur, que vous soyez arrivé le premier.

FARDOWE.

Il n'y a pas de mal.

JASPER.

Si, monsieur; il y a dix minutes de retard; c'est la première fois de ma vie; et sans mon service qui m'a retenu... (A part) et puis, je n'étais pas fâché de m'exercer un peu; j'ai baissé de quelques lignes, et j'ai besoin de me remettre. (Lui présentant ses deux pistolets.) Monsieur veut-il choisir?

FARDOWE.

Vous êtes trop bon, je suis à vos ordres.

JASPER.

C'est à moi, monsieur, de tirer le premier.

FARDOWE.

Si vous voulez bien prendre cette peine.

JASPER.

Nous allons mesurer la distance.

SCÈNE XIV.

Les précédens, JULIEN.

JULIEN.

Hé bien! hé bien! qu'est-ce que vous faites donc?

JASPER.

Tu le vois bien. Retire-toi.

JULIEN.

Mon dieu! mon oncle, comme vous prenez ça! je ne veux pas vous gêner; mais je désirerais vous parler, ainsi qu'à monsieur.

SCÈNE XIV.

JASPER.

Plus tard, nous verrons ça.

JULIEN.

Plus tard, il ne sera plus temps.

FARDOWE.

Il a raison; et avant d'entamer la petite discussion, si j'osais vous prier de consentir à son mariage; faites-le pour moi, par amitié, ça ne nous empêchera pas de nous brûler la cervelle.

JASPER.

Comment, monsieur!

FARDOWE.

Quand ça devrait nous retarder un peu; nous rattraperons le temps perdu.

JASPER.

Air : Ce que j'éprouve en vous voyant.

Allons, monsieur, plus de retard,
Partons... il faut que j'en finisse.

FARDOWE.

Mais au moins qu'un dernier service
Précède l'instant du départ :
Mariez-les, quoi qu'il vous coûte
Un bienfait est si doux au cœur,
Et surtout pour un voyageur...
Lorsque l'on va se mettre en route
Cela, dit-on, porte bonheur.

JASPER.

Il ne s'agit pas de cela; je vous prie, monsieur, de vous mettre à quinze pas.

FARDOWE.

Un instant. (A Julien.) Tu vois, mon garçon, que

j'ai fait mon possible. Que puis-je maintenant pour toi ?

JULIEN.

Me donner une place dans le château que vous venez de gagner.

FARDOWE.

N'est-ce que cela ? Je te nomme premier garde-chasse.

JASPER, s'approchant.

Comment ! monsieur a gagné un château ?

JULIEN.

Oui, mon oncle ; et si vous saviez comment. A deux cents pas, il a, du premier coup, abattu une poularde.

JASPER.

Hein ! qu'est-ce que tu dis là ?

JULIEN.

Et sans y regarder, sans prendre la peine de viser. Je n'ai jamais vu un coup comme celui-là. Allez, si j'avais connu sa force, au lieu de m'amuser à concourir, j'aurais joliment vendu mon billet.

JASPER, à part.

Diable ! il paraîtrait que j'ai affaire à un gaillard déterminé. (Haut.) Je vois que monsieur est sûr de son coup.

FARDOWE.

A peu près, monsieur. Mais, du reste, je vous ai prévenu. Ainsi, quand vous voudrez...

JASPER, à part.

Ah mon Dieu ! je sais bien que c'est à moi de tirer

le premier; mais si, par hasard, je le manque, mon affaire est sûre; tout à l'heure, déjà je baissais de quelques lignes, et l'émotion va me faire dévier.

FARDOWE.

Hé bien, monsieur, je vous attends... Voulez-vous compter les quinze pas?

JASPER.

Du tout, monsieur, j'ai dit à vingt-cinq.

FARDOWE.

Vous avez dit à quinze.

JASPER.

J'ai dit à vingt-cinq... C'est à moi, qui suis l'offensé, à déterminer la distance.

FARDOWE.

A vingt-cinq, si vous voulez, je n'y tiens pas.

JULIEN.

Parbleu! quand il y en aurait deux cents, ça lui est égal.

JASPER, à part.

Cet homme-là est d'un sang-froid qui lui donne un avantage...

FARDOWE.

Qu'est-ce que vous dites?

JASPER.

Je dis, monsieur, que quand on a une pareille supériorité, on ne vient pas provoquer les gens.

FARDOWE.

Je ne suis pas l'agresseur.

JASPER.

Si monsieur.

FARDOWE.

C'est involontairement, je vous en ai fait mes excuses, (montrant Julien) et devant témoin.

JULIEN.

Eh oui, mon oncle; ce matin M. Fardowe vous a répété...

JASPER.

Qu'est-ce que tu dis?... M. Fardowe!...

JULIEN.

C'est son nom, qu'on vient de m'apprendre au château.

JASPER.

Quoi! j'aurais l'honneur de parler à M. Fardowe, à un talent distingué, au premier peintre de l'Écosse! et je me permettrais d'attenter à des jours qui sont chers aux beaux-arts?

FARDOWE.

Les beaux-arts n'y font rien; et si vous vous croyez offensé...

JASPER.

Non, monsieur; quand je vois cette main qui a fait tant de chefs-d'œuvre, je me dis que trop de gloire l'environne; pour qu'elle puisse jamais porter d'offense, et vous n'aviez qu'à vous nommer pour faire tomber mes armes.

FARDOWE.

Vous acceptez donc mes excuses?

JASPER.

Oui, monsieur.

FARDOWE.

Et vous consentez au mariage de votre neveu?

JASPER.

Après la place que vous venez de lui accorder, c'est moi qui suis trop heureux...

FARDOWE.

Hé bien, voilà qui est dit, touchez là, et embrassons-nous.

JASPER.

De tout mon cœur.

SCÈNE XV.

Les précédens, ALICE, lord DERBY, chœur.

ALICE, entrant vivement.

Arrêtez! arrêtez!... séparez-les.

JULIEN, la retenant, et lui montrant le groupe.

Et pourquoi donc, ils s'embrassent.

ALICE ET LORD DERBY.

Que vois-je!

FARDOWE.

Une réconciliation; et je vous présente mon nouvel ami, le capitaine Jasper, qui va nous faire l'honneur de dîner avec nous dans mon château.

ALICE.

Je respire; mais, tout à l'heure, en me disant adieu, vous aviez un air si singulier, que, dans mon inquiétude, j'ai porté sur-le-champ à milord cette lettre....

LORD DERBY.

Qui maintenant me rend le plus heureux des hommes... Je suis sûr de la tendresse d'Alice, de votre amitié, et vous pouvez, de votre vivant, voir exécuter votre testament. -

FARDOWE.

Hé bien! à la bonne heure, j'aime autant ça... Ah ça, mes amis, il paraît que tant tués que blessés, il n'y a personne de... excepté la poularde... que je serais bien aise de voir de plus près, ne fût-ce que pour faire connoissance avec cette pauvre bête, qui m'a institué son légataire universel.

JULIEN, la prenant des mains d'un paysan.

Tenez, monsieur Fardowe... la voici.

FARDOWE, la contemplant.

Quel air de générosité!

JULIEN, cherchant

Mais c'est drôle... où donc a-t-elle été frappée?... je ne vois pas la marque de la balle!

LORD DERBY, bas à Alice.

L'imbécile! il va tout découvrir... (Haut.) C'est que tu ne regardes pas bien. (Il fait signe à un paysan de reprendre la poularde et de lui casser la patte.)

JULIEN.

Parbleu! je vous défie de lui trouver la moindre blessure; elle est morte en parfaite santé.

JASPER.

Ce sera donc de frayeur.

FARDOWE.

Qu'est-ce que ça signifie?

LORD DERBY.

Tenez... tenez... vous êtes bien habile... la balle lui fracturé le tibia.

SCÈNE XV.

ALICE.

Et elle se sera achevée en tombant.

LORD DERBY.

Précisément.

FARDOWE.

A la bonne heure! Mes amis, quoique nouvellement enrichi, je ne serai point ingrat; et pour lui rendre, après sa mort, les honneurs qu'elle mérite; pour éterniser ses bienfaits et ma reconnaissance, j'entends que le château de Dinvarach s'appelle désormais LE CHATEAU DE LA POULARDE; et aujourd'hui, à dîner, pour l'inauguration... elle occupera le poste d'honneur... la place du milieu, en rôti.

VAUDEVILLE.

Air nouveau de M Adam.

DERBY.

Honneur à l'artiste, au poète,
Qui, maîtrisant de vains désirs,
Met son bonheur dans la retraite,
Et dans la gloire ses plaisirs;
Qui, loin de la route commune,
Va droit à la célébrité ;
Qui trouve en chemin la fortune,
Et passe gaiment à côté !

JASPER.

Dans les combats où je m'engage,
Le succès n'est jamais douteux ;
Je triomphe, c'est mon usage.
En amour je suis moins heureux :
Je fais la guerre aux demoiselles
Depuis trente ans en vérité ;
Je vise au cœur toutes les belles,
Et toujours je passe à côté.

FARDOWE.

Le savant cherche le génie,
L'avocat sa péroraison ;
Le médecin la maladie,
Le malade sa guérison ;
L'auteur court après la malice,
Les amans après la beauté,
Les plaideurs après la justice :
Souvent chacun passe à côté.

ALICE, au public.

Vous plaire est notre unique envie ;
Que votre visite ce soir
De plusieurs autres soit suivie :
C'est notre vœu, c'est notre espoir.
Que votre bonté s'en souvienne ;
Et quand un destin souhaité
Vers ce théâtre vous amène,
Ah! ne passez pas à côté.

FIN DU CHATEAU DE LA POULARDE.

YELVA,

ou

L'ORPHELINE RUSSE,

VAUDEVILLE EN DEUX PARTIES,

Représenté pour la première fois, à Paris, sur le théâtre du Gymnase dramatique, le 18 mars 1828.

EN SOCIÉTÉ AVEC MM. DEVILLENEUVE ET DESVERGERS.

PERSONNAGES.

La comtesse DE CÉSANNE.
ALFRED, fils du comte de Césanne.
TCHÉRIKOF, seigneur russe.
FOEDORA, sa cousine.
YELVA, jeune orpheline.
KALOUGA, Cosaque.
GERTRUDE DUTILLEUL, gouvernante d'Yelva.
Témoins.
Modistes.
Lingères.

La scène se passe, peur la première partie, à Paris, dans une maison du quartier Saint-Jacques; et, pour la seconde, dans la Pologne russe, à quelques lieues de Wilna.

YELVA.

ALFRED !.....

Yelva. Acte II. Sc. XVI.

YELVA.

PREMIÈRE PARTIE.

Le théâtre représente un appartement simplement meublé ; porte au fond : deux portes latérales. Sur le premier plan, à gauche de l'acteur, une croisée ; une table de toilette du même côté, un peu sur le devant.

SCÈNE PREMIÈRE.

Madame DUTILLEUL, sortant de l'appartement a droite de l'acteur.

A-t-on jamais vu une pareille étourderie ? je ne sais à quoi pense cette petite fille ? laisser son album dans la grande allée du Luxembourg ! Aussi, c'est ma faute ; nous étions là assises sur un banc ; je lui parlais de M. Alfred, de notre jeune maître, et quand il est question de lui, ça nous fait tout oublier. Allons, allons, le mal n'est pas grand, je le retrouverai sans doute à la même place ; car, au Luxembourg, il n'y a que des gens honnêtes : il n'y va personne ; et puis d'ailleurs, de la rue Saint-Jacques, il n'y a qu'un pas, et si ce n'étaient les six étages au-dessus de l'entresol...

Air : Muse des bois.

C'est un peu dur, j'en conviens avec peine,
Quand on n'a plus ses jambes de quinze ans ;
Plus d'une fois il faut reprendre haleine
Et raffermir ses pas trop chancelans.
Pourtant je l'sens, lorsqu'on s'voit à mon âge,
Si près du ciel il est doux d'habiter...
Ça nous rapproche ; et quand vient l'grand voyage,
Il n'reste plus qu'un étage à monter.

(Écoutant.) Tiens, une voiture s'arrête à la porte. (Regardant par la croisée.) Un monsieur en est descendu ; un beau landau, une livrée verte et un grand Cosaque ; chez qui donc ça peut-il venir? Il n'y a dans cette maison que des étudians en droit ou en médecine ; et ça ne connaît pas d'équipages ; ça ne connaît que le parapluie à canne.

(Tchérikof entre suivi de Kalouga.)

SCÈNE II.

TCHERIKOF, ENTRANT PAR LE FOND, MADAME DUTILLEUL, KALOUGA.

TCHÉRIKOF, à Kalouga qui est resté derrière lui.

Kalouga, restez, et attendez mes ordres.

MADAME DUTILLEUL.

Est-ce à moi, monsieur, que vous voulez parler?

TCHÉRIKOF.

Pas précisément ; mais c'est égal.

MADAME DUTILLEUL.

Pardon, monsieur, n'ayant pas l'honneur de vous

connaître, vous ne trouverez pas extraordinaire que je vous demande qui vous êtes?

TCHÉRIKOF.

C'est facile à vous apprendre. Vous saurez d'abord, qu'on me nomme Iwan Tchérikof, nom qui jouit de la plus haute considération depuis les bords du Pruth jusqu'aux rives de la Néwa; c'est vous dire assez que je suis Russe; ma famille est une des plus riches de l'empire; j'ai pour mon compte 300,000 roubles de revenu, quatre châteaux, deux palais, cinq mille chaumières et dix mille paysans, tous très bien constitués et d'un excellent rapport; j'en ai toujours avec moi un échantillon assez flatteur. Kalouga, que je vous présente.

(Kalouga s'avance un peu.)

Air: Dans ma chaumière.

Pour un Cosaque
On le reconnait au maintien;
Et quoiqu'il ait l'air un peu broque,
Comment le trouvez-vous?

MADAME DUTILLEUL.

Fort bien

Pour un Cosaque.

TCHÉRIKOF.

Remerciez madame et sortez. Allez m'attendre en bas avec mon cocher et mes deux chevaux; et soyez bien sages tous les quatre. (Kalouga sort.) Voilà, madame, les dons que je tiens du hasard. Quant à mes avantages personnels, j'ai trente ans, un physique assez original, je possède cinq langues et environ une demi-douzaine de décorations, sans compter les médailles.

MADAME DUTILLEUL.

Je vous en fais bien mon compliment.

TCHÉRIKOF.

Il n'y a pas de quoi.

MADAME DUTILLEUL.

Et puis-je savoir ce qui vous amène chez moi?

TCHÉRIKOF.

C'est plus difficile à vous expliquer. Vous ne m'en voudrez pas, je l'espère, si je vous avoue qu'ici, à Paris, je m'ennuie à force de m'amuser.

MADAME DUTILLEUL.

Je comprends.

TCHÉRIKOF.

Alors, pour faire diversion, j'ai été ce matin me promener au Luxembourg.

MADAME DUTILLEUL.

Ce qui nous arrive quelquefois.

TCHÉRIKOF.

Je le sais bien; et, dans une allée solitaire, j'ai trouvé cet album, que je me suis fait un devoir de vous rapporter.

MADAME DUTILLEUL.

O ciel! c'est celui d'Yelva. Et comment, monsieur, avez-vous su à qui il appartenait, et où nous demeurions?

TCHÉRIKOF.

Parce que, depuis long-temps, j'ai l'honneur de vous suivre tous les jours au Luxembourg, et de rester des heures entières en contemplation devant vous, ce que vous n'avez pas remarqué, parce que, grâce au ciel, vous avez la vue basse ; mais moi qui l'ai excellente, je n'ai perdu aucune des perfections de votre charmante fille ; je sais de plus que c'est la vertu, la sagesse même ; j'en ai la preuve par tous les présens qu'elle m'a refusés.

MADAME DUTILLEUL.

Quoi ! monsieur, ces cachemires, ces diamans, c'est vous qui avez osé ?...

TCHÉRIKOF.

J'ai eu tort d'employer, rue Saint-Jacques, le système de la Chaussée-d'Antin.

MADAME DUTILLEUL.

Monsieur !...

TCHÉRIKOF.

Calmez-vous, femme respectable ; je vous ait dit que je me repentais. Je suis jeune, ardent, impétueux : mais, au milieu de mes erreurs, j'aime la vertu... Je vous prie de ne pas prendre cela pour une déclaration. Et depuis qu'hier je vous ai entendu prononcer le nom d'Yelva, lui parler de la Russie, son pays natal, je me suis dit qu'une Moscovite, une compatriote, avait des droits à mon respect, à ma protection, et je viens vous demander sa main.

MADAME DUTILLEUL.

Sa main ?

TCHÉRIKOF.

Cela vous étonne ! Au fait, c'est par là que j'aurais dû commencer.

AIR : *Ses yeux disaient tout le contraire.*

Demeurant loin du Luxembourg,
 Je fus trompé par la distance ;

> De l'Opéra, mon unique séjour,
> J'avais encor la souvenance.
> Ici je vois que, pour avoir accès,
> Il faut faire parler, ma chère,
> L'amour d'abord, et les cadeaux après ;
> Là-bas c'était tout le contraire.

MADAME DUTILLEUL.

Il serait possible ! Mais Yelva est une jeune orpheline qui n'a aucun bien.

TCHÉRIKOF.

Je crois vous avoir dit que j'avais trois cent mille roubles, dix mille paysans...

MADAME DUTILLEUL.

Mais votre famille consentirait-elle?

TCHÉRIKOF.

Je n'en ai plus, excepté mon oncle, le comte de Leczinski, que j'ai laissé à Wilna, il y a dix ans, ainsi que ma petite cousine Fœdora, qui alors en avait huit, et je ne dépends pas d'eux ; je suis mon maître. J'ai trop de fortune pour un, il faut donc que nous soyons deux. Et si la gentille Yelva veut devenir la comtesse de Tchérikof?...

MADAME DUTILLEUL.

Permettez, monsieur, je ne vous ai pas dit... vous ne savez pas encore...

TCHÉRIKOF.

Je ne sais pas encore si cela lui convient, c'est vrai. Mais la voici, nous allons le lui demander.

SCÈNE III.

Les précédens, YELVA, sortant de la chambre a gauche.

TCHÉRIKOF.

Approchez, belle Yelva.

YELVA

Le salue, et regarde, d'un air d'étonnement et de plaisir, son costume, et semble demander, par ses gestes, quel est cet étranger?

MADAME DUTILLEUL.

Monsieur, je dois vous apprendre...

TCHÉRIKOF.

Du tout, je vous prie de laisser parler mademoiselle.

MADAME DUTILLEUL.

Et du tout, monsieur, la pauvre enfant ne le peut pas; elle est muette.

TCHÉRIKOF.

O ciel!

MADAME DUTILLEUL.

Aussi, vous ne vouliez pas m'écouter.

YELVA

Lui fait signe qu'elle peut l'entendre, mais qu'elle ne peut pas lui répondre.

TCHÉRIKOF.

Pauvre enfant! Un tel malheur la rend encore plus intéressante. Et comment cela lui est-il arrivé?

MADAME DUTILLEUL.

Oh! il y a bien long-temps : elle n'avait que quatre

ou cinq ans. C'était à la guerre, dans un combat, dans une ville prise d'assaut. Je ne puis vous expliquer cela. Sa mère et les siens venaient de périr à ses yeux. Et son père, qui l'emportait dans ses bras, fut couché en joue par un soldat ennemi... (Yelva fait un mouvement pour interrompre madame Dutilleul.) Pardon, chère enfant, de te rappeler de pareils souvenirs. (Bas à Tchérikof.) Tant il y a, monsieur, qu'au moment de l'explosion, au moment où elle vit tomber son père, elle voulut pousser un cri; mais l'effroi, la douleur, lui causèrent un tel saisissement, que depuis ce temps...

TCHÉRIKOF.

Je conçois, cela s'est vu très souvent, une commotion subite peut vous ôter ou vous rendre la parole. Nous avons l'histoire de Crésus, dont le fils n'avait jamais pu dire un mot, et qui, en voyant une épée levée sur son père, s'écria : *Miles, ne Cræsum occidas!* ce qui veut dire : Grenadier, ne tue pas Crésus ! mais c'est là du latin; et quoique nous soyons dans le pays, vous n'êtes pas obligée de le comprendre; revenons à notre jeune Moscovite. (A Yelva.) Savez-vous dans quel endroit, dans quelle ville cela vous est arrivé?

YELVA

Fait signe que non, et qu'elle ne pourrait le dire.

TCHÉRIKOF.

Et avec qui étiez-vous ?

YELVA

Indique à Tchérikof qu'elle était alors entourée de gens qui avaient tous de grands plumets, des décorations comme lui, de grandes moustaches..., et qu'il en passait beaucoup devant elle, se tenant bien droits et marchant au bruit du tambour.

TCHÉRIKOF.

A ce portrait, je crois reconnaître les superbes grenadiers de notre garde impériale, dont je faisais partie en 1812; car j'étais capitaine à treize ans; c'était ma seconde campagne.

MADAME DUTILLEUL.

Et où aviez-vous donc fait la première?

TCHÉRIKOF.

A Saint-Pétersbourg, comme tout le monde, à l'école des Cadets, où j'étais le plus espiègle. Mais ce que je viens d'apprendre ne change rien à mes intentions : au contraire, mademoiselle, je vais vous parler avec la galanterie française et la franchise moscovite. Vous êtes fort bien, je ne suis pas mal, vous n'avez pas assez de fortune, j'en ai trop, et je cherche quelqu'un avec qui la partager.

Air: Amis, voici la riante semaine.

Fuyant l'ennui qui me poursuit sans cesse,
J'ai tout goûté... tout vu; car les plaisirs,
Sans pouvoir même épuiser ma richesse,
Ont de mon cœur épuisé les désirs.
Et, comme époux lorsque je me propose,
Ce que de vous je demande à présent,
C'est du bonheur... car c'est la seule chose
Que je n'ai pu trouver pour mon argent.

Maintenant c'est à vous de répondre, si vous pouvez.

YELVA

Lève les yeux sur lui, lui témoigne sa reconnaissance, et le supplie de ne pas lui en vouloir... mais elle ne peut accepter.

TCHÉRIKOF.

Comment! vous refusez : et pourquoi? est-ce que

je ne vous plais pas? est-ce que je n'ai pas les traits nobles et élégans, la tournure distinguée? celles qui me l'ont dit jusqu'à présent, m'auraient-elles trompé? c'est possible.

YELVA

Lui fait signe que non ; qu'il est fort bien, fort aimable... qu'elle a du plaisir à le voir.

TCHÉRIKOF.

J'entends; à la manière dont vous me regardez, je crois comprendre que vous avez du plaisir à me voir?

YELVA

Lui fait signe que oui.

TCHÉRIKOF.

Et que vous avez pour moi de l'affection?...

YELVA, par gestes.

Oui.

TCHÉRIKOF.

De l'amitié?...

YELVA, par gestes.

Oui.

TCHÉRIKOF.

Un commencement d'amour?...

YELVA, par gestes.

Non.

TCHÉRIKOF.

J'entends bien; ça ne peut pas être de l'adoration; mais je l'aime mieux, parce que, depuis que je suis en France, j'ai été si souvent adoré par des femmes aimables, qui me le disaient, que je préfère être aimé tout uniment par vous qui ne me le dites pas; j'ai idée que cela durera plus long-temps.

YELVA, par gestes.

Non, non, cela n'est pas possible ; je ne puis vous épouser.

TCHÉRIKOF.

Nous ne pouvons pas être unis, et pourquoi ? parce que vous êtes muette ; en ménage c'est le meilleur moyen de s'entendre : et d'ailleurs voilà votre gouvernante ; cette femme estimable qui ne nous quittera pas, et qui pourra suppléer au besoin ; tout cela se compense.

MADAME DUTILLEUL.

Comment, monsieur, est-ce que vous me prenez pour une babillarde ?

TCHÉRIKOF.

Du tout, du tout, surtout dans votre position, comme obligée de parler pour deux ; vous n'avez que bien juste ce qu'il faut. Mais vous, Yelva, vous ne pouvez pas me refuser pour un pareil motif ; et si vous n'avez pas d'autres objections, si votre cœur est libre, si vous n'aimez personne ; car je jurerais bien...

YELVA, par gestes.

Non, ne jurez pas...

TCHÉRIKOF.

Quoi ! qu'est-ce que c'est ? Je ne comprends pas. Est-ce que votre cœur aurait déjà parlé ?

YELVA, par gestes.

Peut-être bien : je n'en suis pas sûre.

TCHÉRIKOF.

Ah, mon dieu ! je crains de comprendre... Hein, qui vient-là ?

SCÈNE IV.

Les précédens, ALFRED, entrant par la porte du fond.

MADAME DUTILLEUL.

C'est monsieur Alfred, notre jeune maître.

ALFRED, sans voir Tchérikof, allant à madame Dutilleul et à Yelva.

Bonjour, ma bonne Gertrude; bonjour, ma chère Yelva.

TCHÉRIKOF.

Eh! mais, si je ne me trompe, c'est M. Alfred de Césanne?

ALFRED, voyant Tchérikof.

Un étranger!

TCHÉRIKOF.

Qui n'en est pas un pour vous. J'ai eu l'honneur de vous voir deux ou trois fois rue d'Artois, chez mon banquier.

ALFRED.

Oui, vraiment, ce seigneur russe, si riche, et si aimable.

TCHÉRIKOF.

Il me reconnaît.

ALFRED.

Et comment vous trouvez-vous ici, près du Luxembourg?

TCHÉRIKOF.

Il est vrai que c'est un peu loin, un peu froid, un peu désert. Relativement à votre capitale, ce serait presque la Sibérie, (regardant Yelva) si parfois on n'y trouvait des roses.

ALFRED, avec chaleur.

Enfin qui vous y amène ?

(Yelva cherche à le calmer.)

MADAME DUTILLEUL, allant prendre l'album.

Cet album que nous avions oublié, et que monsieur a eu la complaisance de nous rapporter.

TCHÉRIKOF.

Ce qui m'a donné l'occasion de faire connaissance avec une aimable compatriote.

ALFRED.

En effet, Yelva a vu le jour aux mêmes lieux que vous, et je conçois qu'une pareille rencontre... Il est si difficile de la voir sans s'intéresser à elle ! Daignez me pardonner des soupçons dont je n'ai pas été le maître. Et vous, ma chère Yelva ?...

(Il va au fond du théâtre, avec Yelva et madame Dutilleul.

TCHÉRIKOF, à part, pendant qu'Alfred, Yelva et madame Dutilleul ont l'air de causer ensemble.

Maintenant, je comprends tout-à-fait, et c'est dommage, parce que, malgré moi, je la regardais déjà comme une compagne, comme une consolation que le ciel m'envoyait sur cette terre étrangère ; n'y pensons plus.

MADAME DUTILLEUL, à Alfred, qui lui a montré, ainsi qu'à Yelva, une lettre de son père.

Quoi ! vraiment, votre père ne s'y oppose plus ?

YELVA

Témoigne, par ses gestes, la surprise qu'elle éprouve ; mais elle ne peut le croire encore.

ALFRED, lui montrant une lettre.

Vous le voyez.

MADAME DUTILLEUL.

Jamais je n'aurais osé l'espérer !

YELVA

Porte la lettre à ses lèvres, exprime son bonheur... Puis va à Tchérikof, lui tend la main, et semble lui demander l'amitié qu'il lui a promise.

TCHÉRIKOF.

Quoi ! que veut-elle dire ?

ALFRED.

Qu'il nous arrive un grand bonheur, et qu'à vous, son compatriote, elle voudrait vous en faire part.

TCHÉRIKOF.

Vraiment ! Eh ! bien, c'est très bien à elle, parce que, certainement, je ne croyais plus être pour rien dans son bonheur ; mais si, de mon côté, je peux jamais lui être utile, à elle ou à vous, monsieur le comte, vous verrez qu'en fait de noblesse et de générosité la France et la Russie peuvent se donner la main.

ALFRED.

Je n'en doute point, monsieur ; et, pour vous le prouver, j'accepte vos offres. Yelva et moi nous avons un service à vous demander.

TCHÉRIKOF.

Il serait possible !

YELVA

Lui fait signe que oui... et qu'elle le supplie de le lui accorder.

ALFRED, à Yelva.

Rentrez dans votre appartement, tout à l'heure nous irons vous y rejoindre.

(Il baise la main d'Yelva, qui le prie de ne pas être long-temps; elle fait à Tchérikof un sourire et un geste d'amitié, et rentre avec madame Dutilleul dans la chambre à gauche.)

SCÈNE V.

TCHÉRIKOF, ALFRED.

TCHÉRIKOF.

Elle est charmante! mais ça ne m'étonne pas, le sang est si beau en Russie.

ALFRED.

N'est-il pas vrai?

TCHÉRIKOF.

Il ne lui manque que la parole; mais, avec ces yeux-là, on peut s'en passer; moi, d'abord, si je les avais, je ne dirais plus un mot; et quand je voudrais séduire, je regarderais; ce qui voudrait dire : « *Regardez-moi, aimez-moi.* »

ALFRED, riant.

Ce serait un fort bon moyen.

TCHÉRIKOF.

N'est-ce pas? je l'ai quelquefois employé; mais entre nous, qui pouvons adopter une autre forme de dialogue, ce serait tout-à-fait inutile. Daigner donc me dire verbalement en quoi je puis être utile à ma jeune compatriote, que je connais à peine, et dont j'ignore même les aventures.

ALFRED.

Elles ne seront pas longues à vous raconter. Lors de la retraite de Moscou, recueillie par des soldats qui, quelques jours, quelques semaines après, périrent eux-mêmes ou furent forcés de l'abandonner, Yelva allait expirer de misère et de froid, lorsque mon père, le comte de Césanne, officier supérieur, aperçut sur la neige cette pauvre enfant, qui se mourait et ne pouvait se plaindre; il l'emmena avec lui, la conduisit en France, et l'éleva sous ses yeux, près de moi; c'est vous dire que, depuis ma jeunesse, depuis que je me connais, j'adore Yelva.

TCHÉRIKOF.

Je me doutais bien de quelque chose comme cela.

ALFRED.

Quand mon père s'aperçut qu'une telle amitié était devenue de l'amour, il était trop tard pour s'y opposer; il l'essaya cependant. Yelva fut éloignée de la maison paternelle; et, sous la surveillance de Gertrude, notre vieille gouvernante, elle fut exilée dans ce modeste asile, où il leur fut défendu de me recevoir.

TCHÉRIKOF.

C'est pour cela que vous y venez tous les jours. Je me reconnais là. Les obstacles; il n'y a rien comme les obstacles.

ALFRED.

Ma belle-mère, la meilleure des femmes, qui nous chérit tous les deux comme ses enfans, ne s'opposerait point à notre mariage; mais mon père, qui avait pour moi des vues ambitieuses, me destinait un parti magnifique, une fortune immense.

TCHÉRIKOF.

Et comment avez-vous fait ?

ALFRED.

Il y a quelques jours, j'ai déclaré à mon père que, soumis à mes devoirs, je n'épouserais pas Yelva sans son aveu ; mais que, s'il fallait être à une autre, je quitterais plutôt la France et ma famille.

TCHÉRIKOF.

Y pensez-vous ?

ALFRED.

Je l'aurais fait, et mon père, qui me connaît, s'est enfin rendu à mes prières. « Je ne m'y oppose plus, « m'a-t-il dit froidement ; faites ce que vous voudrez ; « mais je ne veux pas assister à ce mariage, ni revoir Yelva. » Depuis ce jour, en effet, il a quitté Paris. Hier seulement, j'ai reçu une lettre de lui, où il m'envoyait son consentement pur et simple ; et j'ai fait tout disposer pour que notre mariage ait lieu aujourd'hui même.

TCHÉRIKOF.

Aujourd'hui. (A part.) J'avais bien choisi l'instant pour ma déclaration.

ALFRED.

Mais un de mes amis, sur lequel je comptais, me manque en ce moment ; et si vous vouliez le remplacer...

TCHÉRIKOF.

Moi ! être un de vos témoins !

ALFRED.

Air du vaudeville de Partie et Revanche.

C'est Yelva qui vous en prie,
Elle croira, par un rêve flatteur,
Revoir en vous ses parens, sa patrie.

TCHÉRIKOF.

Monsieur, j'accepte, et de grand cœur,
Oui, je serai témoin de son bonheur.

(A part.)

Je venais pour mon mariage,
Et je m'en vais servir au sien :
C'est toujours ça... j'ai du moins l'avantage
De n'être pas venu pour rien.

(Haut.)

C'est bien à vous, M. Alfred; c'est très bien d'épouser une orpheline sans fortune. Chez nous autres Russes, cela n'aurait rien d'étonnant, parce que nous aimons le bizarre, l'original ; et dans la proposition que vous me faites, dans la situation où je me trouve, il y a quelque chose qui me plaît, qui me convient.

ALFRED.

Vraiment !

TCHÉRIKOF.

Et pourquoi ? parce que c'est original ; et moi, je le suis depuis les pieds jusqu'à la pointe des cheveux. Je suis donc à vos ordres ; ainsi que mes gens et ma voiture qui nous attendent en bas.

ALFRED.

Non, je vous en prie, renvoyez-les ; que tout se fasse sans bruit, sans éclat, dans le plus grand incognito.

TCHÉRIKOF.

C'est différent ; ils vont alors retourner à l'hôtel, où je vais les consigner, ainsi que Kalouga, mon Cosaque, parce que ce petit gaillard-là, quand je le laisse seul dans Paris, il a les passions si vives. Je descends donc leur donner mes ordres, (à part) acheter mon présent de noces pour la mariée, (à Alfred) et je reviens ici vous prendre en fiacre, en sapin ; je n'y ai jamais été, ça m'amusera, c'est original.

ALFRED.

Air du vaudeville de la Somnambule.

Par ce moyen, nous n'irons pas bien vite.

TCHÉRIKOF.

Tant mieux, morbleu ! pourquoi donc se presser ?
Lorsque ce sont les chagrins qu'on évite,
En tilbury j'aime à les devancer.
Mais lorsqu'à nous l'amitié se consacre,
Quand le bonheur vient pour quelques instans,
Auprès de nous tâchons qu'il monte en fiacre,
Pour qu'avec lui nous restions plus long-temps.

(Alfred reconduit Tchérikof, qui sort par la porte du fond.)

SCÈNE VI.

ALFRED, YELVA.

MUSIQUE.

À peine Tchérikof est-il sorti, qu'Yelva entr'ouvre la porte de la chambre à gauche, et court à Alfred avec joie ; elle lui montre la lettre de son père qu'elle tient encore, et lui dit par ses gestes : Il est donc vrai ! votre père y consent.

ALFRED.

Oui, ma chère Yelva, mon père consent enfin à

te nommer sa fille, et rien ne s'oppose plus à mon bonheur.

YELVA, par gestes.

Je passerai ma vie auprès de toi, toujours ensemble. (Puis regardant autour d'elle avec inquiétude, et montrant la lettre :) « Ton père, pourquoi n'est-il pas ici ? »

ALFRED, avec embarras.

Mon père ne peut venir... Des affaires importantes le retiennent loin de Paris... et ce mariage doit avoir lieu aujourd'hui.

YELVA, par gestes.

Aujourd'hui ?

ALFRED.

Oui, ce matin même ; et je vais tout disposer.

YELVA, par gestes, montrant la place où était Tchérikof, et le désignant.

Un instant... et mon compatriote, où est-il ?

ALFRED.

Ce jeune Russe ? il va revenir ; il consent à être notre témoin.

YELVA, par gestes.

Tant mieux.

ALFRED.

Il te plaît donc ?

YELVA, de même.

Oui.

ALFRED.

Et tu l'aimes ?

YELVA, par gestes.

Mais oui.

ALFRED, avec un mouvement de jalousie.

Pas comme moi ?

YELVA.

(Remarquant ce mouvement, se hâte de le rassurer.) Je l'aime parce qu'il a l'air bon... mais non comme toi : car toi, je t'aimerai toute la vie.

(L'orchestre joue l'air du duo d'Aline : *Je t'aimerai toute la vie.*)

ALFRED.

Ah ! je n'en veux qu'un gage.

(Il veut l'embrasser.)

YELVA.

Le repousse doucement, en lui disant : Non, pas maintenant... mais plus tard... Partez, l'on vous attend.

ALFRED.

Oui, tu as raison, je vais tout préparer... Adieu, Yelva, adieu ma femme chérie. (Il lui baise la main.)

YELVA, par gestes.

Adieu, mon mari.

(Alfred sort par le fond, en lui envoyant un baiser.)

SCÈNE VII.

YELVA, PUIS MADAME DUTILLEUL.

MUSIQUE.

YELVA,

Restée seule, le suit encore des yeux ; puis, quand il est disparu, quand elle ne peut plus être vue, elle lui renvoie son baiser. Madame Dutilleul entre dans ce moment.

MADAME DUTILLEUL.

Eh bien ! eh bien ! mademoiselle, qu'est-ce que vous faites ?

YELVA,

Toute honteuse, ne sait comment cacher son embarras.

MADAME DUTILLEUL.

Qu'est-ce que c'est que ces phrases-là? à qui était-ce adressé?

YELVA, par gestes.

A personne.

MADAME DUTILLEUL.

A personne!... à la bonne heure; mais il y a des gens qui pourraient prendre cela pour eux; en russe comme en français ça se comprend si vite!... tout le monde entend cela, vois-tu; aussi il faudra prendre garde quand tu seras mariée, ce qui, du reste, ne peut tarder, et l'on vient déjà de t'apporter...

YELVA, par gestes.

Quoi donc?

MADAME DUTILLEUL.

J'étais là dans ta chambre, lorsqu'on a frappé à la petite porte, celle qui donne sur l'autre escalier, et un monsieur m'a remis ce que tu vas voir.

YELVA, par gestes.

Qu'est-ce donc?

MADAME DUTILLEUL, rentrant et rapportant une corbeille.

Des parures magnifiques... une parure de mariée... je ne m'y trompe pas; quoiqu'il y ait bien long-temps pour la première fois...

YELVA

Court à la corbeille, en tire un voile, puis une couronne et un bouquet d'oranges.

MADAME DUTILLEUL.

Cette toilette-là, c'est à moi de l'arranger.

(Yelva s'assied devant la glace qui est sur la table de toilette; madame Dutilleul arrange son voile et place son bouquet.)

Air de M. Botte.

Petite fille, à ton âge,
Que ce bouquet est flatteur !
C'te fleur-là retrac' l'image
D'l'innocence et du bonheur.
Le même sort vous rassemble,
Et je crois qu'avec raison,
L'amour peut placer ensemble
Deux fleurs d'la même saison.
Je m'en souviens, à ton âge,
Que c'bouquet m'semblait flatteur !
Il m'offrait aussi l'image
D'l'innocence et du bonheur.

YELVA,

Pendant cette reprise, veut lui mettre, en riant, la couronne sur la tête.

MADAME DUTILLEUL.

Eh! bien, que faites-vous? des fleurs sur mes cheveux blancs!...

Du temps les traces perfides
Devraient vous en empêcher ;
La fleur qu'l'on met sur des rides
Se flétrit, sans les cacher.
Ah ! ce n'est plus à mon âge
Que c'bouquet paraît flatteur ;
Las ! il n'offre plus l'image
D'l'innocence et du bonheur.

YELVA,

Pendant cette dernière reprise, place sur sa tête la couronne de fleurs, et apercevant sur la toilette un collier de perles, le prend vivement, et le montre à madame Dutilleul.

MADAME DUTILLEUL.

Oui vraiment, des diamans.... ce pauvre Alfred se sera ruiné... mais puisqu'il le veut, il faut qu'aujourd'hui ce riche collier remplace ce simple ruban

noir. (Elle dénoue un ruban qui est au cou d'Yelva et auquel tient un médaillon : Yelva veut le reprendre, et fait signe qu'elle ne doit point s'en séparer.) C'est le portrait de ta mère, je le sais, et tu ne le quittes jamais ; aussi tu le reprendras tout à l'heure, quand nous reviendrons de la mairie et de l'église.

YELVA

Sourit à ce mot... met vivement le collier, arrange le reste de la parure... et regardant la toilette de madame Dutilleul, lui fait signe qu'elle n'est pas prête, qu'il faut se dépêcher.

MADAME DUTILLEUL.

C'est vrai, je ne serai pas prête, et je ferai attendre ; ce cher Alfred est si vif, si impatient !

YELVA

La presse, par ses gestes, de se hâter.

MADAME DUTILLEUL.

C'est bon, c'est bon.

Air du Chapitre Second.

Taisez-vous, bavarde,
Ce soin me regarde,
Et dans un instant,
Superbe et brillante,
Je r'viens triomphante
Bénir mon enfant.

J'n'aurai pas, j'espère,
Grand besoin d'atours ;
Le bonheur, ma chère,
Embellit toujours.

(Même geste d'Yelva, qui la pousse vers la porte.)

Taisez-vous, bavarde,
Ce soin me regarde... etc.

Pour toi, c'est, je gage,
Trop d'parol's... oui-da !

Mais c'est qu'à mon âge
On n'a plus que ça.

Taisez-vous, bavarde,
Ce soin me regarde,
Et dans un instant,
Superbe et brillante,
Je r'viens triomphante
Près de mon enfant.
Adieu, mon enfant,
Adieu, mon enfant.

(Elle entre dans la chambre à droite.)

SCÈNE VIII.

YELVA, SEULE.

MUSIQUE.

Elle a reconduit madame Dutilleul jusqu'à la porte de la chambre. Quand elle est seule, elle réfléchit, et sourit de l'idée qui lui vient... c'est de répéter tout ce qu'il faudra faire au moment de son union. Elle place deux coussins auprès de la glace... ensuite elle fait le signe de donner la main à quelqu'un, s'avance timidement; elle fait encore quelques pas avec recueillement, et se met à genoux sur un des coussins, en joignant les mains. Elle semble alors écouter attentivement, et répondre *oui* à la demande qu'elle est censée entendre. (En ce moment on entend le bruit d'une voiture, elle entre, on frappe à la porte.) Elle semble dire avec joie : *C'est lui, c'est Alfred!...* Elle va ouvrir, et, en voyant madame de Césanne, elle marque sa surprise et son contentement.

SCÈNE IX.

MADAME DE CÉSANNE, YELVA.

MADAME DE CÉSANNE, remarquant sa surprise.

Oui, c'est moi; c'est la belle-mère, c'est l'amie

d'Alfred que tu ne t'attendais pas à voir en ce moment.

YELVA,

Lui montrant sa parure de mariée, lui fait connaître, par ses gestes, que son mariage est pour aujourd'hui.

MADAME DE CÉSANNE, douloureusement.

Il est donc vrai!... c'est aujourd'hui, c'est ce matin même que ce mariage a lieu!... et déjà te voilà parée; je craignais d'arriver trop tard.

YELVA, par gestes.

Vous voilà, je suis trop heureuse. (Elle lui baise les mains ; madame de Césanne détourne la tête, et Yelva lui dit par ses gestes:) «Qu'avez-vous ? Quel chagrin vous afflige le jour de mon bonheur ? »

MADAME DE CÉSANNE, regardant autour d'elle avec inquiétude.

Et Alfred, où est-il?

YELVA, par gestes.

Il est sorti; mais il reviendra bientôt, je l'espère.

MADAME DE CÉSANNE.

Tu es seule, je puis donc te parler avec franchise, je puis donc t'ouvrir mon cœur: écoute-moi, Yelva... Orpheline et sans protecteur, tu allais périr sur cette terre glacée, où l'on t'avait abandonnée, lorsque M. de Césanne, lorsque mon mari a daigné te recueillir, t'a amenée en France, t'a présentée à moi, comme un second enfant que lui envoyait la providence: et tu sais si j'ai rempli les nouveaux devoirs qu'elle m'imposait. (Yelva lui baise la main.) Je ne m'en fais pas un mérite; ta tendresse me payait de mes soins. Mais si nous t'avons traitée comme notre enfant, comme notre fille; si nul sacrifice ne nous a coûté; peut-être avons-nous le droit de t'en demander un à notre tour.

Ire PARTIE, SCÈNE IX.

YELVA, par gestes.

Parlez, achevez... je suis prête à tout.

MADAME DE CÉSANNE.

Je vais te révéler un secret bien terrible, puisque mon mari eût mieux aimé périr que de le confier même à son fils... Le désir d'augmenter ses richesses, de laisser un jour à ses enfans une fortune proportionnée à leur naissance, a entraîné M. de Césanne dans des entreprises hasardeuses, dans de fausses spéculations; et malgré son titre et ses dignités, malgré le rang qu'il occupe dans le monde, il est deshonoré, il est perdu sans retour, si quelque ami généreux ne vient pas à son aide.

YELVA, par gestes.

Grands dieux!

MADAME DE CÉSANNE.

Il s'en présente un, le comte de Leczinski, un noble polonais... Autrefois, et quand nos troupes occupaient Wilna, mon mari lui a rendu de grands services, a préservé du pillage des biens immens, qu'il nous offre aujourd'hui, ainsi que son alliance!.. Oui, il nous propose sa fille, l'unique héritière de toute sa fortune... Qu'Alfred l'épouse, et son père est sauvé! (Mouvement de surprise et de douleur d'Yelva.) C'était là le plus cher de nos vœux et notre seule espérance; mais quand Alfred eut déclaré à son père qu'il t'adorait, qu'il ne voulait épouser que toi, qu'il nous fuirait à jamais, plutôt que d'être à une autre, mon mari a gardé le silence, il lui a donné son consentement, et, retiré loin d'ici, il voulait lui-même, et avant que son déshonneur fût public, mettre fin à son existence; c'est moi qui ai retenu son bras; qui ai ranimé son courage; je l'ai supplié du moins d'attendre mon retour, car il me restait un espoir : cet espoir, Yelva, c'était toi; décide maintenant.

YELVA, par gestes, et dans le plus grand désespoir.

Ah ! que me demandez-vous ?

MADAME DE CÉSANNE.

Air d'Aristippe.

De toi j'attends l'arrêt suprême
Qui doit nous perdre, ou bien nous sauver tous;
Hélas ! ce n'est pas pour moi-même,
C'est pour la vie et l'honneur d'un époux,
Qu'en ce moment je suis à tes genoux.
C'est lui, c'est sa main tutélaire
Qui protégea tes jours proscrits;
Et quand par lui tu retrouvas un père,
Voudrais-tu lui ravir son fils ?

(Elle tombe aux genoux d'Yelva.)

MUSIQUE.

YELVA,

Hors d'elle-même, la relève, la presse contre son cœur, lui jure qu'il n'y a point de sacrifice qu'elle ne soit prête à lui faire; et détachant le bouquet, ainsi que la couronne et le voile qui étaient sur sa tête, elle semble lui dire : « Vous le voyez, je renonce à lui... je renonce à « tout... soyez heureuse... mais il n'y a plus de bonheur pour moi. »

MADAME DE CÉSANNE.

Yelva, ma chère Yelva, je n'attendais pas moins de ta générosité; mais tu ne sais pas encore à quoi tu t'engages, tu ne sais pas jusqu'où va le sacrifice que j'attends de toi... Il ne suffit pas de renoncer à Alfred, il faut le fuir à l'instant même; car tu connais sa tendresse, et s'il ne te croit pas perdue pour lui, nul pouvoir au monde ne le déciderait à t'abandonner... Pardon, c'est trop exiger, je le vois, tu peux renoncer au bonheur, mais non à son amour; tu n'auras pas ce courage.

YELVA, par gestes.

Si... j'en mourrai peut-être... mais cette vie que j'abandonne... je vous la dois... et alors nous serons quittes.

MADAME DE CÉSANNE, la serrant dans ses bras.

Il serait vrai!... mon enfant! ma fille! (Yelva, à ce mot, détourne la tête en sanglotant.) Oui, ma fille; qui plus que toi méritait ce titre, que j'aurais été trop heureuse de pouvoir te donner? mais il te restera du moins le cœur et la tendresse d'une mère; je partagerai tes chagrins, je sécherai tes larmes, je ne te quitterai plus, nous partons ensemble. On vient. (Trouble d'Yelva.) Il faut partir, mais par cette porte... Montrant celle du fond.) si Alfred allait nous rencontrer.

YELVA.

Lui montrant la chambre à gauche, lui fait signe qu'il y a un autre escalier.

MADAME DE CÉSANNE.

Oui, je comprends, une autre issue, éloignons-nous...

YELVA

Fait entendre à madame de Césanne qu'elle est décidée à partir; mais elle va prendre le médaillon qui est sur la table, et le presse contre ses lèvres.

MADAME DE CÉSANNE.

Le portrait de ta mère... Tu ne veux pas autre chose...

(Pendant que madame de Césanne va à la porte du fond, pour s'assurer que personne ne vient encore, Yelva aperçoit son bouquet de mariée qu'elle a jeté à terre, elle le ramasse, le regarde tristement, le met dans son sein avec le médaillon de sa mère. En ce moment on entend du bruit à la porte du fond; on met la clef dans la serrure, Madame de Césanne entraîne Yelva, qui semble dire un dernier adieu à tout ce qui l'environne, et qui disparaît par la porte à gauche.)

SCÈNE X.

Alfred, trois témoins, quelques femmes portant des cartons.

ALFRED, fait entrer les femmes dans la chambre à gauche.

Enfin tout est prêt, tout est disposé... (Aux trois témoins.) En vous demandant pardon, mes amis, des six étages que je vous ai fait monter; je croyais trouver ici notre quatrième témoin, M. de Tchérikof, qui, j'en suis sûr, aura voulu faire des cérémonies, et se présenter en grande tenue; ces Russes tiennent à l'étiquette... Où est donc tout le monde?

SCÈNE XI.

Les précédens, madame DUTILLEUL, sortant de l'appartement a droite : elle est en grande toilette; les femmes sortent avec elle.

MADAME DUTILLEUL.

Voilà! voilà!... ne vous impatientez pas. (Montrant sa grande parure.) Il me semble que vous n'avez pas perdu pour attendre, mais à mon âge il faut plus de temps pour être belle; ce n'est pas comme à celui d'Yelva, où cela va tout seul.

ALFRED.

Et Yelva, où est-elle?

MADAME DUTILLEUL.

Vous allez la voir paraître superbe et radieuse,

on est toujours si jolie un jour de noces!... c'est à moi de vous l'amener, et j'y vais... Allons, allons, calmez-vous et prenez patience, maintenant ce ne sera pas long...

(Elle entre dans la chambre à gauche.)

ALFRED.

Oui, maintenant elle est à moi! rien ne peut s'opposer à mon bonheur... (S'approchant de la table.) Mais d'où viennent ces diamans?... qui lui a envoyé ces parures? qui a osé?...

FINAL.

(Musique de M. Heudier.)

MADAME DUTILLEUL, rentrant, hors d'elle-même.

Ah! mon Dieu! ma pauvre Yelva!

ALFRED.

Qu'avez-vous? comme elle est émue!

MADAME DUTILLEUL.

Hélas! qui nous la rendra?
De ces lieux elle est disparue.

ALFRED ET LE CHOEUR.

O ciel!

(Madame Dutilleul remet une lettre à Alfred.)

ALFRED la lit en tremblant.

« Alfred, je ne puis plus être à vous, et vous cher« cheriez en vain à connaître les motifs de ma fuite « ou le lieu de ma retraite ; oubliez-moi, soyez heu« reux, et ne craignez rien pour mon avenir ; la « personne avec qui je pars mérite toute ma recon« naissance et toute ma tendresse.

« YELVA. »

De mon courroux je ne suis plus le maître :
Ce ravisseur, je saurai le connaître.

(A madame Dutilleul.)

Quel est-il ? répondez.

MADAME DUTILLEUL.

Je ne sais... attendez...
Cet étranger... oui... ce matin encore
Il offrait de pareils présens.

ALFRED.

Il l'aime donc ?

MADAME DUTILLEUL.

Depuis long-temps,
En secret il l'adore.

ALFRED.

Tout est connu ! c'est pour lui, je le vois,
Qu'elle a trahi ses sermens et sa foi.
Ah ! de fureur et de vengeance
Je sens ici battre mon cœur ;
Partons... Bientôt de cette offense
Je punirai le ravisseur.

ENSEMBLE.

Je punirai le ravisseur.

LE CHOEUR.

Nous punirons le ravisseur.

(Ils sortent tous par le fond ; madame Dutilleul sort avec eux.)

FIN DE LA PREMIÈRE PARTIE.

DEUXIÈME PARTIE.

Le théâtre représente une grande salle d'un château gothique : porte au fond ; à droite et à gauche, une grande croisée ; sur le premier plan, deux portes latérales. L'appartement est décoré de grands portraits de famille.

SCÈNE PREMIÈRE.

TCHÉRIKOF seul, puis KALOUGA, et deux
DOMESTIQUES.

TCHÉRIKOF, entrant par le fond.

Dieu ! qu'il fait froid !... (Kalouga entre, il est suivi de deux valets, qui restent au fond ; Kalouga se tient à une distance respectueuse de Tchérikof, à sa droite.) surtout quand on a été en France, et qu'on a l'habitude des climats tempérés... Je ne peux pas me faire à ce pays, et je serai obligé pour me réchauffer, de mettre le feu à mes propriétés... Kalouga, quel temps fait-il ?

KALOUGA.

Superbe, monseignir... trois bieds de neige.

TCHÉRIKOF.

Monseignir... Ce que c'est que d'avoir habité la France et l'Allemagne !... il s'est composé un baragouin franco-autrichien, auquel on ne peut rien comprendre.

KALOUGA.

Et ché afré permis à fos fassaux, bour le divertissement, de promener en patinant, sur les fossés de fotre château... Fous pouvez le foir de le fenêtre... à travers la fitrage...

TCHÉRIKOF.

Du tout... Rien que de les regarder, il me semble que ça m'enrhumerait.

KALOUGA.

Il être, cebendant, pien chaude aujourd'hui.

TCHÉRIKOF.

Je crois bien, vingt degrés. Il est ici dans sa sphère, lui qui, lorsque nous étions à Paris, étouffait au mois de janvier.

Air du Pot de Fleurs.

> Fils glacé de la Sibérie,
> Et regrettant dans chaque endroit
> Les doux frimas de sa patrie,
> Il n'adorait, ne rêvait que le froid.
> Pour lui Paris fut sans charme et sans grâces;
> Il n'y goûtait, dans son mortel ennui,
> Qu'un seul bonheur... c'était à *Tortoni*,
> En me voyant prendre des glaces;
> Oui, son bonheur, c'était à *Tortoni*,
> En me voyant prendre des glaces.

(Il fait signe aux valets de sortir.)

(A Kalouga.) Écoute ici... C'est aujourd'hui un grand jour, une noce, une solennité de famille... Le comte de Leczinski, mon oncle, noble polonais, qui a cinq ou six châteaux, dont pas un habitable, a bien voulu accepter le mien pour y marier sa fille, ma cousine Fœdora, qui, à notre départ, n'était qu'une enfant, et qui a profité de notre absence pour devenir la plus jolie fille de toute la Pologne-Russe.

KALOUGA.

Ya, monseignir, li être un pien peau femme...

TCHÉRIKOF.

Est-ce que je vous ai dit de parler, Kalouga?

KALOUGA.

Nein... (Sur un geste de Tchérikof.) Nicht....

TCHÉRIKOF.

Alors, taisez-vous!... Depuis que ce petit gaillard-là a été en France, il n'y a pas moyen de le faire taire... quand il s'agit de jolies femmes... Que ça t'arrive encore!... je te fais attacher comme Mazeppa, sur un cheval tartare, et tu verras où ça te mènera... Mais revenons... Mon oncle et sa fille sont déjà arrivés hier au soir, ainsi qu'une partie de la noblesse du pays... Nous attendons dans la journée le futur, un jeune seigneur français, que j'ai connu à Paris, et avec qui nous étions très bien, quoique autrefois nous ayons manqué de nous brûler la cervelle; mais en France cela n'empêche pas d'être amis... Il va arriver, ainsi que sa famille, et j'ordonne, Kalouga, à tous mes vassaux de redoubler de soins, d'égards, de prévenances; je veux sur toutes les physionomies un air d'hilarité, et de bonheur.

Air : De sommeiller encor, ma chère.

Je n'admets pas la moindre excuse.
Que l'on se montre et joyeux et content !
Oui, je veux que chacun s'amuse,
Sinon, malheur au délinquant !

Cent coups de knout, voilà ce que j'impose
Pour le premier qui s'ennuirait ;
Quitte ensuite à doubler la dose,
Si ça ne produit pas d'effet.

KALOUGA.

Je comprendre pien, monseignir.

TCHÉRIKOF.

En ce cas, c'est vous, Kalouga, que je charge de donner l'exemple. (Kalouga prend une physionomie riante.) A la bonne heure; songe que nous devons, par l'urbanité de nos manières, donner aux étrangers une haute idée de notre nation... Il ne suffit pas d'être Cosaque, il faut encore être honnête.

KALOUGA.

Ya, monseignir.

TCHÉRIKOF.

C'est la comtesse Fœdora... Tiens-toi droit, salue, et va-t'en.

(Kalouga salue et sort)

SCÈNE II.

FŒDORA, TCHÉRIKOF.

TCHÉRIKOF.

Eh bien, ma belle cousine, comment vous trouvez-vous dans le domaine de mes ancêtres?

FOEDORA.

A merveille, il me rappelle nos premières années et les plaisirs de notre enfance... C'est ici, mon cousin, que nous avons été élevés; et vous rappelez-vous, lorsque avec vos frères et sœurs, nous courions tous dans ces grands appartemens?

TCHÉRIKOF.

Oui, nous jouions à cache-cache et au colin-maillard.

FOEDORA.

Et quand votre pauvre mère, (montrant un portrait à droite) que je crois voir encore, était si effrayée en nous apercevant cinq ou six dans la même balançoire...

TCHÉRIKOF.

C'est vrai... Et vous rappelez-vous, lorsqu'à coups de boules de neige, nous jouions à la bataille de Pultawa?

Air de la Sentinelle.

Oui, sous nos doigts, la glace offrait soudain
Un château fort dont nous faisions le siége ;
Gaîment alors, au pied de ce Kremlin,
Nous construisions trente canons de neige...
Comme Josué, je demandais au ciel
Que le soleil respectât notre gloire ;
Car, saisis d'un effroi mortel,
Nous tremblions que le dégel
Ne vint nous ravir la victoire.

Je dis la victoire, parce que c'était toujours moi qui battais les autres; je faisais Pierre-le-Grand...

FOEDORA.

Et moi, l'impératrice Catherine.

TCHÉRIKOF.

C'est maintenant, ma cousine, que vous pourriez jouer ce rôle-là au naturel; car je vous avouerai qu'en vous revoyant, j'ai été tout étonné de ce maintien plein de noblesse et de dignité... je n'en revenais pas.

FOEDORA.

Vraiment!...

TCHÉRIKOF.

C'est bien mieux qu'avant mon départ... et moi, cousine? qu'en dites-vous?

FOEDORA.

Je trouve aussi que vous êtes changé.

TCHÉRIKOF.

C'est ce que tout le monde dit; et vous me trouvez?...

FOEDORA.

Moins bien qu'autrefois.

TCHÉRIKOF.

Bah! c'est étonnant; vous êtes la seule; car tous mes vassaux me trouvent superbe, et mes vassales sont du même avis.

FOEDORA.

Écoutez donc, Iwan, j'ai peut-être tort de vous parler ainsi; mais entre cousins...

TCHÉRIKOF.

C'est juste, on se doit la vérité, et je vous ai donné l'exemple; vous trouvez donc...

FOEDORA.

Que vous n'êtes plus vous-même; vous n'êtes plus, comme autrefois, un bon et franc Moscovite, un peu bourru, un peu brusque; j'aimais mieux cela; car au moins c'était vous, c'était votre caractère. On est toujours si bien quand on est de son pays! Je suis Moscovite dans l'ame, je n'ai jamais voyagé, je ne connais rien, mais il me semble que ce qu'il y a de plus beau au monde, c'est un seigneur russe, au milieu de ses domaines, entouré de ses vassaux dont il peut faire le bonheur. C'est un prince, c'est un souverain. Et, si j'avais été maîtresse de mon sort, je n'aurais jamais rêvé d'autre existence, ni formé d'autres désirs.

TCHÉRIKOF.

Il se pourrait! et cependant, aujourd'hui même, vous allez épouser un étranger, un Français, le jeune comte de Césanne!

FOEDORA.

Mon père le veut, et, en Russie, quand les pères commandent, les filles obéissent toujours; et c'est bien terrible, mon cousin, de quitter ainsi son pays, d'aller vivre en France parmi des vassaux qui n'ont été élevés ni à vous connaître, ni à vous aimer. En a-t-il beaucoup?

TCHÉRIKOF.

M. de Césanne?

FOEDORA.

Oui; combien a-t-il de paysans?

TCHÉRIKOF.

Il n'en a pas du tout. Dans ce pays-là, les paysans sont leurs maîtres.

FOEDORA.

Il serait possible! les pauvres gens. Qui donc alors peut les défendre ou les protéger?

TCHÉRIKOF.

Ils se protégent eux-mêmes.

FOEDORA.

C'est inconcevable! Et dites-moi, mon cousin, est-ce que ça peut aller dans un pays comme celui-là?

TCHÉRIKOF.

Cela va très bien, c'est-à-dire ça pourrait aller mieux; mais ça viendra, grâce aux nouveaux changemens, et quand vous serez une fois en France, vous ne voudrez plus la quitter.

FOEDORA.

J'en doute.

TCHÉRIKOF.

Surtout si vous aimez votre mari; car je pense que vous l'aimez.

FOEDORA.

Ah! mon Dieu oui, mon père me l'a ordonné; mais on m'avait dit que les Français étaient si légers, si étourdis...

TCHÉRIKOF.

Il est vrai que nous sommes... (se reprenant) qu'ils sont fort aimables.

FOEDORA.

C'est possible; et cependant, depuis que M. de Césanne est à Wilna, il a un air si triste.

TCHÉRIKOF.

Que voulez-vous! d'anciens chagrins... il a été trompé. En France, cela arrive à tout le monde; moi, le premier.

FOEDORA.

Faire cinq cents lieues pour cela!

TCHÉRIKOF.

C'est vrai! il y a tant de gens qui, sans sortir de chez eux, sont aussi avancés que moi! mais que voulez-vous? Lorsque je suis parti, j'étais seul au monde; je n'avais que moi d'ami et de parent; car, de tous ceux dont nous parlions tout à l'heure, il ne reste plus que nous, ma cousine... et puis, comme j'ai toujours été original, moi, j'avais une manie, c'était de trouver le bonheur, qui est une chose si difficile et si rare, qu'on ne peut pas le chercher trop loin.

Air nouveau de M. Heudier.

Pour le trouver, j'arrive en Allemagne ;
Où l'on me dit : Voyez plus loin, hélas !
Rempli d'espoir, je débarque en Espagne ;
On me répond : On ne le connaît pas.
En vain la France à l'Espagne succède ;
Vite on m'envoie en Angleterre... Enfin
Personne, hélas ! chez soi ne le possède,
 Chacun le croit chez son voisin.

FOEDORA.

Même air.

J'en conviens, il est bien terrible
De visiter, pour rien, tant de pays...

TCHÉRIKOF.

Le bonheur est donc impossible ?

FOEDORA.

Je n'en sais rien .. mais je me dis :
Puisqu'en courant toute la terre
On ne saurait le rencontrer... je voi
 Que le bonheur est sédentaire ;
Pour le trouver, il faut rester chez soi.

SCÈNE III.

Les précédens, **KALOUGA**.

KALOUGA.

Monseignir, un grand foiture entre dans le cour du château. Monsir le comte de Césanne.

TCHÉRIKOF.

Ah! mon Dieu!

KALOUGA.

Et puis, il être fenu aussi dans un kibitch, un monsir avec des papiers.

(Il sort.)

TCHÉRIKOF.

C'est pour le contrat; ce que nous appelons en France un notaire. (A part.) S'il avait pu geler en route, lui et son encrier!

FOEDORA.

Adieu, mon cousin. Il faut alors que je retourne au salon, où mon père va me demander.

TCHÉRIKOF.

Oui, sans doute; mais c'est que j'avais un secret à vous confier.

FOEDORA.

Un secret. Il suffit que cela vous regarde pour que cela m'intéresse aussi, et nous en reparlerons tantôt, après ce contrat qui m'ennuie; et je vais me dépêcher, pour que cela soit plus tôt fini. A ce soir, n'est-il pas vrai?

(Elle sort.)

SCÈNE IV.

TCHÉRIKOF, SEUL.

Oui, à ce soir. Il sera bien temps, quand elle en aura épousé un autre ! Elle a raison, depuis long-temps, je cours après le bonheur, et j'arrive toujours trop tard.

SCÈNE V.

ALFRED, TCHÉRIKOF, MADAME DE CÉSANNE.

(Tchérikof va au-devant de madame de Césanne, à qui il offre sa main)

CHOEUR.

Air de la contredanse de la Dame Blanche.

Mes amis, chantons
   Et fêtons
  Cette heureuse alliance,
Que ce soir nous célébrerons ;
Unissons nos vœux et nos chants,
Prouvons, par nos joyeux accens,
  Que, suivant l'ordonnance,
Nous sommes tous gais et contens.

(Une jeune fille offre des fleurs dans une corbeille à madame de Césanne, qui lui fait signe de les mettre sur la table.)

TCHÉRIKOF.

Quelle douce harmonie...
C'est fort bien, mes amis ;
Chantez, je vous en prie ;
Vos accens et vos cris
Rappellent en Russie
L'opéra de Paris.

CHOEUR.

Mes amis, chantons, etc., etc.

(Le chœur sort.)

TCHÉRIKOF, à Alfred, avec un peu d'embarras.

Combien je suis heureux, mon cher Alfred, de vous recevoir chez moi, ainsi que votre aimable famille; vous qui avez daigné m'accueillir à Paris, avec tant de grâce et de bonté! Et M. de Césanne, je ne le vois pas?

MADAME DE CÉSANNE.

Le comte de Leczinski l'a reçu à son arrivée, et tous les deux se sont enfermés ensemble, ainsi qu'un homme de loi que j'ai cru apercevoir.

TCHÉRIKOF, à Alfred.

Et vous avez, sans doute, présenté vos hommages à ma jeune cousine, à votre future?

ALFRED, froidement.

Mais non; je ne crois pas. Il me tardait de vous voir, et de vous remercier de toutes les peines que ce mariage va vous donner.

TCHÉRIKOF.

Certainement, la peine n'est rien; et si vous saviez, au contraire avec quel plaisir... (A part.) C'est étonnant, comme j'en ai... (A la comtesse.) Vous ne trouverez pas ici le luxe et les plaisirs de Paris; je désire cependant que cet appartement (montrant la porte à droite) puisse vous convenir.

MADAME DE CÉSANNE.

Je le trouve superbe.

TCHÉRIKOF.

C'était celui de ma mère, dont vous voyez le portrait, (montrant un grand portrait qui se trouve sur la porte à droite.) la comtesse de Tchérikof, que j'ai perdue, ainsi que toute ma famille, dans l'incendie de Smolensk.

MADAME DE CÉSANNE, avec intérêt.

Vraiment! ah! combien je suis fâchée de vous avoir rappelé de pareils souvenirs.

TCHÉRIKOF.

Oui, oui; il faut les éloigner; d'autant qu'aujourd'hui, il faut être gai, n'est-ce pas, mon cher Alfred? il s'agit d'être gai.

MADAME DE CÉSANNE.

Vous avez raison; car, d'après ce que j'ai vu en arrivant, tout est disposé pour ce mariage.

ALFRED.

Oui, ce soir, à minuit; n'est-il pas vrai? et c'est vous, mon cher cousin, qui serez mon témoin.

TCHÉRIKOF, à part.

Son témoin! il ne manquait plus que cela. Voilà la seconde fois que je lui servirai de témoin pour lui faire épouser celle que j'aime.

ALFRED.

Eh quoi! vous hésitez?

TCHÉRIKOF.

Du tout, cousin, c'est une préférence bien flatteuse; mais j'ai peur que cela ne vous porte pas bonheur.

ALFRED.

Et pourquoi?

TCHÉRIKOF.

Parce que ça nous est déjà arrivé, et que ça ne nous a pas réussi.

ALFRED.

Au nom du ciel, taisez-vous.

MADAME DE CÉSANNE.

Qu'est-ce donc?

TCHÉRIKOF.

Une aventure originale qu'on peut vous conter maintenant; un mariage dont j'ai été le témoin, c'est-à-dire, dont je n'ai rien été.

ALFRED.

De grâce...

TCHÉRIKOF.

Ce n'est pas vous, c'est moi qui ai été le plus mystifié. Me donner la peine d'acheter une corbeille magnifique; me faire courir tout Paris, pour retenir moi-même trois fiacres jaunes et six chevaux de toutes les couleurs; et revenir ensuite au grand galop, seul, dans trois sapins, pour trouver, qui? personne; pour apprendre, quoi? rien; car la mariée était partie pour aller, où? je vous le demande.

MADAME DE CÉSANNE, à part.

Grand Dieu!

TCHÉRIKOF.

AIR : Un homme pour faire un tableau.

Nous courons, mes fiacres et moi,
Au temple, où partout je regarde...
Personne, hélas! et je ne voi
Qu'un Suisse avec sa hallebarde.

Pour l'hymen pas d'autres apprêts
Impossible qu'il s'accomplisse...
Pour un mariage français
Nous n'étions qu'un Russe et qu'un Suisse.

Et le plus original, monsieur vient me chercher querelle, m'accuser de l'avoir enlevée, et nous avons manqué de nous battre.

MADAME DE CÉSANNE.

Quoi ! Alfred, vous auriez pu soupçonner ?...

ALFRED.

Eh bien ! oui, malgré toutes les raisons qu'il m'a données, et auxquelles je n'ai rien trouvé à répondre, je n'ai jamais été bien convaincu ; et dernièrement encore, ne disait-on pas qu'Yelva l'avait suivi, qu'elle était cachée dans un de ses châteaux ?

TCHÉRIKOF.

Avoir une pareille idée d'un gentilhomme moscovite ! d'un honnête boyard !

ALFRED.

Pardon. Ce n'est pas que je tienne à ma perfide qui m'a trahi, et que j'ai oubliée ! mais être trompé par un ami ! (Lui prenant la main.) Ne parlons plus de cela ; qu'il n'en soit plus question. D'ailleurs, je me marie, je suis heureux, j'épouse votre cousine.

SCÈNE VI.

Les précédens, KALOUGA.

KALOUGA.

Li être la vaguemastre, qui apporter les gazettes pour monseignir, et les lettres pour toute la société.

ALFRED, vivement.

Y en a-t-il de France? y en a-t-il pour moi?

KALOUGA.

Non, mossié. Mais en foilà un bour matam' la comtesse; elle être de Wilna.

(Il donne la lettre à Tchérikof qui la remet à madame de Césanne.)

MADAME DE CÉSANNE.

De Wilna? j'en attendais, et j'avais dit qu'on me les adressât dans ce château.

TCHÉRIKOF.

Nous vous laissons; vous êtes chez vous, et voici Kalouga, un jeune Kalmouck, que je mets à vos ordres. (A Alfred.) Venez, je vous conduis à votre appartement, de là au salon, et puis au dîner qui nous attend; un dîner à la française, où vous retrouverez un de vos compatriotes.

ALFRED.

Et qui donc?

TCHÉRIKOF.

Le champagne; car tous les mois j'en fais venir; j'ai à Paris un banquier, rien que pour cela.

ALFRED.

Vraiment?

TCHÉRIKOF.

C'est que la Russie en fait une consommation... on en boit ici deux fois plus qu'on n'en récolte en France.

MADAME DE CÉSANNE.

Ce n'est pas possible.

TCHÉRIKOF.

Si vraiment; l'industrie a fait tant de progrès !

(Tchérikof et Alfred entrent dans l'appartement à droite, dont la porte reste ouverte.)

SCÈNE VII.

Madame de CÉSANNE, KALOUGA.

MADAME DE CÉSANNE.

Ils sont partis. Voilà cette lettre que j'attendais, et que maintenant je n'ose ouvrir. (On entend le son d'une cloche.) Quelle est cette cloche ?

KALOUGA.

Ce être à la porte du château; tes vagabonds qui temantir asile bour le nuit. (Allant à la fenêtre de gauche, qu'il ouvre.) *Wer da?* qui vive ? fous rébontir bas, tant bire bour fous. (Il referme la fenêtre. On sonne encore.)

MADAME DE CÉSANNE, qui a décacheté la lettre.

Encore ! voyez donc ce que ce peut-être !

KALOUGA.

Che afre temanter; ly afre bas rébontu; si restir à le borte.

MADAME DE CÉSANNE.

Par le froid qu'il fait !

KALOUGA.

Li être un pel température pour la piouvac, un blein lune, qui li être pien chaude.

MADAME DE CÉSANNE.

Y penses-tu ?

Air : Qu'il est flatteur d'épouser celle.

De misère et de froid, peut-être,
Il va périr... ouvre-lui donc ;
Sois charitable.

KALOUGA.

A notre maître
J'vas en t'mauter la permission.

LA COMTESSE.

Est-elle donc si nécessaire ?
As-tu besoin, dans ta bonté,
Des ordres d'un maître... pour faire
Ce que prescrit l'humanité ?

D'ailleurs je prends tout sur moi.

KALOUGA.

Ce être différent ; che opéir d'un air affable, monseignir l'hafré ortonné. Je fais parler à la concierge.

(Il sort par la porte à gauche.)

SCÈNE VIII.

MADAME DE CÉSANNE, SEULE.

Ah ! que ce séjour m'attriste ! tout y est froid et glacé. Il faut leur ordonner d'être humains ; ils obéissent du moins, c'est toujours cela. (Regardant la signature de la lettre.) « Nicolauf, commerçant à Wilna ; » lisons.

« Madame la comtesse,

« Vous m'avez fait annoncer, par MM. Martin et
« compagnie, mes correspondans, qu'une jeune fille,
« à laquelle vous preniez le plus grand intérêt, par-

« tirait de France le 15 septembre dernier; qu'elle
« suivrait la route de Berlin, de Posen et de Varsovie;
« et que, vers la fin de novembre, elle arriverait à
« Wilna. Mais il paraît que, quelques lieues avant
« Grodno, la voiture dans laquelle elle se trouvait
« a été attaquée; et c'est avec douleur que je vous
« apprends que l'homme de confiance qui l'accom-
« pagnait est au nombre des voyageurs qui ont péri. »
(S'interrompant.) Grand Dieu!

(Reprenant la lecture de la lettre.)

« Quant à la jeune fille à laquelle vous vous inté-
« ressez, on n'a aucune nouvelle de son sort; mais
« du moins, et, d'après les renseignemens que nous
« avons pris, rien ne prouve qu'elle ait perdu la vie;
« et si elle a pu seulement parvenir jusqu'à Grodno,
« nul doute qu'elle ne nous informe de ce qu'elle est
« devenue. »

Et comment le pourrait-elle?

Air de l'Ermite de Saint-Avelle.

Sur cette terre isolée
Qui sera son protecteur?
Elle s'est donc immolée
Pour moi, pour son bienfaiteur!
Étrangère, hélas! et bannie,
Faut-il, par un malheur nouveau,
Qu'elle vienne perdre la vie
Aux lieux même où fut son berceau.

SCÈNE IX.

Madame de CÉSANNE, KALOUGA et YELVA, entrant par la porte a gauche.

(REFRAIN DE LA PETITE MENDIANTE.)

KALOUGA, soutient Yelva, qui s'appuie sur son bras.

Entrir, entrir, fous, la pelle enfant; mais ce être bas honnête de bas répontre à moi, qui li être pien galant.
(Il la conduit auprès du fauteuil à droite du théâtre.)

YELVA,

En paysanne russe, pâle et se soutenant à peine, s'appuie sur le fauteuil (MUSIQUE), et indique que tous ses membres sont engourdis par le froid.

KALOUGA, à madame de Césanne.

Li être un betite fille qui li être bas de ce tomaine; car moi les connaître toutes.

MADAME DE CÉSANNE.

C'est bien... (S'approchant d'elle.) Dieu! qu'ai-je vu! (MUSIQUE.) A ce cri, Yelva tourne la tête, veut s'élancer vers la comtesse, mais ses forces la trahissent; elle ne peut que tomber à ses pieds, en lui tendant les bras.) Ma fille, mon enfant! c'est toi qui m'es rendue! mais dans quel état! cette pâleur! ces obscurs vêtemens! La misère était donc ton partage?

YELVA

Fait signe qu'elle la revoit, qu'elle est heureuse, qu'elle se porte bien; mais, en ce moment, elle chancelle et retombe sur le fauteuil.

MADAME DE CÉSANNE.

O ciel! la fatigue, le froid... (à Kalouga) laisse-nous.

KALOUGA.

Ya, montame.

MADAME DE CÉSANNE.

Surtout, pas un mot de cette aventure.

KALOUGA.

Ya.

MADAME DE CÉSANNE.

Vous n'avez rien vu.

KALOUGA.

Ya.

MADAME DE CÉSANNE.

Rien entendu.

KALOUGA.

Ya.

(Il sort.)

SCÈNE X.

YELVA, SUR UN FAUTEUIL, MADAME DE CÉSANNE.

MADAME DE CÉSANNE.

Depuis l'horrible catastrophe qui t'a séparée de ton guide, qu'est-tu devenue au milieu de ces déserts?

(ROMANCE DE LÉONIDE.)

YELVA

Lui indique qu'elle s'est trouvée seule, sans argent et presque sans vêtemens; elle souffrait; elle avait bien froid; elle a marché toujours devant elle, ne rencontrant personne; elle a continué sa route; elle marchait toujours, mourant de fatigue et de froid (*Refrain de la Petite Mendiante*), et quand elle rencontrait quelqu'un, elle tendait la main et se mettait à genoux, en disant: « Prenez pitié d'une pauvre fille. »

MADAME DE CÉSANNE.

O ciel! obligée de mendier... Et quand venait le soir?... et aujourd'hui, par exemple, dans cette campagne éloignée de toute habitation?

YELVA

Fait signe que la nuit commençait à la surprendre ; qu'elle cherchait autour d'elle où reposer sa tête ; qu'elle n'apercevait rien ; et, désespérée, elle était résignée à se coucher sur la terre, et à mourir de froid, lorsque ses yeux sont tombés sur ce médaillon qu'elle avait conservé. (Air *de la romance d'Alexis.*) Elle a imploré sa mère, l'a priée de la protéger.

MADAME DE CÉSANNE.

Oui, ta mère que tu implorais devais te protéger.

YELVA.

Soudain elle a aperçu une lumière (*Musique douce*), c'était celle du château ; elle a marché avec courage, et, quand elle s'est vue aux portes de cette habitation, elle s'est traînée jusqu'à la cloche qu'elle a sonnée. (Air de JEANNOT ET COLIN : *Beaux jours de notre enfance.*) On est venu ouvrir, et la voilà dans les bras de sa bienfaitrice.

MADAME DE CÉSANNE.

Oui, tu ne me quitteras plus ; et quoi qu'il arrive, c'est moi qui, désormais, veux veiller seule sur tes jours et sur ton bonheur.

YELVA

La regarde avec tendresse, puis avec embarras, et montrant son cœur et sa main, elle lui fait entendre qu'il n'y a plus de bonheur pour elle. Puis, tirant de son sein son bouquet de mariage qu'elle a conservé, elle lui demande par gestes : « Et celui qui m'aimait, qui devait m'épouser... « qu'est-il devenu ?... où est-il ? »

MADAME DE CÉSANNE.

Celui qui t'aimait; qui devait t'épouser ?... Alfred...

YELVA, avec émotion.

Oui.

MADAME DE CÉSANNE.

Yelva, oublions-le... n'en parlons plus, surtout aujourd'hui.

YELVA, effrayée,

Lui demande par ses gestes : « Est-ce qu'il est mort ?... est-ce qu'il n'existe plus ? »

MADAME DE CÉSANNE.

Non, rassure-toi, il vit, il existe...

YELVA

Témoigne sa joie.

MADAME DE CÉSANNE.

Mais, je ne sais comment t'apprendre...

SCÈNE XI.

YELVA, madame DE CÉSANNE, FOEDORA.

FOEDORA, entrant par le fond.

Madame, on m'envoie vous chercher, on vous demande au salon... (Voyant Yelva.) Mais quelle est cette jeune fille?

MADAME DE CÉSANNE.

Une infortunée que nous venons de recueillir, et à qui nous avons donné l'hospitalité.

FOEDORA.

Ah! je veux être de moitié dans votre bienfait!.. je veux la présenter à M. Alfred. (Yelva fait, ainsi que madame de Césanne, un geste d'effroi.) Oui, M. Alfred de Césanne; c'est mon mari, celui que je vais épouser!... (A madame de Césanne.) Madame... je veux dire ma mère, car vous savez que tout est déjà disposé; les vassaux, les paysans, sont dans le vestibule, les musiciens en tête; il ne manque plus que mon cousin, qui n'était pas encore descendu au salon. (Pendant que Fœdora parle, Yelva et madame de Césanne indiquent par leur pantomime les diverses émotions qu'elles éprouvent.) (A Yelva.) Venez, venez avec moi... M. Alfred ne me refusera pas la première grâce que je lui demanderai; et vous ne me quitterez plus... Ne le voulez-vous pas?...

YELVA

Témoigne le plus grand trouble.

MADAME DE CÉSANNE.

Excusez-la, cette pauvre fille ne peut ni vous entendre, ni vous répondre, elle ne sait ni le français, ni le russe.

FOEDORA.

Ah! c'est dommage!... elle est si jolie, que j'aurais désiré qu'elle fût de notre pays... Mais c'est égal, venez toujours, vous assisterez à ce mariage... (Yelva s'éloigne avec effroi.) Eh! bien, qu'a-t-elle donc? (Souriant.) Vous avez raison, elle ne me comprend pas; il semble que je lui ai fait peur.

MADAME DE CÉSANNE.

Dans l'état de faiblesse où elle est, un peu de repos lui est seul nécessaire.

FOEDORA.

En effet, elle a l'air de souffrir.

MADAME DE CÉSANNE.

Ah! c'est qu'elle est bien malheureuse, elle est bien à plaindre, je le sais; tant de coups l'ont frappée à la fois !... mais je connais aussi de quels nobles sentimens elle est capable... (Yelva serre la main de madame de Césanne, comme pour lui dire qu'elle est tout-à-fait résignée.) et, après tant de sacrifices et de souffrances, elle ne voudrait pas en un moment détruire ce qu'elle a fait.

FOEDORA.

Oui ! il faut qu'elle reprenne confiance ; puisque la voilà avec nous, bientôt ses malheurs seront finis.

MADAME DE CÉSANNE, regardant Yelva.

Vous avez raison, encore un instant, un instant de courage, c'est tout ce que je lui demande ; et tout sera fini.

YELVA

Essuie ses larmes, regarde madame de Césanne, lui prend la main, et semble lui dire avec fermeté : « Ce courage, je l'aurai. » Elle aperçoit à gauche une caisse de fleurs ; elle va en cueillir une, s'approche de Fœdora, lui fait la révérence, et la lui présente. (Air de *Léocadie*.)

FOEDORA.

Un bouquet pour mon mariage, pauvre enfant ! c'est elle qui la première m'en aura présenté ; fasse le ciel que cela me porte bonheur !

YELVA

En ce moment regarde sa parure de mariée, sa couronne et son bouquet d'oranges : elle soupire, et l'orchestre finit l'air de LÉOCADIE : *Voilà pourtant comme je serais.* A la fin de l'air, elle se jette dans les bras de madame de Césanne, qui la presse contre son cœur, en lui donnant les marques de la plus vive tendresse.

MADAME DE CÉSANNE, à Fœdora.

Venez, venez, on nous attend.

(Elles sortent par le fond.)

SCÈNE XII.

MUSIQUE.

YELVA, SEULE.

Tombe anéantie dans le fauteuil... Elle reste un instant absorbée dans sa douleur ; puis, semblant reprendre tout son courage, elle fait signe que tout est fini, qu'elle bannit Alfred de son cœur... « C'est dans ce moment, sans doute, qu'il se marie... » Elle prend le bouquet qu'elle avait conservé, le regarde avec attendrissement et le jette loin d'elle. Elle écoute, croit entendre une musique religieuse, se met à genoux, et prie pour lui. Plus calme alors, elle lève la tête et regarde autour d'elle ; elle éprouve, à l'aspect de ces lieux, une émotion dont elle ne peut se rendre compte ; elle se lève précipitamment et semble reconnaître cette chambre ; elle examine avec attention la tenture, les meubles ; puis, posant la main sur son cœur, elle cherche à retenir des souvenirs qui lui échappent.

SCÈNE XIII.

YELVA, TCHÉRIKOF, SORTANT DE L'APPARTEMENT A DROITE.

TCHÉRIKOF.

Allons, voilà déjà les airs du pays, les chants de noces qui se font entendre. Je leur ferai donner le knout, pour leur apprendre à chanter et à être heureux sans moi... Mais quelle est cette paysanne? O ciel! en croirai-je mes yeux?... Yelva sous ce déguisement, et dans ce château!

YELVA,

A sa vue, fait un geste de surprise, et court à lui.

TCHÉRIKOF.

Et Alfred, quel sera son étonnement?

YELVA

Lui fait signe de se taire.

TCHÉRIKOF.

Quoi! vous ne voulez pas qu'il sache?... vous craignez sa présence?

YELVA

Fait signe que oui.

TCHÉRIKOF.

Et comment êtes-vous ici? qui vous amène chez moi?

YELVA, par gestes.

Ceci est à vous?

TCHÉRIKOF.

Oui, ce château m'appartient.

MUSIQUE.

YELVA

Le regarde avec une nouvelle attention, et comme si elle ne l'avait jamais vu; il semble qu'elle veuille lire sur son visage et deviner ses traits.

TCHÉRIKOF.

Qu'a-t-elle donc? d'ou vient l'émotion qu'elle éprouve?

YELVA

Met une main sur son cœur, et de l'autre lui fait signe de se taire et de ne point troubler les idées qui lui arrivent en foule. « Oui, quand elle était petite, elle a vu tout cela.... » Elle court à la fenêtre à gauche, montre les jardins.

TCHÉRIKOF.

Dans ces jardins!... eh! bien, que voulez-vous dire?

YELVA

Lui fait signe qu'il y a une balançoire (Air: *Balançons-nous*), des montagnes russes d'où on descendait rapidement.

TCHÉRIKOF, étonné.

Il me semble qu'elle parle de balançoire, de montagnes russes... Qu'est-ce que cela signifie?

YELVA

Témoigne son impatience de ce qu'il ne comprend pas. (Air: *Un bandeau couvre les yeux.*) Puis, comme une idée qui lui vient, elle lui fait signe qu'autrefois, dans ce salon, elle jouait avec des enfans de son âge; et, faisant le geste de se mettre un bandeau sur les yeux, elle court après quelqu'un, comme si elle jouait au colin-maillard. (*Air vif.*) Tous ses gestes se succèdent rapidement, et sans qu'elle fasse presque attention à Tchérikof, qui la regarde d'un air étonné et attendri.

TCHÉRIKOF.

Pauvre enfant! je ne sais pas ce qu'elle a, ni ce qu'elle veut dire, mais il y a dans ses gestes, dans sa physionomie, une expression que je ne puis définir, et dont, malgré moi, je me sens tout ému.

CHOEUR en dehors.

Air de la Dame Blanche.

Chantons, ménestrels joyeux,
Refrains d'amour et d'hyménée;
La plus heureuse destinée
Comble en ce jour tous leurs vœux.

YELVA

Le prend par le bras pour lui dire: *Écoutez!*

TCHÉRIKOF.

Ce sont mes vassaux, qui chantent un air du pays.

YELVA.

Semble lui dire : C'est cela même ! Son émotion est au comble. Elle prend la main de Tchérikof, la serre dans les siennes, la porte sur son cœur.

TCHÉRIKOF.

Je n'y suis plus, je n'y conçois rien; elle paraît si contente et si malheureuse... et cette amitié si tendre qu'elle me témoigne... vrai, ça donnerait des idées... Yelva... ma chère Yelva... rassurez-vous.

SCÈNE XIV.

LES PRÉCÉDENS, ALFRED, ENTRANT PAR LA PORTE A DROITE, QU'IL REFERME SUR LUI; IL APERÇOIT YELVA DANS LES BRAS DE TCHÉRIKOF.

ALFRED.

Ciel ?... Yelva !...

YELVA,

En voyant Alfred, effrayée, hors d'elle-même, s'arrache des bras de Tchérikof, et s'enfuit précipitamment dans l'appartement à gauche, dont elle ferme la porte.

ALFRED, à Tchérikof, après un instant de silence.

Eh! bien, monsieur, mes soupçons étaient-ils injustes? qu'avez-vous à répondre?

TCHÉRIKOF.

Rien... jusqu'à présent... car je n'y comprends pas plus que vous.

ALFRED.

Et moi je comprends, monsieur, que vous êtes un homme sans foi.

TCHÉRIKOF.

Monsieur de Césanne !

ALFRED.

Oui, c'est vous qui me l'avez ravie; qui l'avez enlevée à mon amour; qui l'avez cachée dans ces lieux, où vous l'avez séduite... Je n'en veux d'autre preuve que l'amour qui brillait dans vos yeux... que les caresses qu'elle vous prodiguait... et la terreur dont ma vue l'a frappée.

TCHÉRIKOF.

Je vous répète que j'ignore ce qui en est... Mais quand ce serait vrai, quand par hasard elle m'aimerait; est-ce que vous prétendez me les enlever toutes? est-ce que vous n'épousez pas ma cousine?... est-ce que je n'ai pas le droit comme un autre?...

ALFRED.

Non, vous n'avez pas le droit de tromper un homme d'honneur, vous qui n'êtes qu'un...

TCHÉRIKOF.

C'en est trop...

ENSEMBLE.

Air de la Batelière.

> De rage et de fureur
> Je sens battre mon cœur ;
> Mais d'une telle offense
> J'aurai bientôt vengeance ;
> Redoutez ma fureur.

(Ils sortent par le fond.)

SCÈNE XV.

YELVA, MADAME DE CÉSANNE, SORTANT DE L'APPARTEMENT A GAUCHE.

MADAME DE CÉSANNE.

Yelva! quelle agitation... Eh bien, Alfred a-t-il pénétré dans ces lieux? l'aurais-tu revu?

YELVA.

Fait signe que oui.

MADAME DE CÉSANNE.

Où donc? ici?

YELVA.

Oui.

MADAME DE CÉSANNE.

D'où venait-il?

YELVA

Montre la porte à droite : *De là!*...

MUSIQUE.

YELVA.

En ce moment, elle s'est approchée de la porte à droite, qu'Alfred a refermée, en entrant, à la scène précédente. Sur cette porte est le portrait que Tchérikof a montré à la scène cinquième. Yelva stupéfaite s'arrête, regarde le tableau, court à madame de Césanne, et le lui montre de la main et avec la plus grande émotion.

MADAME DE CÉSANNE.

C'est l'ancienne maîtresse de ce château, la mère du comte de Tchérikof, qui a péri, ainsi que toute sa famille, dans l'incendie de Smolensk.

YELVA

Tire vivement de son sein le médaillon qu'elle porte, le donne à madame de Césanne, en lui disant : *Regardez, c'est elle.*

MADAME DE CÉSANNE.

O ciel ! les mêmes traits ; c'est bien elle, c'est ta mère.

YELVA

Court se jeter à deux genoux devant le tableau, l'entoure de ses bras, le presse de ses lèvres ; puis, s'inclinant en baissant la tête, elle semble lui demander sa bénédiction.

SCÈNE XVI.

LES PRÉCÉDENS, FOEDORA, ACCOURANT.

FOEDORA.

Ah ! mon Dieu ! quel malheur ! M. Alfred et mon cousin...

MADAME DE CÉSANNE.

Eh bien ?

FOEDORA.

Ils avaient été chercher des armes, et je viens de les voir tous les deux descendre dans le parc ; ils n'ont pas voulu m'écouter ; ils vont se battre !

MADAME DE CÉSANNE.

Que dites-vous ? ah ! courons sur leurs pas.

(Elle sort.)

FOEDORA.

Pourvu qu'il en soit encore temps.

YELVA

Donne les marques du plus violent désespoir ; elle demande par gestes à Fœdora de quel côté doit se passer le combat. Fœdora lui montre la croisée à droite, qui donne sur les jardins. Yelva court l'ouvrir précipitamment, et, au même instant, on entend un coup de pistolet. Yelva indique, par des gestes d'effroi, qu'elle voit les deux adversaires. Elle est restée auprès de la croisée, tendant les bras vers eux ; et, après les plus violens efforts, elle parvient à prononcer ce mot : *Alfred !....* Au même instant, affaiblie par les efforts qu'elle a faits, elle tombe évanouie.

FOEDORA, la reçoit dans ses bras, la porte sur le fauteuil, et lui prodigue des secours.

Pauvre enfant ! elle a perdu connaissance...

SCÈNE XVII.

LES PRÉCÉDENS, ALFRED, TCHÉRIKOF, MADAME DE CÉSANNE, TENANT ALFRED ET TCHÉRIKOF PAR LA MAIN, DOMESTIQUES.

TCHÉRIKOF, tenant à la main le médaillon d'Yelva.

Ah ! que m'avez-vous appris ? ma sœur ! ma sœur ! où est-elle ?

MADAME DE CÉSANNE, lui montrant Yelva qui est sur le fauteuil, étendue et sans connaissance.

La voilà.

TCHÉRIKOF.

Et ce cri dont nous avons été frappés, et qui a suspendu notre combat ?

FOEDORA.

C'est elle qui l'a fait entendre ; la frayeur, l'émotion ; mais je crains qu'un tel effort ne lui coûte la vie.

TOUS.

Grand Dieu !

(Yelva est évanouie dans le fauteuil ; Tchérikof à droite, Alfred à gauche, à ses genoux ; madame de Césanne auprès d'Alfred, Fœdora, derrière le fauteuil, prodiguant ses soins à Yelva.)

FINAL.

(Musique de M. Hendier.)

TCHÉRIKOF.

Ma sœur!... le sort nous l'enlève.

ALFRED.

Je la perds, quand pour moi renaissait le bonheur.

FOEDORA.

Écoutez... taisez-vous... je sens battre son cœur.

MADAME DE CÉSANNE.

Oui, déjà de son front s'efface la pâleur ;
Et sortant d'un pénible rêve,
Elle revient à la vie.

TOUS.

O bonheur !

CHOEUR.

O Dieu tutélaire,
Je bénis ton secours.

YELVA

Revient peu à peu à elle, regarde lentement tous ceux qui l'entourent, mais sans les reconnaître encore ; elle cherche à rappeler ses idées, aperçoit madame de Césanne, prend sa main qu'elle baise, puis se retourne, aperçoit Alfred, fait un mouvement de surprise (tout le monde se penche et écoute attentivement); elle le regarde et lui dit tout doucement: *Alfred !...* De l'autre côté elle aperçoit Tchérikof, lui tend la main et dit : *Mon frère !...*

ALFRED.

Me pardonneras-tu ? m'aimeras-tu ?

YELVA, se levant.

Toujours !

FIN DE YELVA.

MADAME
DE SAINTE-AGNÈS,

COMÉDIE-VAUDEVILLE,

Représentée pour la première fois, à Paris, sur le théâtre du Gymnase dramatique, le 20 février 1829.

EN SOCIÉTÉ AVEC M. VARNER.

PERSONNAGES.

M. DE SAINTE-AGNÈS, receveur-général.
Madame DE SAINTE-AGNÈS, sa femme.
IRÈNE, leur nièce et leur pupille.
M. D'HÉRISSEL, chef d'escadron, subrogé-tuteur d'Irène.
ANATOLE, cousin de M. d'Hérissel.
Un Domestique de M. de Sainte-Agnès.

La scène se passe auprès des Pyrénées, dans une ville où il y a des eaux minérales.

D'HÉRISSEL.

MAIS, QU'A DONC MON JEUNE COUSIN?

M.me de S.te Agnès. Sc. XVII.

MADAME DE SAINTE-AGNÈS.

Le théâtre représente un salon de la maison de M. de Sainte-Agnès; porte au fond : deux portes latérales. La porte à droite de l'acteur est celle de l'appartement de madame de Sainte-Agnès. A gauche, celle d'un cabinet. Auprès de cette porte, une table sur laquelle il y a un livre et une écritoire. Auprès de l'appartement de madame de Sainte-Agnès, une table de toilette.

SCÈNE PREMIÈRE.

D'HÉRISSEL, UN DOMESTIQUE.

D'HÉRISSEL, *entrant par le fond.*

M. de Sainte-Agnès, le receveur-général?

LE DOMESTIQUE, *qui était auprès de la toilette, occupé à ranger.*

Il est sorti, monsieur.

D'HÉRISSEL.

Et sa femme?

LE DOMESTIQUE.

Madame n'est pas visible.

D'HÉRISSEL.

Dites-lui que c'est un ancien ami de son mari,

qui, n'ayant que quelques heures à rester en cette ville, désire leur parler d'affaires de famille.

LE DOMESTIQUE.

J'y vais.

D'HÉRISSEL.

D'Hérissel, chef d'escadron.

LE DOMESTIQUE, qui était prêt de sortir, s'arrête.

C'est différent. Madame ne reçoit jamais de militaires, encore moins des chefs d'escadron.

D'HÉRISSEL.

Et qui reçoit-elle donc? Ne faut-il pas donner ma démission pour me faire présenter chez elle? (Voyant Irène qui sort du cabinet à gauche de l'acteur.) Laisse-nous, voici heureusement quelqu'un de connaissance... Ma chère Irène!

SCÈNE II.

D'HÉRISSEL, IRÈNE.

IRÈNE, courant à d'Hérissel.

M. d'Hérissel dans ce pays!

LE DOMESTIQUE, sortant.

Mademoiselle le connaît, c'est différent; je vais toujours en prévenir madame.

(Il entre dans l'appartement de madame de Sainte-Agnès.)

IRÈNE.

Est-ce pour moi que vous venez?

D'HÉRISSEL.

Oui, ma chère enfant, c'est-à-dire, nous revenons

SCÈNE II.

d'Espagne; et, comme mon régiment passe quelques heures dans cette ville, j'ai voulu voir mes amis. Anatole, mon jeune cousin, qui y demeure depuis quelque temps; et toi, surtout, qui es presque ma pupille; car je suis ton subrogé-tuteur.

IRÈNE.

Vous l'oubliez souvent.

D'HÉRISSEL.

C'est vrai; mais je ne connais rien aux affaires, et celui qu'on t'a donné pour tuteur est un honnête homme qui les entend mieux que moi, M. de Sainte-Agnès, ton oncle, un ami d'enfance, un receveur-général qui a l'habitude d'avoir les fonds des autres mêlés avec les siens, et qui ne se trompe jamais, ce qui est rare; ainsi, je ne m'informerai pas de ta fortune, mais de ton bonheur. Est-tu contente? t'amuses-tu ici?

IRÈNE.

Pas beaucoup.

D'HÉRISSEL.

Oh! cela veut dire que tu t'ennuies.

IRÈNE.

A la mort.

D'HÉRISSEL.

C'est étonnant; ce devrait être une maison agréable. Sainte-Agnès est mon ancien camarade, et je me rappelle son humeur et son caractère; il aimait la joie, les plaisirs.

IRÈNE.

Oui, mais mon oncle n'est pas le maître; il s'est marié, et sa femme le gronde quand on s'amuse.

D'HÉRISSEL.

C'est donc une vieille femme?

IRÈNE.

Non, elle est jeune encore; mais elle ne reçoit que des gens graves et sérieux, et elle tient à ce que je sois toujours là, à côté d'elle. Le dessin, la danse, la musique, sont des exercices qui me sont interdits; mais, en revanche, nous avons des cours de morale, des conférences de morale et des assemblées de vieilles femmes où l'on dit du mal de tout le monde.

D'HÉRISSEL.

Quelle austérité! C'est donc une...

IRÈNE.

Eh! mon Dieu, oui.

D'HÉRISSEL.

Air: Restez, restez, troupe jolie.

Au portrait que tu viens de faire,
Soudain je l'avais deviné;
Elle suit la marche ordinaire,
Et je n'en suis pas étonné:
Car ces dames qui, sur la danse,
S'en vont lançant des interdits,
Classent du moins la médisance
Au nombre des plaisirs permis.

Et, d'après ce que je vois, tu n'es pas à la hauteur de ses principes.

IRÈNE.

Je n'en sais rien; je tâche de ne pas faire de mal. Je remplis mes devoirs avec exactitude; mais je vais au bal avec mon oncle quand l'occasion s'en présente, et au spectacle quand nous avons une troupe dans l'arrondissement.

SCÈNE II.

D'HÉRISSEL.

Cela me paraît convenable. En ce cas, il faut, ma chère Irène, sortir de tutelle : il faut te marier.

IRÈNE.

Oh! mon Dieu, mon ami, je ne demanderais pas mieux.

D'HÉRISSEL.

Eh bien! cela me regarde. Je vais en parler à Sainte-Agnès, à sa femme.

IRÈNE.

Non vraiment.

D'HÉRISSEL.

Et pourquoi?

IRÈNE.

C'est que déjà ils m'ont proposé plusieurs partis que j'ai tous refusés, pour des raisons que je ne puis vous dire; si bien que maintenant ma tante est persuadée que je veux rester fille, et entrer au couvent.

D'HÉRISSEL.

Au couvent!

IRÈNE.

Ce qui me fait beaucoup d'honneur à ses yeux. J'ai déjà reçu les complimens de félicitation de toute la société; et maintenant, je ne sais comment faire pour leur déclarer...

D'HÉRISSEL.

Je m'en charge; mais auparavant il faut avoir en moi une confiance entière, et m'expliquer pourquoi tu as déjà refusé les partis qu'on te proposait. Pour quelles raisons? je te le demande.

IRÈNE.

J'aime mieux que vous ne me le demandiez pas.

D'HÉRISSEL.

Est-ce que ces prétendus avaient des défauts?

IRÈNE.

Des défauts! non, ils n'en avaient qu'un, ils avaient tous le même; c'est que je ne les aimais pas.

D'HÉRISSEL.

Ce qui veut dire que peut-être tu en aimais un autre?

IRÈNE.

J'en ai bien peur.

D'HÉRISSEL.

Et pourquoi donc? ne suis-je point là, moi, ton subrogé-tuteur, ton second père? j'ai voix délibérative au conseil de famille.

IRÈNE.

Oh! non, j'en mourrais de honte.

D'HÉRISSEL.

Comment! est-ce que ce choix serait indigne de toi?

IRÈNE.

Oh! mon Dieu, non; de la naissance, de la fortune, un caractère charmant.

D'HÉRISSEL.

Il me semble alors qu'il n'y a pas d'obstacle; car, à ce que je puis voir, celui-là n'est pas comme les autres prétendus; il n'a pas le défaut dont nous parlions tout à l'heure?

SCÈNE II.

IRÈNE.

Hélas, non! mais ce défaut-là c'est moi qui l'ai à ses yeux.

D'HÉRISSEL.

Que dis-tu? il ne t'aimerait pas! ce n'est pas possible.

IRÈNE.

Il ne pense seulement pas à moi, et cependant nous nous voyons toute la journée; car, à la suite d'une longue maladie, venant ici pour prendre les eaux, il s'est fait présenter chez M. de Sainte-Agnès qu'il avait connu autrefois à Paris.

D'HÉRISSEL.

Comment! est-ce que ce serait?...

IRÈNE.

Je vous en prie, ne m'en demandez pas davantage, et ne cherchez pas à le connaître; je l'oublierai, je vous le jure.

Air: Pour le trouver, j'arrive en Allemagne. (d'YELVA.)

Mais d'ici là, plus d'hyménée!
Surtout, pour moi, plus de couvent;
Jugez, si j'y suis condamnée,
Combien le péril est plus grand.
Dans le monde, où je suis distraite,
Parfois, son souvenir m'a fui...
Mais seule, hélas!... seule, et dans la retraite,
J'y serais toujours avec lui...
S'il fallait vivre, hélas! dans la retraite,
J'y serais toujours avec lui.

D'HÉRISSEL.

Pauvre enfant!... mais j'entends ce cher Sainte-Agnès.

IRÈNE.

Mon tuteur! je vous laisse; mais songez bien que c'est à vous seul que j'ai confié mon secret.

D'HÉRISSEL.

Sois tranquille, j'ai toujours gardé ceux des autres. (Irène rentre dans le cabinet à gauche.) Pour les miens, c'est différent; ils sont à moi, j'en fais ce que je veux.

SCÈNE III.

SAINTE-AGNÈS, D'HÉRISSEL.

D'HÉRISSEL.

Eh! arrivez donc, monsieur le receveur-général.

SAINTE-AGNÈS.

Ce cher d'Hérissel. (Ils s'embrassent.) C'est par un officier de ton régiment que j'ai appris ton arrivée.

D'HÉRISSEL.

Embrassons-nous encore.

SAINTE-AGNÈS.

Volontiers. (Ils s'embrassent.) Quel plaisir de revoir un ancien ami.

D'HÉRISSEL.

Un compagnon de folies, qui a partagé toutes mes fredaines.

SAINTE-AGNÈS.

Tais-toi donc!

D'HÉRISSEL.

Pourquoi cela? est-ce que tu es devenu sage? est-ce que tu n'aimes plus le plaisir?

SCÈNE III.

SAINTE-AGNÈS.

Au contraire, mon ami; plus que jamais, d'autant mieux que maintenant il est si rare !

D'HÉRISSEL, à part.

Ce qu'on m'a dit est donc vrai ? (Haut.) Et ta femme ?

SAINTE-AGNÈS.

Parle plus bas. Oui, mon ami, j'ai une femme admirable, que j'estime; que j'ai épousée par inclination; car elle est fort bien; et puis une vertu terrible.

D'HÉRISSEL.

Je t'en fais mon compliment.

SAINTE-AGNÈS.

Tu es bien bon.

D'HÉRISSEL.

Moi aussi, je me suis marié; j'ai épousé la femme la plus aimable.

SAINTE-AGNÈS.

Ah ! que tu es heureux !

D'HÉRISSEL.

Dix-huit à vingt ans; légère, étourdie, courant tous les plaisirs, les concerts, les bals, les spectacles, auxquels j'étais toujours obligé de la suivre.

SAINTE-AGNÈS.

Et tu te plains ! Dieu ! que je voudrais être à ta place !

D'HÉRISSEL.

Y penses-tu ?

SAINTE-AGNÈS.

Oui, mon ami, être heureux est, selon moi, l'essentiel en ménage; et jusqu'à présent j'ai trouvé dans le mien de la morale et des principes plus qu'il ne m'en fallait pour mon usage particulier. Mais pour du bonheur, je n'en ai point encore entendu parler.

D'HÉRISSEL.

Comment cela?

SAINTE-AGNÈS, regardant autour de lui.

Ma femme, qui, comme je te le dis, est une femme admirable, est d'une sévérité, d'un rigorisme, qui ne laisse rien passer. Elle m'aime bien, mais elle n'aime pas mes défauts, et comme mes défauts font une partie essentielle de moi-même, j'y tiens.

D'HÉRISSEL.

On tient à ce qu'on a.

SAINTE-AGNÈS.

Air de l'Homme vert.

De tout elle se formalise ;
Elle se fâche au moindre mot,
Et tous les jours me moralise :
Dimanche et fêtes, c'est mon lot.

D'HÉRISSEL.

Ta femme, en son zèle trop franche,
De ses droits me semble abuser ;
Car il est dit que le dimanche
On doit au moins se reposer.

SAINTE-AGNÈS.

Et pour comble de malheur, elle est la perfection même ; ce qui est désespérant, parce que la partie n'est pas égale. Elle m'accable de sa supériorité; et je donnerais tout au monde pour qu'elle eût besoin d'indulgence; ça me donnerait le droit d'en réclamer

SCÈNE III.

à mon tour. Mais le moyen de s'attaquer à une vertu aussi formidable ! personne n'oserait.

D'HÉRISSEL.

Laisse donc !

SAINTE-AGNÈS.

Je voudrais bien t'y voir, toi qui parles !

D'HÉRISSEL.

Moi !

SAINTE-AGNÈS.

Essaie seulement ; tu me feras plaisir.

D'HÉRISSEL.

Quelle folie ! y penses-tu ?

SAINTE-AGNÈS.

Voilà déjà que tu as peur.

D'HÉRISSEL.

Non, mais quand on ne reste que trois heures...

SAINTE-AGNÈS.

Pas davantage ?

D'HÉRISSEL.

Eh ! mon Dieu, oui ; ce soir notre régiment se remet en marche.

SAINTE-AGNÈS.

Trois heures ; c'est bien peu ; mais c'est au moins le temps de déjeuner, et je t'invite.

D'HÉRISSEL.

Je ne demande pas mieux.

SAINTE-AGNÈS.

Pas ici, à cause de ma femme ; ça nous gênerait, parce que le rigorisme et le vin de Champagne, cela va mal ensemble. Mais je cours réunir quelques amis qui seront charmés de te voir. Nous avons ici un de tes cousins, Anatole d'Hérissel, qui était malade, qui est venu prendre les eaux, et que nous voyons souvent.

D'HÉRISSEL.

Comment! ce serait lui?...

SAINTE-AGNÈS.

Quoi donc?

D'HÉRISSEL.

Non, rien.

SAINTE-AGNÈS.

Et nous ferons tous ensemble un petit déjeuner de garçons; tu sais, comme autrefois; c'était là le bon temps.

Air: Amis, voici la riante semaine.

Doux souvenir, qu'un regret accompagne!
Le verre en main je trouvais le bonheur;
Je n'entendais gronder que le champagne,
Et ce bruit-là ne me faisait pas peur.
Quittant la table après maintes prouesses,
En chancelant, nous étions encor fiers...
Car nous n'avions, pour blâmer nos faiblesses,
Que des amis qui marchaient de travers.

Allons, viens vite.

(Il fait un pas pour sortir.)

D'HÉRISSEL, le retenant.

Un instant, j'ai à te parler d'affaires; d'Irène, notre pupille.

SAINTE-AGNÈS.

Un charmant enfant, que j'aime beaucoup; mais elle ne veut pas se marier; elle veut aller au couvent; et, dès qu'il s'agit de cette partie-là, c'est sa tante que cela regarde; chacun nos attributions.

SCÈNE III.

D'HÉRISSEL.

Au contraire, c'est qu'elle ne s'en soucie pas.

SAINTE-AGNÈS.

Vraiment !

D'HÉRISSEL.

Il faut alors que tu déclares à ta femme...

SAINTE-AGNÈS.

Moi ! ah ! bien oui, si j'osais seulement lui en parler, elle serait contre moi d'une belle colère.

D'HÉRISSEL.

Elle ! avec ses principes !

SAINTE-AGNÈS.

Cela n'empêche pas ; au contraire, quand c'est à bonne intention, c'est permis. Trop heureux encore si j'en étais quitte à si bon marché ; mais quand elle se fâche contre moi, tu ne sais pas de quoi elle est capable.

D'HÉRISSEL.

Et de quoi donc ?

SAINTE-AGNÈS.

Elle me ferait aller à ses conférences de morale; elle m'y ferait aller, mon ami, tu ne la connais pas.

D'HÉRISSEL.

Et tu obéirais ?

SAINTE-AGNÈS.

Il le faut bien, parce que je l'aime, au fond.

Air du Ménage de garçon.

Mais toi, qui n'as aucune entrave,
Aborde ce chapitre-là.

D'HÉRISSEL.

Je le veux bien : moi, je suis brave...
Après déjeuner l'on verra.

SAINTE-AGNÈS.

Non, crois-moi, commence par là.
Dans ma carrière conjugale,
J'ai l'usage, et j'y veux tenir,
De commencer par la morale,
Et de finir par le plaisir.

ENSEMBLE.

Oui, commençons par la morale,
Et puis après, tout au plaisir.

SAINTE-AGNÈS.

La voici. Je vais commander le déjeuner; tu viendras me rejoindre.

(Il sort par le fond.)

SCÈNE IV.

MADAME DE SAINTE-AGNÈS, D'HÉRISSEL.

MADAME DE SAINTE-AGNÈS, *sortant de son appartement, à la cantonade.*

Vous direz que je n'y suis pas. Je ne recevrai personne, que M. le recteur et ma marchande de modes. (*Elle aperçoit d'Hérissel.*) Un militaire !

D'HÉRISSEL.

D'Hérissel, un ami de votre mari.

MADAME DE SAINTE-AGNÈS.

Je le connais beaucoup, de réputation.

D'HÉRISSEL.

Tant pis, car ma réputation n'est pas mon beau

côté; franchement, je vaux mieux qu'elle, et votre mari a dû vous dire...

MADAME DE SAINTE-AGNÈS.

Oui, monsieur, il m'a souvent parlé de vos anciennes liaisons; et cela prouve combien, dans sa jeunesse, on doit mettre de sollicitude et de discernement dans le choix des premiers principes que l'on adopte; car l'on récolte plus tard selon qu'on a semé.

D'HÉRISSEL.

Il me semble que, pour votre mari, la récolte n'a pas été si mauvaise, une recette générale, quarante mille livres de rente, la réputation d'un homme de talent et d'un honnête homme...

MADAME DE SAINTE-AGNÈS.

Ce n'est point cela, monsieur, dont j'ai voulu parler...

D'HÉRISSEL.

J'en parle, moi, parce que, certainement, c'est quelque chose dans la vie qu'une bonne maison, une bonne table, une jolie femme dont les grâces et la tournure...

MADAME DE SAINTE-AGNÈS.

Monsieur, je n'ai pas l'habitude d'entendre de tels discours, et si vous continuez sur ce ton, je me retire.

D'HÉRISSEL.

Eh! non, madame, vous pouvez rester; votre pensée va plus loin et plus vite que la mienne; car le diable m'emporte...

MADAME DE SAINTE-AGNÈS.

Encore, monsieur.

D'HÉRISSEL, se reprenant.

Eh bien, non; qu'il n'emporte personne, et restons tous les deux; car j'ai à vous parler d'une affaire importante, que j'aborderai sans préambule. Vous croyez que votre nièce veut aller au couvent.

MADAME DE SAINTE-AGNÈS.

Si je le crois! oui, monsieur; et je l'aime trop pour ne pas me réjouir avec elle d'une résolution qui assure à jamais son bonheur, et qui l'honore à tous les yeux.

D'HÉRISSEL.

Je ne disputerai point là-dessus, parce que je n'y entends rien; quoique, dans mes idées, une épouse et une bonne mère de famille aient bien aussi leur côté honorable.

MADAME DE SAINTE-AGNÈS.

Il n'y a rien qui le soit plus, monsieur, que de fuir le monde et ses dangers.

D'HÉRISSEL.

Oh! si vous parlez de dangers, c'est différent, je m'y connais; et nous pensons, nous autres militaires, qu'il y a plus de mérite à les braver qu'à les fuir; à rester sur le champ de bataille, qu'à s'en retirer; et ces idées-là, à ce qu'il paraît, sont aussi celles de ma jeune pupille. Je dois donc vous prévenir, madame, que vous vous trompez sur ses intentions.

MADAME DE SAINTE-AGNÈS.

Non, monsieur, non, on ne se trompe pas sur une résolution aussi efficace. Tous nos amis y comptent;

SCÈNE IV.

et quand une volonté est aussi prononcée que celle-là, on n'est plus maître de la changer.

D'HÉRISSEL.

C'est cependant ce qui arrivera; car ce matin, votre nièce me l'a dit positivement.

MADAME DE SAINTE-AGNÈS.

Comment! elle oserait...

D'HÉRISSEL.

Au contraire, c'est qu'elle n'ose pas; et c'est pour cela que je me suis chargé de vous l'annoncer.

MADAME DE SAINTE-AGNÈS.

C'est-à-dire que vous l'avez vue, que vous avez causé avez elle, et cela m'explique son changement d'idée. Il suffit du contact du monde et de ses maximes perverses pour détourner de la bonne voie les ames les plus pures; et je ne m'étonne plus alors de cette absence de tout principe, de cette immoralité générale, dont nous gémissons tous les jours.

D'HÉRISSEL.

C'est bien de la bonté à vous, et de la commisération en pure perte; car notre siècle, que l'on vous peint si dépravé, est-il pire que ceux qui l'ont précédé? Y voit-on, comme autrefois, le lien conjugal publiquement outragé; le scandale en honneur, et en habit brodé? Y voit-on, en un mot, les mœurs de la Régence? Non; le vice a cessé d'être de bon ton; on pratique l'amitié, les vertus domestiques, on ne rougit plus d'aimer sa femme, et même de se montrer avec elle.

Air de la Robe et les Bottes.

Nous n'avons plus le luxe des maîtresses,
Nous n'avons plus le règne des boudoirs ;
  On n'affiche plus ses faiblesses,
  Et l'on respecte ses devoirs...
Ou, si parfois le vice les outrage,
  Il se cache... il craint d'être vu ;
Et malgré lui, c'est un dernier hommage
  Qu'il rend encore à la vertu.

MADAME DE SAINTE-AGNÈS.

Par malheur, dans cet éloge du siècle, vous n'avez oublié que le point principal, le plus essentiel de tous, la dévotion !

D'HÉRISSEL.

Eh ! madame, jamais on n'en eut de plus véritable, de plus éclairée; non celle qui fait les hypocrites, mais celle qui fait les honnêtes gens; non celle qui veut la rigueur et l'intolérance, mais celle qui prêche l'union, la concorde et l'amour du prochain. Celle-là, madame, chacun la chérit et l'honore, chacun l'aime, car elle sait se rendre aimable, elle est facile, indulgente.

MADAME DE SAINTE-AGNÈS.

Et c'est justement cette indulgence que je trouve coupable; c'est elle qui perdrait tout. On ne transige point avec le vice, et nous devons être sans pitié, même pour nous.

D'HÉRISSEL.

Oui, madame, mais pour les autres ! si vous êtes infaillible, ils ne le sont pas. Que votre vertu descende un peu à leur portée, qu'elle fasse concession à la fragilité humaine ; car nous sommes faibles, sujets à l'erreur, et si l'indulgence est belle, c'est chez ceux qui, comme vous, madame, n'en ont pas besoin. J'ose donc croire que vous n'en voudrez pas à votre nièce de la confiance qu'elle a eue en moi, et que vous lui pardonnerez.

MADAME DE SAINTE-AGNÈS, avec indignation.

Monsieur... (Avec froideur et dignité.) Je verrai; j'examinerai avec des gens bien intentionnés, ce que je dois décider de ma nièce. Mais je croirais me manquer à moi-même, si je m'exposais plus long-temps à entendre de tels propos.

(Elle fait la révérence, et veut sortir.)

D'HÉRISSEL.

Air: L'amour qu'Edmond a su me taire.

Non pas, madame, je vous laisse.
A déjeuner plus d'un ami m'attend;
De leur gaîté pour tempérer l'ivresse,
　Je vais, à ce repas bruyant,
Faire parler la raison qui m'enflamme.

MADAME DE SAINTE-AGNÈS.

Vous! la raison...

D'HÉRISSEL.

Ah! j'en puis dépenser;
Je suis en fonds... car, près de vous, madame,
En écoutant, je viens d'en amasser.
Oui, près de vous, en écoutant, madame,
Pour quelque temps je viens d'en amasser.

(Il sort par le fond.)

SCÈNE V.

Madame de SAINTE-AGNÈS, seule.

Quelle immoralité! quel oubli de tous les principes! Il est vrai que les militaires... Mais aussi, comme nous le disions l'autre jour avec M. le recteur, pourquoi y a-t-il des militaires?

SCÈNE VI.

ANATOLE, madame de SAINTE-AGNÈS.

ANATOLE.

Non, non, je ne peux pas aller avec toi; mais je te reverrai plus tard.

MADAME DE SAINTE-AGNÈS.

C'est vous, M. Anatole; avec qui parliez-vous là?

ANATOLE.

Avec un de mes cousins que je viens d'embrasser, M. d'Hérissel.

MADAME DE SAINTE-AGNÈS.

Comment! il serait possible? un pareil homme serait votre parent?

ANATOLE.

Oui, madame.

MADAME DE SAINTE-AGNÈS.

Vous qui êtes si sage, si réservé! qui avez de si bonnes mœurs! Au surplus, ce n'est pas votre faute.

SCENE VI.

Ce qui est du moins en votre pouvoir, c'est de ne pas le fréquenter, et j'espère bien...

ANATOLE.

Ah! soyez tranquille, et la preuve, c'est qu'il voulait m'emmener à un déjeuner de garçons que lui donne votre mari; j'ai bien mieux aimé venir causer avec vous; je dois déjà tant à vos conseils!

MADAME DE SAINTE-AGNÈS.

En vous les donnant, je crois faire une bonne œuvre.

ANATOLE.

Oh! oui, madame.

MADAME DE SAINTE-AGNÈS.

La jeunesse d'à présent est si dépravée, et l'âge mûr est si pervers...

ANATOLE.

Les pauvre gens! il n'y a donc plus d'espoir pour eux?

MADAME DE SAINTE-AGNÈS.

Heureusement; et pour ceux qui marchent dans la bonne voie, c'est une idée bien consolante.

ANATOLE.

Oh! sans doute; mais c'est justement cela qui m'effraie.

MADAME DE SAINTE-AGNÈS.

Quand on n'a rien à se reprocher...

ANATOLE.

Mais c'est qu'au contraire, tous les jours, et à tous les momens, je me fais des reproches.

MADAME DE SAINTE-AGNÈS.

Vous, M. Anatole; et sur quoi?

Air de Céline.

Achevez, ouvrez-moi votre âme.

ANATOLE.

J'ai peur.

MADAME DE SAINTE-AGNÈS.

Vous semblez interdit.

ANATOLE.

De vous scandaliser, madame ;
Car peut-être, dans ce récit,
Il est certaines circonstances...

MADAME DE SAINTE-AGNÈS.

Continuez, malgré cela :
Je saurai, de vos confidences,
N'entendre que ce qu'il faudra.

ANATOLE.

Eh bien ! vous répétez sans cesse qu'il faut fuir l'amour, et j'ai déjà aimé quelqu'un ; une première inclination...

MADAME DE SAINTE-AGNÈS.

Comment ! monsieur.

ANATOLE.

Il faut bien commencer par une ; c'était Irène, votre nièce ; elle était si douce, si aimable ; j'étais décidé à me déclarer, lorsque vous m'avez appris qu'elle fuyait le monde et le mariage ; j'ai vu alors qu'il fallait y renoncer, et j'ai fait tout ce qu'il fallait pour l'oublier.

MADAME DE SAINTE-AGNÈS.

C'était bien.

ANATOLE.

Eh ! non, madame ; ce fut bien pire ; car, à dix-huit

ans, on ne peut pas vivre sans aimer; et, malgré moi, ça m'est arrivé encore.

MADAME DE SAINTE-AGNÈS.

Comment, monsieur, une seconde passion?

ANATOLE.

Ah! si vous la connaissiez!

Air : Ainsi que vous, je veux, mademoiselle.

Vous approuveriez ma tendresse.

MADAME DE SAINTE-AGNÈS.

L'aurais-je vue?

ANATOLE.

Oh! non, jamais.
L'esprit, la raison, la sagesse,
L'embellissent de mille attraits.
Sa vertu me semble admirable,
Je lui voue un culte assidu...
Et si je vous semble coupable,
C'est par amour pour la vertu.

MADAME DE SAINTE-AGNÈS.

L'intention est bonne; et puisque vous êtes le maître de vous choisir une compagne, le mariage est un état qu'on peut rendre exemplaire.

ANATOLE.

Hélas! madame, celle que j'aime ne peut être ma femme.

MADAME DE SAINTE-AGNÈS.

Pourquoi donc?

ANATOLE.

Elle n'est plus libre.

MADAME DE SAINTE-AGNÈS.

Bonté divine! ah! c'est une chose affreuse!

ANATOLE.

Je le sais ; mais le moyen de faire autrement?

MADAME DE SAINTE-AGNÈS.

Il faut lutter contre cette passion coupable, vous éloigner du monde.

Air : *J'en guette un petit de mon âge.*

L'isolement rend les ames plus pures.

ANATOLE.

A mon amour tout cela ne fait rien.

MADAME DE SAINTE-AGNÈS.

Faites alors quelques bonnes lectures.

ANATOLE.

Pour l'oublier c'est un mauvais moyen.
De ces auteurs la morale est fort belle,
Mais ennuyeuse... et, malgré mes efforts,
  Lorsque je les lis, je m'endors.
  Et quand je dors, je rêve d'elle.

Aussi j'ai renoncé à résister, ça me donnait trop de peine; je m'abandonne à mon amour, sans but, sans calcul, comme un homme en délire; et si vos conseils ne viennent pas m'aider, c'est fait de moi, je suis perdu à jamais.

MADAME DE SAINTE-AGNÈS.

C'est affreux! monsieur, c'est indigne! (A part.) On ne peut pourtant pas l'abandonner ainsi au désespoir. (Haut.) Je veux bien, par charité, vous aider de mes conseils; mais c'est à condition que vous ne me cacherez rien.

ANATOLE.

Eh! oui, madame.

MADAME DE SAINTE-AGNÈS.

La personne dont vous me parlez connaît-elle votre amour?

ANATOLE.

Non, madame; plutôt mourir que lui en parler; je n'ai d'elle qu'un seul gage, un gage qui ne me quitte point, un bracelet qui lui appartenait.

MADAME DE SAINTE-AGNÈS.

Et qu'elle vous a donné?

ANATOLE.

Non, madame, que j'ai pris sans le lui dire, et j'en ai fait faire un tout pareil, que je remettrai à la place dès que je le pourrai.

MADAME DE SAINTE-AGNÈS.

Et vous osez avouer... remettez-moi ce bracelet sur-le-champ.

ANATOLE.

Oh! non, madame, je n'oserai jamais; ce serait la compromettre.

MADAME DE SAINTE-AGNÈS.

Taisez-vous, voici ma nièce.

SCÈNE VII.

Les précédens, IRÈNE, sortant du cabinet à gauche.

MADAME DE SAINTE-AGNÈS, d'un ton sévère.

Que demandez-vous, mademoiselle? qui vous amène ici?

IRÈNE.

Rien, ma tante; je venais vous dire qu'il est deux

heures : c'est l'heure où ordinairement nous allons à votre conférence.

MADAME DE SAINTE-AGNÈS, à part.

Et je l'avais oublié! (A Anatole.) Si vous le voulez, monsieur, vous pouvez nous y accompagner.

ANATOLE.

Ah! je suis trop heureux; je cours mettre un habit plus décent, et je suis à vos ordres.

Air de la Disgrace. (du Vieux Mari.)

ENSEMBLE.

MADAME DE SAINTE-AGNÈS.

Je vous permets de nous y suivre;
Et de nous y donner la main.

(A part.)

Contre l'erreur dont il s'enivre,
C'est un remède souverain.

ANATOLE.

A quel espoir mon cœur se livre!
Ah! pour moi, quel heureux destin!
Il m'est permis de vous y suivre;
Je reviens vous donner la main.

IRÈNE, à madame de Sainte-Agnès.

Quoi! dans ce lieu, qui, d'ennui, m'épouvante,
Vous l'emmenez?

MADAME DE SAINTE-AGNÈS.

Eh! vraiment oui.

IRÈNE, à part.

Pauvre jeune homme! il paraît que ma tante
Est en colère contre lui.

ENSEMBLE.

MADAME DE SAINTE-AGNÈS.

Je vous permets de nous y suivre,

SCÈNE VIII.

Et de nous y donner la main.
(A part.)
Contre l'erreur dont il s'enivre,
C'est un remède souverain.

ANATOLE.

A quel espoir mon cœur se livre.
Ah! pour moi, quel heureux destin !
Il m'est permis de vous y suivre ;
Je reviens vous donner la main.

IRÈNE.

Lorsqu'en ces lieux il doit nous suivre,
Bien loin d'en paraître chagrin,
D'un doux espoir son cœur s'enivre,
Gaîment il nous offre la main.

(Anatole sort.)

SCÈNE VIII.

Madame de SAINTE-AGNÈS, IRÈNE.

MADAME DE SAINTE-AGNÈS.

Quant à vous, mademoiselle, j'aurai à vous parler. J'ai vu votre ami, votre conseiller. Dans un autre moment je vous dirai ce que j'en pense, car je ne veux pas me mettre en colère avant d'aller à ma conférence de morale.

IRÈNE.

Vous avez raison, ma tante; tantôt, en revenant...

MADAME DE SAINTE-AGNÈS.

Oui, mademoiselle, nous causerons de vos nouvelles intentions, qui me prouvent que, tout entière aux vanités du monde... Approchez-moi cette toilette.

IRÈNE, *approchant la toilette.*

Est-ce que vous n'êtes pas bien ainsi?

MADAME DE SAINTE-AGNÈS.

Non, mademoiselle, il y aura beaucoup de monde à cette assemblée; toutes les dames de la ville y seront en grande parure, et je ne veux pas que la simplicité de ma mise fixe sur moi les regards. Il ne faut jamais se faire remarquer.

(*Elle s'assied devant la toilette.*)

IRÈNE.

Oui, ma tante.

MADAME DE SAINTE-AGNÈS.

Du reste, souvenez-vous qu'en pareil lieu, ce n'est pas l'éclat de la parure qui fait quelque chose, mais bien les sentimens qu'on y apporte. (*Elle met du rouge.*) Voilà un rouge qui ne tient pas du tout.

IRÈNE.

En voici d'autre.

MADAME DE SAINTE-AGNÈS.

A la bonne heure. (*Mettant du rouge qu'Irène vient de lui donner.*) Car on est plus parée, mademoiselle, par la décence et la modestie que par les bijoux les plus précieux.

IRÈNE.

Oui, ma tante, voilà votre écrin.

MADAME DE SAINTE-AGNÈS.

C'est bien; ma chaîne. (*Irène lui donne une chaîne, que madame de Sainte-Agnès passe à son cou.*) Mes bracelets.

IRÈNE, *regardant dans l'écrin.*

Ah! mon Dieu! je n'en vois plus qu'un.

SCÈNE VIII.

MADAME DE SAINTE-AGNÈS.

Comment! qu'est-ce que cela veut dire! et qu'est-ce que l'autre est devenu?

IRÈNE, le cherchant dans le tiroir de sa toilette.

Ne vous fâchez pas, ma tante.

MADAME DE SAINTE-AGNÈS.

Eh bien! ce bracelet?

IRÈNE, cherchant toujours.

Mon Dieu, ma tante, je le sais maintenant, et je me le rappelle; c'est M. Anatole...

MADAME DE SAINTE-AGNÈS.

M. Anatole!

IRÈNE.

Oui, l'autre jour, en examinant votre écrin, que j'étais occupée à serrer, il a cassé un chaînon à ce bracelet; il l'a pris en disant : « Mademoiselle Irène, n'en parlez pas; je vais le faire raccommoder, et je le remettrai sans qu'on s'en aperçoive. »

MADAME DE SAINTE-AGNÈS.

Il serait possible!

IRÈNE.

Il paraît alors qu'il n'est pas fini, et que l'ouvrier l'aura fait attendre; mais on pourrait le lui demander.

MADAME DE SAINTE-AGNÈS.

Du tout, mademoiselle; je vous défends de lui en parler; et je ne veux pas de ces parures; je ne veux plus les mettre. Serrez cet écrin sur-le-champ.

IRÈNE.

Mais, ma tante, qu'est-ce que vous avez donc? vous voilà toute troublée.

MADAME DE SAINTE-AGNÈS.

Moi ! eh ! bien, par exemple...

IRÈNE.

Mais, oui, ma tante...

MADAME DE SAINTE-AGNÈS.

Que voulez-vous dire, mademoiselle ?

IRÈNE.

Je vous assure, ma tante...

MADAME DE SAINTE-AGNÈS.

Et pourquoi serais-je troublée ? quelle idée avez-vous ?... Dieu ! mon mari !...

SCÈNE IX.

IRÈNE, SAINTE-AGNÈS, MADAME DE SAINTE-AGNÈS.

SAINTE-AGNÈS, entrant sans voir sa femme.

Eh! bien, ma chère nièce, que faisons-nous ce matin ? Je suis en belle humeur; car rien ne dispose à la gaieté comme un bon déjeuner.

MADAME DE SAINTE-AGNÈS.

Il est donc vrai, monsieur ?

SAINTE-AGNÈS, à part.

Ah! mon Dieu ! ma femme !... (Haut.) Eh bien, oui, je m'en accuse; j'ai déjeuné avec un ami, et si une bouteille de vin de Champagne est un crime, c'est un crime qui se passe si vite, surtout quand on est plusieurs à le partager.

MADAME DE SAINTE-AGNÈS.

Vous ne faites pas attention, monsieur, que vous êtes devant des femmes, et cette extrême gaieté...

SCÈNE IX.

SAINTE-AGNÈS.

C'est juste.

Air du Piége.

Oui, je l'avoue, à ce joyeux banquet,
Plus d'un convive a perdu l'équilibre ;
Et j'ai peut-être entendu maint couplet
　Dont la chute était un peu libre ;
Mais du champagne enfin désabusé,
Pour retrouver la raison, la décence,

(A part, à Irène.)

Je viens à vous... Quand on s'est amusé,
　Il faut bien faire pénitence.

Je suis chargé de vous offrir les hommages de mon ami d'Hérissel, qui est déjà reparti.

IRÈNE.

Sans nous dire adieu?

SAINTE-AGNÈS.

Son général l'a fait appeler, à son grand regret; car je vous dirai, madame, qu'il a été ravi de votre conversation, qu'il vous trouve charmante.

MADAME DE SAINTE-AGNÈS.

Vraiment!

SAINTE-AGNÈS.

Du moins il me l'a dit; et il m'a même avoué que, s'il était resté plus long-temps, il vous aurait fait la cour.

MADAME DE SAINTE-AGNÈS.

A moi!

SAINTE-AGNÈS.

Voilà qui m'aurait amusé.

MADAME DE SAINTE-AGNÈS.

Comment, monsieur!...

SAINTE-AGNÈS.

Du tout, ça m'aurait fâché, et beaucoup; mais, puisqu'il est parti, c'est un malheur.

MADAME DE SAINTE-AGNÈS.

Encore, monsieur...

SAINTE-AGNÈS.

Mais vous ne m'entendez pas, je veux dire qu'on ne peut pas condamner les gens quand il n'y a pas commencement d'exécution. Si vous aviez été, comme moi, du jury, vous sauriez cela.

MADAME DE SAINTE-AGNÈS.

Ce que je sais, monsieur, c'est que vous êtes, dans toutes vos actions, d'une inconséquence et d'une étourderie inexcusables.

SAINTE-AGNÈS.

Ne parlons pas d'étourderie, je vous en prie : car vous, madame, qui êtes si grave et si raisonnable, vous en commettez parfois; témoin ce joli souvenir où vous jetez vos pensées, et que je viens de trouver dans le jardin.

IRÈNE.

O ciel! vous l'avez parcouru?

SAINTE-AGNÈS.

Air : Un homme pour faire un tableau.

Le lire! non pas, s'il vous plaît;
Je croirais mériter le blâme,
En portant un œil indiscret
Sur les tablettes de madame.
Ma femme toujours, je le sais,
Sur la morale doit écrire;

SCÈNE IX.

(A part.)
Et, ma foi, j'en entends assez
Pour n'être pas tenté d'en lire.
(Irène prend le souvenir des mains de Sainte-Agnès.)

MADAME DE SAINTE-AGNÈS.

Vous vous trompez ; ce souvenir ne m'appartient pas.

SAINTE-AGNÈS.

J'ai vu, avant-hier, le petit Anatole qui vous en a fait cadeau devant moi, et vous l'avez accepté.

MADAME DE SAINTE-AGNÈS.

Oui, monsieur ; mais depuis j'en ai examiné les ornemens qui avaient quelque chose de trop frivole ; il y avait en outre des gravures d'après M. Girodet.

IRÈNE.

Diane et Endymion ; et puis Galatée.
(Elle va serrer le petit souvenir dans le tiroir de la toilette.)

SAINTE-AGNÈS.

C'est là ce qui vous a scandalisée ?

MADAME DE SAINTE-AGNÈS.

Probablement ; et je l'ai laissé à Irène, qui s'en est emparée.

SAINTE-AGNÈS.

Vous avez bien fait ; parce qu'une demoiselle, c'est plus convenable.

MADAME DE SAINTE-AGNÈS.

Monsieur...

SAINTE-AGNÈS.

Je veux dire, madame, que tout dépend des idées ; et comme elle n'en a pas...

MADAME DE SAINTE-AGNÈS.

Qu'est-ce à dire ?

SAINTE-AGNÈS.

Calmez-vous ; cela lui viendra ; vous lui en donnerez... Mais, grâce au ciel, voici Anatole qui vient à mon secours.

SCÈNE X.

LES PRÉCÉDENS, ANATOLE, HABILLÉ EN NOIR.

SAINTE-AGNÈS, allant au-devant d'Anatole qui entre par le fond.

Arrive donc, mon cher ami ; car, si tu ne fais pas diversion en ma faveur, je suis battu sur tous les points.

ANATOLE, à madame de Sainte-Agnès.

Me voici à vos ordres, madame, et prêt à vous donner la main.

MADAME DE SAINTE-AGNÈS.

C'est inutile, monsieur, j'ai changé d'idée ; et nous n'irons pas.

IRÈNE.

Comment, ma tante, c'est vous qui refusez d'aller à votre conférence ?

SAINTE-AGNÈS, avec intérêt.

Chère amie, est-ce que vous êtes malade ?

MADAME DE SAINTE-AGNÈS.

Du tout, monsieur, d'autres devoirs non moins essentiels me forcent à rester chez moi.

SCÈNE X.

ANATOLE.

Je serai donc privé de l'honneur d'accompagner ces dames; et j'en suis désolé.

SAINTE-AGNÈS, bas à Anatole.

Laisse donc, tu en es enchanté.

ANATOLE.

Moi, Monsieur!

SAINTE-AGNÈS.

Eh! oui sans doute; tu me feras peut-être accroire que tu y vas pour ton plaisir?

ANATOLE.

Certainement.

SAINTE-AGNÈS.

Je comprends bien; parce que toutes les jolies femmes y sont; mais il ne faut pas t'en faire un mérite; car elles seraient au bal, que tu irais tout de même. Après cela je ne t'en fais pas de reproches; j'en ferais autant.

MADAME DE SAINTE-AGNÈS.

Comment, monsieur...

SAINTE-AGNÈS, regardant sa femme.

Non, non, je n'en ferais pas autant parce que je suis marié; mais toi, à ton âge, et quand on est amoureux...

IRÈNE.

Amoureux, M. Anatole!... (A part.) Il serait vrai!

SAINTE-AGNÈS.

Parbleu, ce n'est pas moi qu'on trompe. Depuis deux mois je m'en suis aperçu; je ne sais pas de qui; mais il est triste, malheureux; il paraît que c'est une inhumaine.

ANATOLE.

Hélas ! oui.

SAINTE-AGNÈS.

Et elle est bien difficile ; car certainement il est bien gentil, il est aimable, et moi, à coup sûr, si j'étais femme...

MADAME DE SAINTE-AGNÈS.

Monsieur...

SAINTE-AGNÈS.

C'est une supposition. Après cela, il est peut-être trop timide ; il n'ose pas, et c'est un tort, il faut oser...

MADAME DE SAINTE-AGNÈS.

Quels principes ! quels indignes conseils !

SAINTE-AGNÈS.

Des conseils d'ami ; car que sait-on ? peut-être qu'il est aimé, et qu'on ne veut pas en convenir.

IRÈNE.

C'est possible.

SAINTE-AGNÈS.

Ça se voit tous les jours ; et qu'est-ce qu'on risque de se déclarer ? on sait à quoi s'en tenir, et on n'a plus qu'à se réjouir ou à se consoler.

MADAME DE SAINTE-AGNÈS.

Monsieur !...

SAINTE-AGNÈS.

Eh bien, qu'avez-vous donc ?

MADAME DE SAINTE-AGNÈS.

Je dis, monsieur, que, si justice était faite, vous mériteriez d'être puni.

SCÈNE X.

ANATOLE.

Croyez, madame, que je suis loin d'approuver de tels principes.

SAINTE-AGNÈS, à part.

Est-il hypocrite !

MADAME DE SAINTE-AGNÈS.

C'est trop de les avoir écoutés ; je prie que dorénavant on me fasse grâce de pareils discours ; c'est pour en être plus sûre qu'aujourd'hui je ne verrai, ni ne recevrai personne.

ANATOLE.

Moi qui devais dîner chez vous?

MADAME DE SAINTE-AGNÈS.

Vous êtes tout-à-fait libre ; adieu.

(Elle sort par le fond.)

SAINTE-AGNÈS.

Air de Turenne.

Elle s'en va, laissons-la faire :
Gaîment nous dinerons tous trois ;
Et puis au spectacle, ma chère,
Nous nous rendrons en tapinois...
Pour moi quelle bonne journée !
Festin, spectacle, tour à tour...
Que de plaisirs en un seul jour !
Prenons-en pour toute l'année.

(Il prend Irène sous son bras, et sort en l'emmenant avec lui.)

SCÈNE XI.

ANATOLE, seul.

Il faut avouer que j'ai bien du malheur; à dix-huit ans passés, n'avoir encore été aimé de personne! Je ne sais comment font les autres. C'est comme un fait exprès. J'ai distingué d'abord une jeune personne : elle veut aller au couvent. Je me mets à en adorer une autre : elle a un mari et des principes. Toujours des obstacles; ce n'est pourtant pas faute de bonne volonté.

Air du vaudeville de l'Héritière.

> A l'aspect d'un joli visage,
> Mon cœur éprouve un feu secret ;
> Mais bientôt je me décourage,
> Et vais auprès d'un autre objet
> Chercher l'accueil qu'il me faudrait ;
> Et dans mes projets de tendresses,
> Plein d'un espoir toujours déçu,
> J'eus déjà plus de vingt maîtresses
> Qui n'en ont jamais rien su.

Et cependant s'il se trouvait une femme au monde qui daignât faire attention à moi ! combien je l'aimerais ! Mais non ; jamais madame de Sainte-Agnès n'a été si sévère qu'aujourd'hui, jamais elle ne m'a plus maltraité. Hâtons-nous de remettre ce bracelet, que je lui ai dérobé; car si elle s'en apercevait, elle me chasserait de la maison, et j'en mourrais, je crois. (Pendant ce temps, il a ouvert le tiroir de la toilette et l'écrin, et a remis le bracelet.) Que vois-je! (Il prend le souvenir.) Ce souvenir qu'avant-hier je lui ai donné, et qui déjà est oublié, là, dans le fond d'un tiroir. (L'ouvrant.) Ah! mon Dieu! c'est mon nom; je ne me trompe pas; mon nom, à toutes les pages; et puis, des mots, des lignes entières qui ont été raturées! est-ce ennuyeux! on a toujours tant d'envie de lire ce qui est effacé! Voilà une page qui ne l'est pas; ce sont des vers; lisons vite.

(Il lit.)

« Je voudrais lui parler, et nous voir seuls tous deux.
 « Je ne sais ce que je désire,
 « Je ne sais ce que je veux;
 « Mais lui, n'a-t-il rien à me dire ? »

C'est de moi qu'elle s'occupait, c'est à moi qu'elle pensait! je n'ose croire à tant de bonheur, et je cours me jeter à ses pieds. Oh! non, ce serait trop hardi; je n'oserais jamais. Mais du moins, je puis lui écrire; il le faut; M. de Sainte-Agnès a raison; j'étais trop timide, et je ne risque rien maintenant de lui dire que je l'aime.

(Il se met à la table, et écrit.)

SCÈNE XII.

Madame de SAINT-AGNÈS, ANATOLE, a table, et écrivant.

MADAME DE SAINTE-AGNÈS.

Je ne puis me rendre compte de ce que j'éprouve. Je ne puis ni m'occuper ni travailler, ni même rester en place; je suis en colère contre tout le monde. Je

Je suis surtout contre moi même... (Apercevant Anatole.) Ah! M. Anatole.

ANATOLE, à part.

C'est elle.

MADAME DE SAINTE-AGNÈS, à part.

Je suis enchantée de le trouver; je vais le traiter comme il le mérite.

ANATOLE, se levant et pliant la lettre.

Pardon, madame, je vous dérange.

MADAME DE SAINTE-AGNÈS, sèchement.

En aucun façon. Je venais chercher ce livre (désignant celui qui est sur la table); c'est moi qui plutôt vous aurai troublé.

ANATOLE.

Non, madame; j'écrivais... je composais...

MADAME DE SAINTE-AGNÈS.

Ah! monsieur fait des vers! il ne lui manquait que cela pour être universel.

ANATOLE, à part.

Dieu! qu'elle a l'air sévère! sans ce que je viens de lire, je ne croirais jamais... (Haut.) Du tout, madame; c'est tout uniment de la prose que j'adressais à une personne si bonne, si aimable...

MADAME DE SAINTE-AGNÈS, avec ironie.

Ah! cette personne-là est aimable?

ANATOLE, la regardant.

C'est-à-dire aimable, pas toujours; c'est celle dont je vous parlais ce matin.

MADAME DE SAINTE-AGNÈS.

Il serait possible!

SCÈNE XII.

Air : J'ai vu le Parnasse des dames.

Dieu! quelle audace et quel délire!
Quoi! sans égard pour la vertu,
Vous, monsieur, vous osez écrire ?...

ANATOLE.

Eh bien! oui, j'y suis résolu :
Pourquoi lui cacher ma tendresse ?...
A quoi bon contraindre mes feux ?
Je puis me passer de sagesse...

(Madame de Saint-Agnès fait un geste qui exprime sa colère.)

Celle que j'aime en a pour deux.

D'ailleurs, vous ne savez pas ce que je lui dis; ce sont peut-être des choses très raisonnables; vous pouvez en juger.

MADAME DE SAINTE-AGNÈS, le repoussant fièrement.

Monsieur, quelle hardiesse!

ANATOLE.

J'aurais retranché ce qui vous aurait déplu, avant de la lui envoyer.

MADAME DE SAINTE-AGNÈS.

La lui envoyer! vous auriez une pareille idée! vous osez penser qu'elle pourrait la recevoir, après ce que vous m'avez dit ce matin, que c'était la vertu, la sagesse, la perfection même!

ANATOLE.

Du tout, madame, je n'ai point dit qu'elle fût parfaite; elle a aussi des défauts; elle en a beaucoup.

MADAME DE SAINTE-AGNÈS.

Comment, monsieur!...

ANATOLE.

Oui, madame ; on ne sait jamais si elle vous aime

ou si elle vous déteste; elle est d'une rigueur, d'une sévérité excessive; elle est capricieuse, bizarre...

MADAME DE SAINTE-AGNÈS.

A merveille; il paraît que l'amour ne vous aveugle pas.

ANATOLE.

Ça n'y fait rien, madame; en eût-elle plus encore, ça ne m'empêcherait pas de l'adorer. On chérit les défauts de ceux qu'on aime; un seul regard fait oublier tous leurs torts; et dans ce moment même, s'il faut vous le dire, quoique malheureux, quoique repoussé par ses dédains, je l'aime plus que jamais.

MADAME DE SAINTE-AGNÈS.

Monsieur...

ANATOLE.

Oh! vous ne pouvez pas vous fâcher pour elle.

MADAME DE SAINTE-AGNÈS.

Non; mais je puis me dispenser d'entendre pour elle de pareilles déclarations; car, si c'était à moi qu'on eût osé les adresser, je sais bien ce que j'aurais répondu.

ANATOLE, lui présentant la lettre.

Eh bien, madame, dites-le moi; car c'est pour vous que cette lettre était écrite.

MADAME DE SAINTE-AGNÈS.

Quel excès d'audace!

SAINTE-AGNÈS, en dehors.

Sois tranquille, j'arrangerai tout cela.

ANATOLE.

Dieu! M. de Sainte-Agnès!

SCÈNE XIII.

MADAME DE SAINTE-AGNÈS.

Monsieur, gardez cette lettre ; je le veux, je l'exige, ou je ne vous reverrai jamais.

ANATOLE, à ses genoux.

Non, madame; plutôt mourir; il faut que mon sort se décide.

MADAME DE SAINTE-AGNÈS.

Et mon mari que j'entends.

ANATOLE.

Ça m'est égal; nous nous battrons, il me tuera ; mais vous prendrez cette lettre, ou je resterai là à vos genoux.

(Il met la lettre dans la main de madame de Sainte-Agnès.)

MADAME DE SAINTE-AGNÈS.

Eh! monsieur, levez-vous.

ANATOLE, se levant, et s'enfuyant dans le cabinet à gauche.

Ah! je vous remercie; je suis le plus heureux des hommes.

MADAME DE SAINTE-AGNÈS, suivant Anatole jusqu'à la porte.

Que dit-il? quelle imprudence! je n'ai point consenti, je n'ai point accepté... Dieu! mon mari.

(Elle cache la lettre dans le livre qui est sur la table, et revient de suite auprès de la toilette.)

SCÈNE XIII.

MADAME DE SAINTE-AGNÈS, SAINTE-AGNÈS.

SAINTE-AGNÈS, à la cantonnade.

Quand je te répète que je me charge de tout, et que je vais le demander à ta tante... Ah! la voici. Je venais vous dire, chère amie, que, ce soir, j'avais envie d'aller au spectacle.

MADAME DE SAINTE-AGNÈS.

Eh bien, monsieur...

SAINTE-AGNÈS, à part.

Cela ne la fâche pas; c'est étonnant. (Haut.) Une représentation au profit des pauvres de l'arrondissement. M. le maire que vous connaissez, et qui passe pour un homme très charitable, a contribué lui-même pour sa part en donnant...

MADAME DE SAINTE-AGNÈS.

Quoi donc?

SAINTE-AGNÈS.

Son autorisation. Ma nièce aussi désirerait y aller, autant que vous y consentiriez.

MADAME DE SAINTE-AGNÈS.

Dès qu'elle est avec vous, monsieur...

SAINTE-AGNÈS.

Comment! vous y consentez? (à part.) et sans un sermon préalable.

Air du vaudeville de la Somnambule.

C'est tout au plus si j'ose encore y croire.

MADAME DE SAINTE-AGNÈS.

Je n'ai rien à dire, vraiment,
Quand il s'agit d'une œuvre méritoire,
Et quand surtout le spectacle est décent.

SAINTE-AGNÈS.

Il n'en est point, ma chère amie,
Où l'on ait moins de dangers à courir...
Des amateurs jouant la comédie,
Ça ne peut pas compter pour un plaisir.

SCÈNE XIII.

(Regardant sa femme.)

Mais qu'avez-vous? je vous vois tout émue.

MADAME DE SAINTE-AGNÈS.

Oui, en effet; je m'occupais; je lisais un ouvrage qui m'avait beaucoup attachée.

SAINTE-AGNÈS, regardant le livre qui est sur la table.

Celui-ci, sans doute !

MADAME DE SAINTE-AGNÈS, voulant passer pour le prendre.

Oui, monsieur, ce sont des pensées spirituelles.

SAINTE-AGNÈS, le prenant.

Du tout; il n'y a rien de spirituel là-dedans; c'est le *Manuel des receveurs-généraux*. (Il veut lui passer le livre, et le livre s'entr'ouvre.) Si vraiment, il paraît qu'il contient quelque chose d'intéressant. (Il prend la lettre.) Une lettre, sans adresse ! Qu'est-ce que cela signifie?

MADAME DE SAINTE-AGNÈS.

Je n'en sais rien.

SAINTE-AGNÈS.

Il y a un moyen de s'en assurer; c'est de la lire.

MADAME DE SAINTE-AGNÈS.

Arrêtez, monsieur; gardez-vous de l'ouvrir; on pourrait croire que c'est moi qui l'ai décachetée.

SAINTE-AGNÈS.

Eh bien, où serait le mal? il y en a donc dans cette lettre? vous savez donc ce qu'elle contient?

MADAME DE SAINTE-AGNÈS.

Non, monsieur; mais je m'en doute.

SAINTE-AGNÈS.

Est-ce que, par hasard, ce serait une déclaration?

MADAME DE SAINTE-AGNÈS, baissant les yeux.

C'est possible.

SAINTE-AGNÈS.

Une déclaration! à vous, madame? eh bien! par exemple...

Air de Marianne.

Et moi, qui, plein de confiance,
Croyais qu'on n'oserait jamais!

MADAME DE SAINTE-AGNÈS, fièrement.

Vous ne supposez pas, je pense...

SAINTE-AGNÈS.

Non, madame... je vous connais.

(A part.)

C'est jovial,
Original...
Et franchement ce devrait m'être égal.
Je le croyais,
Je le disais ;
Et cependant ça me fait
De l'effet.
Si déjà l'on se trouve à plaindre
Quand seulement on craint malheur,
Comment font tant de gens d'honneur
Qui n'ont plus rien à craindre?

C'est pour cela que je veux savoir quel est l'audacieux...

MADAME DE SAINTE-AGNÈS.

Si je devais me taire, si cette personne était liée avec vous par les nœuds de l'amitié?...

SAINTE-AGNÈS.

Un ami! je m'en doutais, en pareil cas ce sont toujours les amis. Mais qui diable a pu être le mien

SCÈNE XIII.

à ce point-là? Est-ce que par hasard ce serait ce coquin de d'Hérissel? Vous êtes troublée...

MADAME DE SAINTE-AGNÈS.

Monsieur.

SAINTE-AGNÈS, vivement.

C'est lui, et s'il n'était pas à dix lieues d'ici; s'il n'était pas parti pour long-temps...

MADAME DE SAINTE-AGNÈS, à part.

Parti! laissons-lui son erreur.

SAINTE-AGNÈS.

Voyez-vous le sournois; lui qui s'en défendait ce matin quand je l'en ai défié.

MADAME DE SAINTE-AGNÈS.

Comment, monsieur!

SAINTE-AGNÈS.

Non, madame; non, du tout; je lui ai dit, au contraire, que je prendrais fort mal les choses, et pour vous le prouver, je m'en vais lui écrire à l'instant même.

MADAME DE SAINTE-AGNÈS.

J'espère, monsieur, que vous n'en ferez rien; et, si vous m'aimez, vous ne lui parlerez jamais de cette affaire; je vous le demande : je l'exige. D'ailleurs, monsieur, on doit de l'indulgence à ceux qui nous ont offensés; et je vous prie de lui pardonner, comme moi-même je lui pardonne.

SAINTE-AGNÈS.

Vous qui êtes parfaite, à la bonne heure; mais moi, qui ne le suis pas, je tiens à m'expliquer.

MADAME DE SAINTE-AGNÈS.

Par lettres! par correspondance! pour prolonger un scandale, qu'il vaut mieux assoupir. Fi, monsieur! ce n'est point bien ; ce n'est point charitable! S'il était ici, à la bonne heure, on pourrait... mais comme il n'y est plus, comme il n'y reviendra plus...

UN DOMESTIQUE, annonçant.

M. d'Hérissel.

SAINTE-AGNÈS, se frottant les mains.

Quel bonheur!

MADAME DE SAINTE-AGNÈS, à part.

C'est fait de moi!

SCÈNE XIV.

D'HÉRISSEL, MADAME DE SAINTE-AGNÈS, SAINTE-AGNÈS.

SAINTE-AGNÈS, à d'Hérissel qui entre.

Arrivez donc ici, monsieur l'homme du bien!

D'HÉRISSEL.

Tu es étonné de me revoir. Mon régiment était déjà à cheval, et nous allions partir, lorsque le général nous a annoncé que nous restions ici un mois en garnison.

MADAME DE SAINTE-AGNÈS.

Grand Dieu!

D'HÉRISSEL.

J'en suis enchanté, et toi aussi : ça te fait plaisir, n'est-il pas vrai?

SCÈNE XIV.

SAINTE-AGNÈS.

Du tout, monsieur.

D'HÉRISSEL.

Et pourquoi donc?

MADAME DE SAINTE-AGNÈS.

O mon Dieu! inspire-moi quelque détour qui puisse nous sauver.

SAINTE-AGNÈS.

Vous me demandez pourquoi? Apprenez, monsieur, qu'il y a des devoirs, des droits qu'il faut respecter ; ceux de l'amitié d'abord, et plus encore ceux de la morale

D'HÉRISSEL.

Ah! ça, qu'est-ce qui te prend donc? (A part.) Est-ce qu'il s'en mêle aussi?

SAINTE-AGNÈS.

Toi! un homme marié, qui as une jolie femme; car on dit qu'elle est très jolie, ta femme; eh bien, qu'est-ce que tu dirais, si je lui faisais la cour?

MADAME DE SAINTE-AGNÈS, voulant l'arrêter.

Monsieur...

SAINTE-AGNÈS.

Non, madame; il faut que je le confonde. (A d'Hérissel.) Enfin réponds, si je lui faisais la cour? si, par exemple, je lui adressais une déclaration, qu'est-ce que tu ferais?

D'HÉRISSEL.

Je prierais d'abord ma femme de ne pas m'en parler.

SAINTE-AGNÈS.

Ce serait peut-être le mieux; mais si elle ne le

pouvait pas? si l'indignation lui faisait rompre le silence?

D'HÉRISSEL.

Je la prierais alors de se défendre elle-même et de te congédier le plus honnêtement possible.

SAINTE-AGNÈS.

Vous l'entendez, madame; il vient de prononcer lui-même son arrêt.

D'HÉRISSEL.

Que veux-tu dire?

SAINTE-AGNÈS.

Cette lettre te l'expliquera; je te la rends.

D'HÉRISSEL, étonné et la prenant.

Cette lettre?

SAINTE-AGNÈS.

Oui, cette déclaration que tu as écrite à ma femme, et que tu lui as remise.

D'HÉRISSEL.

Moi!

SAINTE-AGNÈS.

Ne vas-tu pas faire l'étonné? elle en est convenue elle-même; elle me l'a avoué, et tu vois encore son émotion; ce qui est tout naturel quand on n'a pas encore l'habitude.

MADAME DE SAINTE-AGNÈS.

Ah! je n'y survivrai pas.

D'HÉRISSEL.

Quoi, madame! cette lettre d'amour, surprise entre vos mains, vous avez avoué que c'était moi?...

SCÈNE XIV.

MADAME DE SAINTE-AGNÈS.

Dans le premier trouble... j'ai dit... du moins je pensais... je croyais...

D'HÉRISSEL.

Alors, madame, je n'ai plus rien à dire, et je suis bien forcé d'en convenir. (A Sainte-Agnès.) La lettre est de moi.

MADAME DE SAINTE-AGNÈS.

Grand Dieu !

SAINTE-AGNÈS.

Vous en convenez donc enfin.

(Il passe entre madame de Sainte-Agnès et d'Hérissel.)

Air des Scythes.

Des mœurs du temps exemples déplorables !
Où vous conduit la dépravation ?
A des penchans, à des projets coupables !

MADAME DE SAINTE-AGNÈS, à son mari, avec impatience.

Eh ! monsieur... trêve de sermon !

SAINTE-AGNÈS, de même.

Eh ! madame... c'est la leçon
Que tous les jours, ici, vous m'avez faite.
Je suis heureux, en docile écolier,
D'avoir quelqu'un à qui je la répète ;
C'est un moyen de ne pas l'oublier.

MADAME DE SAINTE-AGNÈS.

Terminons, de grâce, cette discussion que je ne pourrais supporter plus long-temps. Je vous prie surtout de ne point en vouloir à M. d'Hérissel, qui, lui-même, doit m'accuser.

D'HÉRISSEL.

Non, madame; et si mon ami veut seulement nous laisser un instant, et me permettre de vous expliquer mes intentions...

SAINTE-AGNÈS.

Non pas, non pas; il n'est pas nécessaire que cela aille plus loin. Voilà déjà ma femme qui t'excuse, et qui me prêche l'indulgence, ce qui ne lui était jamais arrivé pour personne.

MADAME DE SAINTE-AGNÈS.

Monsieur...

SAINTE-AGNÈS.

Il n'y a que cela peut-être qui pourrait me donner des soupçons.

D'HÉRISSEL.

Je te répète qu'ils sont absurdes, et que je n'ai que deux mots à dire à ta femme.

SAINTE-AGNÈS.

Tu ne lui parleras pas, je te le défends, et à elle aussi; et pour en être plus sûr, tu vas venir avec moi.

Air du Vaudeville de l'Actrice.

Ce n'est pas certes, que je tremble;
Mais je ne voudrais pas, mon cher,
Tous les deux vous laisser ensemble :
Il pourrait m'en coûter trop cher.
Tantôt, dans un joyeux délire,
A déjeuner, pour t'égayer,
Je régalais... ça doit suffire ;
Je ne veux pas toujours payer.

(Il emmène d'Hérissel.)

(A madame de Sainte-Agnès qui veut le suivre.)

Restez, madame, ne vous dérangez pas; je reviens à l'instant.

(Il sort avec d'Hérissel.)

SCÈNE XV.

MADAME DE SAINTE-AGNÈS, SEULE.

Quelle aventure! j'y aurais succombé, si le ciel n'était pas venu à mon secours. Mais ce M. d'Hérissel; me voilà tout-à-fait à sa discrétion. En lisant cette lettre, que va-t-il penser de moi? comment le dissuader? Devrait-il être permis que des personnes bien intentionnées fussent jamais compromises à ce point-là?

SCÈNE XVI.

MADAME DE SAINTE-AGNÈS, ANATOLE, SORTANT DU CABINET.

ANATOLE, à part.

J'ai vu sortir le mari. (Haut.) Eh bien! madame?...

MADAME DE SAINTE-AGNÈS.

Comment! monsieur, c'est encore vous?

ANATOLE.

Oui, madame; je viens chercher la réponse.

MADAME DE SAINTE-AGNÈS.

La réponse! il ne manquait plus que cela, après votre indigne conduite! après votre affreuse lettre!

ANATOLE.

Affreuse!

MADAME DE SAINTE-AGNÈS.

Oui, monsieur; car elle est tombée entre les mains de mon mari.

ANATOLE.

Dieu !

MADAME DE SAINTE-AGNÈS.

Le ciel a permis qu'un autre fût accusé, qu'il en soit béni ; mais je n'en suis pas plus tranquille pour cela ; car cette lettre, qu'heureusement je n'ai pas lue...

ANATOLE.

Quel dommage ! Je m'en vais vous la dire ; je la sais par cœur.

MADAME DE SAINTE-AGNÈS.

Non, monsieur ; je ne veux ni l'entendre ni la connaître ; mais je veux savoir ce qu'elle contient ; et j'espère au moins qu'il n'y avait rien qui pût me compromettre.

ANATOLE.

Oh ! non, madame ; rassurez-vous : je n'y parlais que de mon amour.

MADAME DE SAINTE-AGNÈS.

Est-il possible ! Je suppose au moins que c'était dans des termes convenables ?

ANATOLE.

Oh ! sans doute ; tout ce qu'il y avait de plus tendre et de plus passionné.

MADAME DE SAINTE-AGNÈS.

Quelle imprudence ! Au moins, monsieur, vous ne l'avez pas signée ?

ANATOLE.

Me croyez-vous capable d'écrire une lettre anonyme ?

MADAME DE SAINTE-AGNÈS.

Eh ! monsieur, on ne signe jamais ces lettres-là !

SCÈNE XVI.

ANATOLE.

Je n'en savais rien, madame; c'est la première; mais, du reste, je m'en souviens bien, je ne vous y ai tutoyée qu'une fois.

MADAME DE SAINTE-AGNÈS.

Me tutoyer! miséricorde!

ANATOLE.

Une seule fois, madame.

MADAME DE SAINTE-AGNÈS.

Me tutoyer! Que va penser M. d'Hérissel?

ANATOLE.

Ce n'est pas ma faute; c'est dans cet endroit où je vous remerciais de vos bontés...

MADAME DE SAINTE-AGNÈS.

De mes bontés! Et de quel droit, monsieur, osez-vous me calomnier ainsi, et mentir à votre propre conscience?

ANATOLE.

Pardon, madame, je n'aurais jamais eu cette hardiesse sans ce souvenir, (il le tire de sa poche et le montre à madame de Sainte-Agnès) sur lequel j'ai eu l'indiscrétion de jeter les yeux, et où j'ai vu que vous aviez daigné vous occuper de moi. Tenez, lisez plutôt.

MADAME DE SAINTE-AGNÈS, prenant le souvenir.

Ce souvenir... Eh! mais ce n'est pas mon écriture; c'est celle de ma nièce.

ANATOLE.

Irène! il serait possible!... (A part.) Ah! qu'ai-je fait!

MADAME DE SAINTE-AGNÈS.

Ma nièce! quel oubli de toutes les bienséances!

une jeune fille de son âge! oser vous aimer! l'écrire! Je vais la trouver, et lui apprendre...

ANATOLE.

Non, madame; je ne souffrirai pas que pour moi elle soit grondée, elle soit compromise. Que j'étais ingrat! elle seule daignait s'occuper de moi, daignait me plaindre; tandis que vous, madame, vous, dont je croyais être aimé, vous n'aviez pour moi que de l'indifférence, que de la haine.

MADAME DE SAINTE-AGNÈS.

Oui, monsieur; c'est ce que je vous dois; c'est ce que vous méritez. Je vous hais plus que je ne peux le dire.

ANATOLE.

Je ne le vois que trop; et vous serez satisfaite. Tant de mépris étouffent mon amour; je veux vous bannir de mon cœur, vous oublier...

MADAME DE SAINTE-AGNÈS.

Il y a long-temps que vous auriez dû le faire.

ANATOLE.

J'en aimerai, j'en épouserai une autre; et si votre nièce, si Irène était libre...

MADAME DE SAINTE-AGNÈS.

Jamais, monsieur, jamais je n'y donnerai mon consentement; vous ne l'épouserez pas; elle ira au couvent; c'est ma volonté; et dès aujourd'hui vous ne la verrez plus.

ANATOLE.

Quelle injustice! quelle tyrannie!...

SCÈNE XVII.

Les précédens, D'HÉRISSEL.

D'HÉRISSEL, *entrant sur les derniers mots de madame de Sainte-Agnès.*

Eh! mais, qu'entends-je? on se dispute. (*A madame de Sainte-Agnès.*) De l'émotion, de la colère, vous, madame!

MADAME DE SAINTE-AGNÈS.

Ah! mon Dieu! me voilà compromise de toutes les manières.

D'HÉRISSEL.

J'avais su échapper à votre mari, et j'accourais... (*Voyant Anatole qui est près de la table, la tête entre ses mains.*) Mais, qu'a donc mon jeune cousin?

ANATOLE.

La forcer d'entrer au couvent! quelle indignité!

D'HÉRISSEL.

Au couvent! eh, qui donc?

ANATOLE.

Mademoiselle Irène.

D'HÉRISSEL.

Il serait possible!

ANATOLE.

Oui, mon cousin; exprès pour me tourmenter, pour me rendre malheureux; mais les obstacles augmenteront mon amour, et dès qu'on me la refuse, cela suffit; car je suis obstiné.

D'HÉRISSEL.

Qu'est-ce que tu dis là? tu l'aimais?

ANATOLE.

Oui, sans doute, ça m'est revenu, et plus fort que jamais.

D'HÉRISSEL.

Eh bien, mon ami, apprends qu'elle t'aime aussi, elle me l'a avoué.

ANATOLE.

Eh! mon Dieu, je le sais bien, et c'est pour cela que madame veut nous séparer, veut nous désunir, veut l'envoyer au couvent.

D'HÉRISSEL.

Tu te trompes; déjà, ce matin, madame m'avait dit qu'elle renoncerait à ces idées-là.

MADAME DE SAINTE-AGNÈS.

J'ai dit, monsieur, que je verrais, que je consulterais.

D'HÉRISSEL.

Mais, depuis, j'ai pensé que vous étiez décidée.

MADAME DE SAINTE-AGNÈS.

Qui a pu vous le faire croire?

D'HÉRISSEL.

Une lettre que j'ai là, et dont nous pouvons prendre connaissance.

MADAME DE SAINTE-AGNÈS.

Du tout, monsieur, du tout, ce n'est pas nécessaire; je n'ai jamais prétendu contrarier les inclinations de ma nièce.

D'HÉRISSEL.

C'est ce que je me suis toujours dit. (Bas à Anatole.) Laisse-nous, maintenant le reste me regarde.

ANATOLE.

Comment, vous croyez...

D'HÉRISSEL.

Va-t'en, te dis-je, je me charge de tout.

(Anatole sort.)

SCÈNE XVIII.

MADAME DE SAINTE-AGNÈS, D'HÉRISSEL.

D'HÉRISSEL.

Combien je vous remercie, madame, de ce que vous voulez bien faire pour votre nièce !

MADAME DE SAINTE-AGNÈS.

Mais, monsieur...

D'HÉRISSEL.

C'est moi, maintenant, qui suis votre débiteur; et, pendant que nous sommes seuls, que votre mari n'y est pas, je me hâte de vous faire une restitution.

MADAME DE SAINTE-AGNÈS.

Ah! monsieur, qu'avez-vous pensé?

D'HÉRISSEL.

J'ai pensé à vous rendre service, madame, et pas autre chose; je vous rends cette lettre qui n'a point quitté mon portefeuille.

MADAME DE SAINTE-AGNÈS.

Ainsi, monsieur, vous ne l'avez point lue?

D'HÉRISSEL.

Non, assurément; je me suis fait un raisonnement; je me suis dit : « De deux choses l'une : ou j'ai écrit cette lettre, puisqu'une personne de foi l'affirme, et alors je dois savoir ce qu'elle contient, ou je ne l'ai point écrite, ce que je serais assez tenté de croire, et alors je n'ai point le droit de l'ouvrir. » Et c'est à vous d'en faire ce que vous voudrez... Eh bien ! vous la refusez ?

MADAME DE SAINTE-AGNÈS.

Non, monsieur; mais avant de la reprendre, je voudrais, et ne sais comment vous expliquer, car vous allez avoir de moi de mauvaises pensées.

D'HÉRISSEL.

Moi, madame! je n'ai point le droit d'être sévère; ce que je réclame, au contraire, c'est votre indulgence. Je suis l'ami de votre mari, et voudrais être le vôtre, si vous m'en jugez digne.

(En ce moment, Sainte-Agnès entre par le fond avec Irène et Anatole: mais il leur fait signe de s'arrêter, en voyant d'Hérissel et sa femme en tête-à-tête.)

MADAME DE SAINTE-AGNÈS.

Ah! monsieur! pouvez-vous en douter? (Voulant prendre la lettre.) Donnez, donnez, de grâce.

SCÈNE XIX.

Les précédens, SAINTE-AGNÈS, IRÈNE, ANATOLE.

SAINTE-AGNÈS, passant entre eux deux, et saisissant la lettre.

Non, madame, c'est moi qui m'en empare.

MADAME DE SAINTE-AGNÈS.

Ciel! mon mari!

SCÈNE XIX.

IRÈNE.

Ma tante qui reçoit des lettres.

ANATOLE, à part.

Comment, encore une !

SAINTE-AGNÈS.

Cette fois, vous n'étiez point forcée de la recevoir, c'est vous-même qui l'acceptiez, qui la demandiez.

D'HÉRISSEL.

C'est à moi de t'expliquer...

SAINTE-AGNÈS.

Cela suffit, monsieur, cela passe les bornes. J'ai pu pardonner une première fois, mais une seconde c'est différent; et nous allons voir.

MADAME DE SAINTE-AGNÈS.

Que faites-vous ?

SAINTE-AGNÈS, décachetant la lettre.

J'ouvre cette lettre pour savoir à quoi m'en tenir.

MADAME DE SAINTE-AGNÈS.

Arrêtez, de grâce, et ne commettez point une indiscrétion inutile; elle n'est point de monsieur.

SAINTE-AGNÈS.

Et de qui donc ?

MADAME DE SAINTE-AGNÈS.

D'Anatole.

ANATOLE, étonné.

C'est la mienne.

IRÈNE, avec reproche.

Comment, monsieur ?

SAINTE-AGNÈS, vivement.

A d'autres; je n'en crois pas un mot. (Regardant au bas

de la lettre) Si vraiment. « Anatole d'Hérissel. » (Lisant.) « Vous que j'aime depuis si long-temps sans oser vous « le dire, pardonnez aujourd'hui une audace que vos « bontés seules ont fait naître. » (S'interrompant.) Vos bontés! à qui cela est-il adressé?

MADAME DE SAINTE-AGNÈS, vivement.

A qui? à Irène, votre nièce.

ANATOLE, de même.

Oui, monsieur.

IRÈNE, SAINTE-AGNÈS ET D'HÉRISSEL.

Il serait possible!

SAINTE-AGNÈS, continuant.

« J'ai lu ce souvenir, où mon nom est tracé, où ton « cœur s'est trahi. »

MADAME DE SAINTE-AGNÈS, présentant le souvenir à son mari.

Tenez, monsieur, ce souvenir, le voilà; reconnaissez-vous l'écriture de votre nièce?

SAINTE-AGNÈS, l'examinant.

Oui, vraiment, c'est bien cela; et les phrases les plus tendres.

IRÈNE, d'un air suppliant.

Mon oncle, de grâce. (A madame de Sainte-Agnès.) Non, ma tante, ne croyez pas...

MADAME DE SAINTE-AGNÈS.

Fi! mademoiselle.

IRÈNE.

Comment, M. Anatole, vous avez eu l'indiscrétion...

SCÈNE XIX.

ANATOLE.

Ne m'en accusez pas, puisque je lui dois mon bonheur.

D'HÉRISSEL, faisant passer Irène auprès d'Anatole.

Ces chers enfans !

SAINTE-AGNÈS.

Mais, ce pauvre d'Hérissel que vous accusiez.

MADAME DE SAINTE-AGNÈS.

Je croyais que monsieur était seul capable d'une telle audace; mais je me trompais; tout le monde est sujet à l'erreur.

SAINTE-AGNÈS.

A qui le dites-vous ? (A d'Hérissel.) Mais toi qui en convenais.

D'HÉRISSEL.

Pour te faire plaisir, d'après ce que tu m'avais demandé ce matin.

MADAME DE SAINTE-AGNÈS.

Comment, monsieur...

SAINTE-AGNÈS.

C'est bien! c'est bien! pas d'autres explications; j'ai décidément un ami et une femme comme on n'en voit pas.

ANATOLE.

Et moi aussi.

IRÈNE.

Et nous ne savons, ma tante, comment vous en témoigner notre reconnaissance.

MADAME DE SAINTE-AGNÈS, passant auprès d'Irène.

Prouvez-la moi, ma nièce, en remplissant vos devoirs, en fuyant surtout le monde et ses maximes perverses, et en vous répétant...

D'HÉRISSEL.

Ce que nous disions ce matin : « Qu'ici-bas on ne peut répondre de rien, et que la vertu la plus sévère a souvent elle-même besoin d'indulgence. »

VAUDEVILLE.

<small>Air du vaudeville de la Haine d'une Femme.</small>

IRÈNE.

C'est la bonté, c'est l'indulgence,
Qui seules donnent le bonheur ;
Tous ces censeurs pleins d'exigence
Sont toujours de mauvaise humeur ;
L'espèce humaine, qu'ils corrigent,
Par ses torts les rend furieux.
O vous, que nos défauts affligent,
Pour être heureux, fermez les yeux.

D'HÉRISSEL.

Je crois qu'au sein de la richesse
Le malheur n'est point oublié ;
Je crois à la délicatesse,
A la constance, à l'amitié.
Contre mes erreurs on s'élève ;
Mais moi, j'y tiens tant que je peux.
Et si le bonheur est un rêve,
Pour être heureux, fermons les yeux.

ANATOLE.

Il est bien des esprits funèbres
Qui voudraient, craignant la clarté,
Cacher sous d'épaisses ténèbres
Le flambeau de la vérité.

SCÈNE XIX.

O vous, Goth, Visigoth, Étrusque,
Que le soleil rend malheureux,
Si la lumière vous offusque,
Pour être heureux, fermez les yeux.

SAINTE-AGNÈS.

Grands seigneurs, vous, qui semblez croire
Aux éloges de vos flatteurs;
Bourgeois, qui lisez le mémoire
Des médecins, des procureurs :
Crésus, qu'on appelle un génie,
Milord, dont on reçoit les vœux ;
Mari, dont la femme est jolie...
Pour être heureux, fermez les yeux.

MADAME DE SAINTE-AGNÈS.

Dans plus d'un sujet, sur la scène,
On peut tout dire aux spectateurs ;
Dans d'autres, on se tait, sous peine
D'exciter de graves rigueurs.
Que notre sort ici vous touche ;
Daignez, en public généreux,
Quand d'autres nous ferment la bouche,
Sur nos défauts fermer les yeux.

FIN DE MADAME DE SAINTE-AGNÈS, ET DU TOME SEIZIÈME.

TABLE

DES PIÈCES CONTENUES DANS CE VOLUME.

	PAGES.
Dix ans de la Vie d'une Femme.	1
L'Auberge, ou les Brigands sans le savoir.	175
Les Deux Maris.	225
La Pension bourgeoise.	271
Le Chateau de la Poularde.	321
Yelva, ou l'Orpheline russe.	371
Madame de Sainte-Agnès.	439

FIN DE LA TABLE.

www.ingramcontent.com/pod-product-compliance
Lightning Source LLC
Chambersburg PA
CBHW051351230426
43669CB00011B/1605